民國文化與文學研究文叢

五　編

李　怡　主編

第 16 冊

魯迅：東方的文化惡魔

高　旭　東　著

國家圖書館出版品預行編目資料

魯迅：東方的文化惡魔／高旭東 著 -- 初版 -- 新北市：花木蘭
文化出版社，2015〔民104〕
目 2+202 面；19×26 公分
（民國文化與文學研究文叢 五編；第16冊）
ISBN 978-986-404-258-6（精裝）
1. 周樹人 2. 學術思想 3. 文學評論
541.26208   104012152

ISBN-978-986-404-258-6

9 789864 042586

民國文化與文學研究文叢
五　編　第十六冊　　　　　　ISBN：978-986-404-258-6

魯迅：東方的文化惡魔

作　　者	高旭東
主　　編	李　怡
企　　劃	四川大學現代中國文化與文學研究中心
	北京師範大學民國歷史文化與文學研究中心
總 編 輯	杜潔祥
副總編輯	楊嘉樂
編　　輯	許郁翎
出　　版	花木蘭文化出版社
社　　長	高小娟
聯絡地址	235 新北市中和區中安街七二號十三樓
	電話：02-2923-1455／傳眞：02-2923-1452
網　　址	http://www.huamulan.tw 信箱 hml 810518@gmail.com
印　　刷	普羅文化出版廣告事業
初　　版	2015 年 9 月
全書字數	189682 字
定　　價	五編 24 冊（精裝）新台幣 45,000 元

魯迅：東方的文化惡魔

高旭東　著

作者簡介

高旭東，山東膠州人，現爲中國人民大學文學院教授，博士生導師，長江學者特聘教授，首批新世紀優秀人才，中國比較文學學會副會長，海峽兩岸梁實秋研究學會會長。在國內外報刊發表論文 246 篇，出版學術專著《生命之樹與知識之樹》（河北人民出版社 1989 年初版，2010 年北京大學出版社再版）、《比較文學與二十世紀中國文學》（人民文學出版社 2002 年）、《中西文學與哲學宗教》（北京大學出版社 2004 年初版，次年 1 月第二次印刷）等 15 部，爲北京大學出版社、中華書局等主編教材、文集 16 種，爲中華書局主編「比較文學與文化新視野叢書」10 種。

提　　要

　　本書是由上個世紀末否定魯迅的思潮引發的，他們將魯迅當做神來解構並進而加以否定，但是他們錯了，魯迅非但不是神，而且恰恰是東方最傑出的文化惡魔。在中國文化的夜空中，魯迅不是一隻讓人高興快樂的喜鵲，而是一隻夜遊的惡鳥，是一隻鴟鴞，一隻貓頭鷹。他的使命，就是揭露出中國文化的大缺陷，暴露出內心的大黑暗，由此開發出新的生路。在魯迅的小說、散文詩與雜文等各種文體的創作中，都可以發現惡魔遊魂的律動。魯迅是迄今爲止中國最偉大的否定性的文化精靈，與西方從尼采到德里達的解構精神可以相提並論。魯迅有感於中國文化是以停滯和靜止不動爲特徵的沒有進步與發展觀念的循環論，以及由述而不作而造成的連續性、穩定性，試圖在性善平和的中國輸入一個否定性與批判性的文化惡魔，使中國社會和文化動起來，迅猛地發展起來，使中華民族能夠在弱肉強食的現代巍然屹立於世界民族之林。因此，儘管魯迅與中國文化傳統有著千絲萬縷的聯繫，甚至在更高意義上是這一傳統的現代傳人，由此造成了魯迅文化品格的複雜性乃至複調特徵，然而這仍然不能遮掩魯迅以批判否定性爲主導的文化惡魔的身份。最後，本書探討了魯迅所形成的文化與文學傳統，以及這一傳統在當代中國的命運。

民國文學：闡釋優先，史著緩行
——第五輯引言

李　怡

　　中國學界提出「民國文學」的概念已經超過十五年了，〔註1〕在新一波的文學史寫作的潮流之中，人們對民國文學的研究也出現了一種期待，就是希望盡快見到一部《民國文學史》，似乎只有完整的文學通史才足以證明「民國文學」研究的合理性，或者說在當前林林總總的文學史寫作意見裏，證明自己作為新的學術範式的存在。在我看來，受各種主客觀條件的限制，目前最需要開展的工作還不是撰寫一部體大慮深的文學史著，而是努力從不同的角度深入勘探、考察，對這一段歷史提出新的解釋。

一

　　眾所周知，中國文化具有悠久漫長的「治史」傳統。在一個宗教裁決權並沒有獲得普遍認可的國度，人們傾向於相信，通過歷史框架的確立可以達到某種裁決與審判的高度，所謂「名刊史冊，自古攸難，事列春秋，哲人所重。」〔註2〕中國最早的史官除了司職記事，還負責主持祭祀，占卜吉凶，溝通神靈。史不僅可以成為「資治通鑑」，甚至還具有某種道德的高度，所謂「孔子成《春秋》，亂臣賊子懼」，〔註3〕史家如司馬遷等也是以「究天人之際，通古今之變」自我期許。

〔註1〕中國大陸最早的「民國文學」設想出現在 1997 年（陳福康），最早的理論倡導出現在 2000 年代早期（張福貴）。

〔註2〕劉知幾撰，浦起龍釋：《史通通釋·人物》第 240 頁，上海：上海古籍出版社1978 年版。

〔註3〕《孟子·滕文公章句下》，見楊伯峻《孟子譯注》上冊 155 頁，中華書局 1960 年版。

　　文學史的出現原本是現代的事物，它顯然不同於古代的史官治史，這種來自西方的學術方式更屬於學院派知識份子的個體行為。但是，歷史的因襲依然存在，尤其是在一些世代交替的時節，無論是政治家還是知識份子本身，都自覺不自覺地認定「著史」可以樹立某種新的「標準」，完成對過往事物的「清算」。於是，如下一些史著的意義是可以被我們津津樂道的：

　　奠定中國現代文學學科的基礎是王瑤先生的《中國新文學史稿》。集中代表了撥亂反正過渡時期的文學史觀的是唐弢、嚴家炎先生主編的《中國現代文學史》。

　　體現了新時期的現代文學視野、集中展示研究新成果的是錢理群、陳平原、溫儒敏等人的《中國現代文學三十年》。

　　生動體現著「重寫文學史」意義的是陳思和的《中國當代文學史》。

　　展示 1990 年代以降學術研究的「歷史化」傾向的是洪子誠的《中國當代文學史》。

　　揭示「文學周邊」豐富景觀的是吳福輝獨撰的插圖本《中國現代文學史》。

　　錢理群主編的最新三卷本《中國現代文學編年史》展示了以「廣告為中心」的文學生產、流通、接受及其他社會文化環節，讓文學敘述的圖景再一次豐富而生動。

　　今天，隨著「民國文學」研究的呼聲漸起，在一系列命名和概念的討論之後，應該展示更多的文學史研究實績，只有充分的實績才能說明「民國社會歷史框架」的確具有特殊的文學視野價值，如何集中展示這些實績呢？目前容易想到的似乎就是編寫一部紮實厚重的《民國文學史》。

　　但是，在我看來，文學史編寫的工作固然重要卻又不可操之過急。因為，今天所倡導的「民國文學」，並不僅僅是一個名稱的改變（以「民國」替代「現代」），更重要的是一些研究視角和方法的調整。這些重要的改變至少包括：

　　正視民國歷史的特殊性，而不是簡單流於「半封建半殖民地」等等的簡略判斷。據史學界的知識考古，「半封建」一詞曾經出現在馬克思、恩格斯筆下，列寧第一次分別以「半封建」「半殖民地」指稱中國，以後共產國際以此描述中國現實，「半殖民地」一說並先後為中國國民黨人與中國共產黨人所接受，又經過蘇聯內部的理論爭鳴及共產國際的理論演繹，「半

封建半殖民地」的並稱出現在 1926 年以後，﹝註4﹞又經過 1930 年代初的「中國社會性質問題論戰」，逐步成爲中共領導的馬克思主義史學的基本概括。到延安時期，毛澤東最爲完整清晰地論述了這一學說，從此形成了對中國知識份子歷史認知的主導性影響，直到今天應該說都有其獨到的深刻的一面。但是作爲一種總體的社會性質的認定，是不是就完全揭示了民國歷史的特點呢？就不需要我們具體的歷史問題的研究了呢？當然不是。例如對「封建」一詞的定義在史學界一直爭議不已，民國時代的經濟已經明顯走上了資本主義的發展道路，忽略這一現實就無法解釋中國近現代工商業文化對於文學市場的重要作用，辛亥革命之後的中國儘管軍閥混戰，也難掩其專制獨裁的性質，但是卻也不是「帝國主義買辦與走狗」這樣的情感宣泄就能「一言以蔽之」的。對於民國史，國外史學界同樣多有研究，有自己的性質認定，這也需要我們加以研讀和借鑒。之所以強調這一點，乃是因爲在此之前的《中國現代文學史》，幾乎都是以主流史學界的社會性質概括作爲文學發展的前提，從舊民主主義革命到新民主主義革命就是中國現代文學發生發展的基礎，文學的偉大和深刻就在於如何更加深刻地反映了這一歷史過程，1980 年代以後，爲了急於從這些政治判斷中脫身，我們的文學史又試圖在「回到文學自身」的訴求中另闢蹊徑，所謂「審美的文學史」成爲了口號，但是關於中國現代文學在民國時代的諸多歷史基礎的辨析卻被擱置了起來，今天，如果不能正視民國歷史的特殊性，也就不能在文學的歷史前提方面有真正的突破。

發掘民國社會的若干細節，揭示中國現代文學生存發展的具體語境。無論是政治、經濟、社會文化等方面，民國社會的種種特徵都直接影響了現代中國文學的生產、傳播和接受，決定著文學的根本生存環境。關於這方面的研究，最近幾年已經在「文化研究」的推動下頗有收穫，不過，鑒於文化研究在來源上的異質性，實際上我們的考察也還較多地襲用外來的文化

﹝註 4﹞ 一般認爲，1926 年上半年，蔡和森在莫斯科中共旅俄支部會上作《中國共產黨的發展（提綱）》，已經提到「半殖民地和半封建的中國」和「半封建半殖民地的國家」（《聯共（布）、共產國際與中國國民革命運動（1926～1927）》，下冊第 408 頁，北京圖書館出版社，1998 年），另據李洪岩考證，最早的「半殖民地半封建」字樣，則是 1926 年 9 月 23 日莫斯科中山大學國際評論社編譯出版的中文周刊《國際評論》創刊號上的發刊詞，見《半殖民地半封建理論的來龍去脈》（《中國社會科學院近代史研究所青年學術論壇 2003 年卷》，社會科學文獻出版社，2005 年）。

理論，沒有更充分地回到民國自己的歷史環境。例如性別研究、後殖民批判、大眾文化理論等等的運用，迄今仍有生吞活剝之嫌。要眞正揭示這些歷史細節，就還需要完成大量紮實的工作，例如民國經濟在各階段的發展與營運情況，各階層的經濟收入及其演變，社會分化與社會矛盾的基本情形，經濟與政治權利的區域差異問題，法制的發展及對私人權利（包括著作、言論權利）的保護與限制，軍閥政治對輿論及思想的控制方式，國民黨政權對輿論及思想的控制方式，國民政府時期的「黨政關係」及其內在的間隙，國民黨內部各派系的矛盾及其對思想控制的影響，民國各時期書報檢查制度的制定與實施情況，民國時期出版人、新聞人、著作人各自對抗言論控制的方式及效果，主流倫理的演變及民間道德文化的基本特點，文學出版機構的經營情況與文學傳播情況，民國時期作家結社及其他社會交往的細節等等，所有這些龐雜的內容倉促之間，也很難爲「文學史」所容納，在一個相當長的時間裏都將成爲文學研究的具體話題。

解剖民國精神的獨特性、民國文本的獨特性，凸顯而不是模糊這一段文學歷史的的形態。文學史究竟是什麼史？這個問題討論過很多年，至今也可能存在不同的意見，在我看來，儘管我們今天一再強調歷史研究與文化研究的重要性，但是所有這些討論最終還都應該落實到對於文學作品的解釋中來，否則文學學科的獨立性就不復存在了。最近幾年，民國文學研究的倡導與質疑並存，但更多的時候還都停留在口號的辨析和概念的爭論當中，就文學研究本身而論，這樣並不是對學術發展的眞正推進。如果民國文學研究的提倡不能以大量的具體文學作品的闡釋爲基礎，或者說民國文學的理念不能落實爲一系列新的文學闡釋的出現，那麼這一文學史框架的價值就是相當可疑的；如果我們尙不能對若干文學作品的獨特性提出新的認識，那麼又何以能夠撰寫一部全新的《民國文學史》呢？

以上幾個方面的工作都是一部新的文學史寫作的必須的前提。我們的文學史的新著，從大的歷史框架的設立與理解到局部事件的認定和把握，乃至作爲歷史事件呈現的文本的闡釋都與應該此前我們熟悉的一套方式——革命史話語、現代性話語——有所不同，如果只是抓住名稱大做文章，幾乎可以肯定的是，其結果必然很快陷入到業已成熟的那一套知識和語言中去，所謂「民國文學史」也就名不副實了。早在 1994 年，人民出版社就出版過《中國民國文學史》，這個奇特的書名——不是「中華民國文學史」而是「中國民國

文學史」──顯然反映出了當時的某種政治禁忌，平心而論，在 10 年前，能夠涉及「民國」二字，已屬不易，對於其中所承受的禁忌，我們深表理解；但是也的確因爲這一禁忌的存在，所謂「民國」的諸多歷史細節都未能成爲文學史觀察和分析的對象，所以最終的成果還是普遍性的「現代化」歷史框架，「中國民國文學史」的主體還是不折不扣的「現代文學三十年」，對歷史性質、文學意義的描述都依然如故，對作家的認定、作品的解釋一如既往，只不過增加了一點補充：民國建立到五四新文化運動發生的幾年。這樣的文學史著，自然還不是我們理想中的「民國文學史」。

二

當然，能夠標舉「民國」概念的文學史論已經出現了，這就是臺灣學者尹雪曼主編的《中華民國文藝史》及周錦主編的《中國現代文學研究叢刊》系列叢書，也包括最近兩岸學者的最新努力。

尹雪曼（1918～2008），本名尹光榮，河南汲縣（今衛輝市）人。抗戰時期西北聯合大學畢業，美國密西里大學新聞學院文學碩士。曾主編重慶《新蜀夜報》副刊，在上海、天津、西安等地擔任報社記者，1949 年去臺灣。曾任臺灣中國作家藝術家聯盟會長，《中華文藝》月刊社社長，在成功大學、中國文化大學等校任教。自 1934 年起，創作發表了小說、散文及文學評論多種。是很有代表性的遷臺作家。周錦（1928～1992），江蘇東臺人，1949年赴臺，曾經就讀於臺灣師範大學、淡江大學等，後創辦燕智出版社，擔任臺北中國現代文學研究中心主任。兩人的最大貢獻便是撰寫、主編或者參與編撰了一系列的中國現代文學研究論著，在新文學記憶幾近中斷的臺灣，第一次系統地總結了五四以來的中國文學發展歷史，尹雪曼撰寫有《現代文學與新存在主義》、《五四時代的小說作家和作品》、《鼎盛時期的新小說》、《抗戰時期的現代小說》、《中國新文學史論》、《現代文學的桃花源》，總纂了《中華民國文藝史》。〔註 5〕其中，《中華民國文藝史》大約是第一部以「民國」命名的大規模的系統化的文學史著作，民國歷史第一次成爲文學史「正視」的對象；周錦著有《中國新文學史》、《朱自清作品評述》、《朱自清研究》、《〈圍城〉研究》、《論呼蘭河傳》、《中國新文學大事記》、《中國現代小說編目》、《中國現代文學作家本名筆名索引》、《中國現代文學作品書名大辭典》、《中國現

〔註 5〕《中華民國文藝史》由臺北正中書局 1975 年初版。

代文學鄉土語彙大辭典》等，此外還主編了《中國現代文學研究叢刊》三輯共 30 本，於 1980 年由成文出版社有限公司印行出版。《中國現代文學研究叢刊》的史論也具有比較鮮明的「民國意識」。《中國現代文學研究叢刊編印緣起》這樣表達了他的「民國意識」：

> 中國新文學運動，是隨著中華民國的誕生而來。儘管後來有各種文藝思潮的激蕩以及少數作家思想的變遷，但中國現代文學卻都是在國民政府的呵護下成長茁壯的……〔註6〕

這樣的表述，固然洋溢著大陸文學史少有的「民國意識」，不過，認真品讀，卻又明顯充滿了對國民黨政權形態的皈依和維護，這種主動向黨派意識傾斜，視「民國」爲「黨國」的立場並不是我們所追求的學術客觀，也不利於眞正的「民國」的發現，因爲，眾所周知的事實是，疲於內政外交的「國民政府」似乎在「呵護」民國文學方面並無傑出的築造之功，嚴苛的書報檢查制度與思想輿論控制也絕不是現代文學「成長茁壯」的理由。民國文學的眞實境遇難以在這樣的意識形態偏好中得以呈現。

同樣基於這樣的偏好，民國文學的優劣也難以在文學史的書寫中獲得准確的評判，例如尹雪曼《中華民國文藝史·導論》作出了這樣概括：「中華民國的文藝發展，雖然波瀾壯闊，變幻無常；但始終有民族主義和人文主義作主流；因而，才有今日輝煌的成就。」「至於所謂『三十年代』文藝，則不過是中華民國文藝發展史中的一個小小的浪花。當時間的巨輪向前邁進，千百年後，再看這股小小的浪花，只覺得它是一滴泡沫而已。其不值得重視，是很顯然的。」〔註7〕

民國時期的現代文學是不是以「民族主義」爲主流，這個問題本身就值得討論，至少肯定不會以國民政府支持下的「民族主義文藝運動」爲主導，這是顯而易見的；至於所謂的「三十年代文藝」當指 1930 年代的左翼文學，事實上，無論就左翼文學所彰顯的反叛精神還是就當時的社會影響而言，這一類文學選擇都不可能是「一個小小的浪花」、「是一滴泡沫而已」，漠視和掩蓋左翼文學的存在，也就很難講述完整的民國文學了。

由此看來，20 世紀下半葉的冷戰不僅影響了大陸中國的學術視野，同樣扭曲了海峽對岸的學術認知。受制於此的文學史家，雖然不忘「民國」，但他

〔註 6〕周錦：《中國新文學簡史》1 頁，臺北成文出版社 1980 年。
〔註 7〕尹雪曼總纂：《中華民國文藝史》1 頁，臺北正中書局 1975 年。

們自覺不自覺地要維護的中華民國依然是以國民黨統治爲唯一合法性的「黨國」，民國社會歷史的眞正的豐富與複雜並不是「黨國」意識關心的對象。以民國歷史的豐富性爲基礎構建現代中國的文學敘述，始終是一個難題，對大陸如此，對臺灣也是如此。

當然，考慮到臺灣歷史與文學的種種情形，《民國文學史》的寫作可能還會再添一個難度：如何描述海峽對岸當今的文學狀況，是排除於我們的「民國文學史」還是繼續延伸囊括，〔註8〕排除於現實不符，從「民國」敘述轉向「臺灣」敘述，恐怕也正是「獨派」的願望，相反，努力將「臺灣」敘述納入「民國」敘述才能體現中華統一的「政治正確」；不過，納入卻也同樣問題重重，「民國」與「人民共和國」並行，不僅有悖於「一個中國」的基本政治理念，就是在當下的臺灣也糾纏不清。我們知道，在今日，繼續奉「民國」之名的臺灣目前正大張旗鼓地推進「臺灣文學」甚至「臺語文學」，所謂「民國文學」至少也不再是他們天然認同的一個概念，學術考察如何才能反映出研究對象本身的思想追求，這個問題也必須面對。也就是說，在今日臺灣，「民國」之說反倒曖昧而混沌。

2011 年，臺灣學者陳芳明、林惺嶽等著的《中華民國發展史‧文學與藝術》出版，較之於此前冷戰時期的文學史，這一著作終於跳出了「黨國」意識的束縛，體現出了開闊的學術視野，〔註9〕但是由於歷史的阻隔，關於民國文學的豐富細節都未能在這一史著中獲得挖掘，我們看到的章節就是：百年來文學批評的開展與轉折，百年女性文學，百年現代詩發展與自我身份的探求，故事萬花筒──百年小說圖志，美學與時代的交鋒──中華民國散文史的視野，百年翻譯文學史，從啓蒙救亡開始：中華民國現代戲劇百年發展史等等。從根本上說，《中華民國發展史‧文學與藝術》由多位學者合作，各自綜述一個獨立的文學藝術領域，在整體上更像是一部各種文學藝術現象的概觀彙集，而不是完整的連續的歷史敘述。

也是在 2011 年，大陸學者湯溢澤、廖廣莉出版了《民國文學史研究》

〔註 8〕 丁帆先生試圖繼續延伸民國文學的概念，他區分了政治意義的「民國」和作爲文化遺產的「民國」，試圖以此作爲破解難題的基礎，不過這一延伸也不得不面對與臺灣作家及臺灣學者對話、溝通的問題（見《關於建構民國文學史過程中難以迴避的幾個問題》，《當代作家評論》2012 年 5 期）。

〔註 9〕 陳芳明、林惺嶽等著：《中華民國發展史‧文學與藝術》，臺灣政治大學、聯經出版公司 2011 年。

（1912-1949）。〔註10〕湯先生是中國大陸較早呼籲「民國文學史」研究的學者，在這一部近 40 萬字的著作中，他較好地體現了先前的文學史設想：回歸政治形態命名的歷史記事，上溯民國建立的文學發端意義，恢復民國時期文學發展的多元生態。可以說這都觸及到了「民國文學史」的若干關鍵性環節，《民國文學史研究》由「史觀建設」與「編史嘗試」兩大部分組成，前者討論了民國文學史寫作的必要性，後者草擬了「民國文學史綱」，嚴格說來，「史綱」更像是民國時期文學的「大事記」，似乎是湯先生進一步研究的材料準備，尚不能全面體現他的「民國文學史」面貌。

海峽兩岸的學者都開始彙集到「民國文學」的概念下追述歷史，這令人鼓舞，但目前的成果也再次說明，書寫一部完整的《民國文學史》，無論是史觀還是史料，都還有相當的欠缺，時機尚未成熟，同志仍需努力。

三

民國文學史，在沒有解決自己的史觀與史料的時候，實在不必匆忙上陣。在我看來，民國文學研究在今天的主要任務還是對民國社會歷史中影響文學的因素展開詳盡的梳理和分析，對現代文學歷史演變中的一些關鍵環節與民國社會各方面的關係加以解剖，如民國建立與新文學出現的關係、民國社群的出現與現代文學流派的形成、民國政黨文化影響下的思想控制與文學控制、民國戰爭狀態下的區域分割與文學資源再分配等等，至於文學自身力量也不能解決的文學史寫作難題當然更可以暫時擱置（如當代臺灣文學進入民國文學史的問題）。只要我們並不急於完成一部完整系統的民國文學史，就完全可以將更多的精力放在民國文學一個一個的具體問題之上，可供我們研究範圍也完全可以集中於民國建立至人民共和國建立這一段，我想，海峽兩岸的學者都可以認定這就是「民國歷史」的「典型」時期，這同樣可以為我們的雙邊交流營造共同的基礎。在民國文學史誕生之前，我們應該著力於歷史更多更豐富的細節，對細節的了悟有助於我們歷史智慧的增長，而歷史智慧則可以幫助我們最終解決這樣或那樣的歷史書寫的難題。

那麼，在一部成熟的《民國文學史》誕生之前，還有哪些課題需要我們清理和辨析呢？

〔註10〕湯溢澤、廖廣莉：《民國文學史研究》（1912～1949），吉林大學出版社 2011年。

　　我覺得在下列幾個方面，還有必要進一步研討。

　　一是「民國文學」研究究竟能夠做什麼。隨著近幾年來學界的倡導，對於「民國文學」研究的優勢大約已經獲得了基本的認識，但是也有學者提出了自己的疑慮：研討民國文學，對於那些反抗民國政府的文學該如何敘述？例如左翼文學、延安文學。或者說，民國文學是不是就是國統區追求民主、自由這類「普世價值」的文學，「民國機制」是不是與「延安道路」分道揚鑣？在我看來，「民國文學」就是一種近現代中國進入「民國時期」以後所有文學現象的總稱，既包括國統區的文學，也包括解放區的文學，因為「民國」不等於「黨國」，也代表了某種「革命者」共同的「新中國」的夢想，左翼文化、解放區反抗的是一黨專制的「黨國」，而不是民主自由均富的「新中國」，尤其在抗戰時期，當解放區轉型為民國的特區之後，更是恰到好處地利用了民國的憲政理想為自己開闢生存空間，為自己贏得道義與精神上的優勢，只有在作為「新中國」的「民國」場域中，左翼文學與延安文學才體現出了自己空前的力量，「延安道路」才得以實現。「民國文學」也不是歌頌民國的文學，相反，反思、批判才是民國時期知識份子的主流價值取向，所以，我們可以發現，「民國批判」往往是民國文學中引人矚目的主題，左翼文學精神恰恰是民國時代一道奪目的風景，儘管它的文學成就需要實事求是地估價。在這個意義上，民國文學史的研究肯定是中國近現代史學的組成部分，而不是大眾時尚潮流（如所謂「民國熱」）的結果。

　　民國文學研究更深入的理論問題還在於，這樣一種新的文學史研究範式的出現究竟有什麼深刻的學術意義？對整個文學史研究的進行有何啟發？我認為，相對於過去強調「現代性」時間意義的「中國現代文學史」而言，「民國文學史」更側重提醒我們一種「空間」的獨特性，也就是說，從過去的關注世界性共同歷史進程的「時間的文學史」轉向挖掘不同地域與空間獨特涵義的「空間的文學史」，以空間中人的獨特體驗補充時間流變中的人類共同追求，這就賦予了所謂「民族性」問題、「本土性」問題與「中國性」問題更切實的內涵，從此出發，中國文學研究的新範式也許可以誕生？

　　二是「民國文學」研究當以大量的具體文學現象的剖析為基礎。這一方面是繼續考察各類民國文化現象對於文學發展的重要影響，包括經濟、政治、法律、教育、宗教之於文學發展的動力與阻力，也包括各區域文化現象對於文學生長的有形無形的影響，包括民國時期一些重要的歷史事件對於文學的

特殊作用，例如國民革命。過去我們梳理中國現代的「革命文學」，一般都從 1927 年大革命失敗之後的無產階級文學倡導開始，其實「革命」是晚清以來就一直影響思想與現實的重要理念，中國現代文學的「革命意識」受到了多重社會事件的推動，從晚清種族革命到國民革命再到無產階級革命等等都在各自增添新的內容，仔細追溯起來，「革命文學」一說早在國民革命之中就產生了，國民革命也裏挾了一大批的中國現代作家，爲他們打上了深刻的「革命」意識，不清理這一民國的重要現象，就無法辨析文學發展的內在脈絡。大量現代文學現象（特別是文學作品）的再發現、再闡釋是民國新視野得以確立的根據。如果我們無法借助新的視野發現文學文本的新價值，或者新的文學細節，就無法證明「民國視野」的確是過去的「現代文學視野」能夠代替的。所幸的是，最近幾年，一些年輕的學者已經在「民國機制」的視野下，發掘了中國現代文學的新的內涵。這裡僅以《文學評論》雜誌爲例：顏同林從「法外權勢的失落與村落秩序的重建」這一角度提出對趙樹理小說的嶄新認識〔註 11〕，周維東結合延安文化，剖析了解放區文學「窮人樂」主題的意味〔註 12〕，李哲發現了茅盾小說中沉澱的民國經濟體驗〔註 13〕，鄔冬梅結合 1930 年代的民國經濟危機重新解讀了左翼文學〔註 14〕，羅維斯發現了民國士紳文化對茅盾小說的影響〔註 15〕，張武軍透過「民國結社機制」挖掘了從南社到新青年同仁的作家群體聚散規律，賦予社團流派研究全新的方向〔註 16〕。在重新研討新文學發生過程的時候，李哲發現了北京大學教育「分科」的特殊意義〔註 17〕，王永祥則解剖了民國初年的國家文化所形成的語境與氛圍〔註 18〕。這樣的研究都在很大程度上突破了過去的「現代文學」研究視域，通過自覺引入民國歷史視角而推動了文學史研究的發展。

〔註 11〕顏同林：《法外權勢的失落與村落秩序的重建——以趙樹理四十年代小説爲例》，《文學評論》2012 年 6 期。

〔註 12〕周維東：《解放區的天是明朗的天——延安時期的移民運動與「窮人樂」敘事》，《文學評論》2013 年 4 期。

〔註 13〕李哲：《經濟·文學·歷史——〈春蠶〉文本的三個維度》，《文學評論》2012 年 3 期。

〔註 14〕鄔冬梅：《民國經濟危機與 30 年代經濟題材小説》，《文學評論》2012 年 3 期。

〔註 15〕羅維斯：《「紳」的嬗變——《動搖》的一種解讀》，《文學評論》2014 年 2 期。

〔註 16〕張武軍：《民國結社機制與文學的演進》，《文學評論》2014 年 1 期。

〔註 17〕李哲：《分科視域中的北京大學與「新文化運動」》，《文學評論》2013 年 3 期。

〔註 18〕王永祥：《〈新青年〉前期國家文化的建構與新文學的發生》，《文學評論》2013 年 5 期。

　　當然，類似的文本再解釋、歷史再發現工作還遠遠不夠，我們期待更多的研究者加入。

　　三是對於從歷史文化的角度闡釋現代文學的這一思路本身也要不斷反思和調整。在相當多的情況下，民國文學研究與現代文學研究都擁有相似的研究對象，相近的研究方法，不過，相對而言，「民國」一詞突出的國家歷史的具體情態，「現代」一詞連接的則是世界歷史的共同進程。所以，所謂的民國文學研究理所當然就更加突出民國歷史文化的視角，更自覺地從歷史文化的角度來分析解剖文學的現象，倡導文學與歷史的對話。鑒於民國歷史至今仍然存在諸多的晦暗不明之處，對於歷史的澄清和發現往往就意味著主體精神的某種解放，所以澄清外在歷史真相總是能夠讓我們比較方便地進入到人的內在精神世界之中，因而作為精神現象組成部分的文學也就得到了全新的認識。最近幾年，中國現代文學研究中較有收穫的一部分就是善於從民國史研究中汲取養分，詩史互證，為學術另闢蹊徑，文學研究主動與歷史研究對話，歷史研究的啟發能夠激活文學研究的靈感，「民國文學」的概念賦予「現代文學」研究以新機。雖然如此，我們也應該不斷反思和調整，因為，隨著歷史研究、文化研究在文學考察中的廣泛運用，新的問題也已經出現，那就是，我們的文學闡述因此而不時滑入到了純粹的歷史學、社會學之中，「忘情」的歷史考察有時竟令我們在遠離文學的他鄉流連忘返，遺忘了文學學科的根本其實還是文學作品的解釋。捨棄了這一根本，模糊了學科的界限，我們其實就面臨著巨大的自我挑戰：面向文學的聽眾談歷史是容易的，就像面對歷史的聽眾談文學一樣；但是，如果真的成了面對歷史的聽眾談歷史，那麼無疑就是學科的冒險！對此，每一位文學學科出身的學人都應該反覆提醒自己：我準備好了嗎？

　　在這個意義上，我們應該始終牢記，從歷史文化的角度研究文學，最終也需要回到「大文學本身」，民國文學研究對民國時期文學現象的研究，而不是以文學為材料的民國研究。將來我們可能要完成的也不是信馬由韁的《民國史》而是不折不扣的《民國文學史》。

　　沒有對這些研究前提、研究方法的反思，就不會有紮實的研究，當然最終的文學史是什麼樣子，也就難以預期了。闡釋優先，史著緩行，民國文學史的寫作，當穩步推進。

目次

第一章　重估魯迅

魯迅能不能夠重估？魯迅需不需要重估？

顯然，對於這個問題人們並沒有達成共識。在一些人看來，在學術上有不同的意見是可以的，但是，一旦觸動了對於魯迅的崇高評價，譬如「三個偉大」之類，就會有人以非學術爭鳴的方式，來「保衛魯迅」。似乎如果不是他們的「保衛」，魯迅就不偉大而會塌臺似的。

《收穫》發表了幾篇與「三個偉大」的評價口徑不同的文章，紹興作協朱主席就「實感驚忿，夜不能寐」，並致信中國作家協會，質問《收穫》「貶損魯迅，意欲何為」？〔註1〕朱主席作為魯迅故鄉的作協主席，其保衛魯迅的真誠與熱情是毋庸置疑的，但是，如果朱主席認為對方的論點全是胡說八道，為什麼不著文對於對方進行反駁，而讓真理大白於天下呢？人們都知道真理越辯越明的道理，卻偏偏不喜歡用辯論的方式，而愛用堵塞言路的方式，使對魯迅的非議化為烏有。豈知你不讓他的文章在刊物上發表，你也堵不住他的嘴，難道還要來一個非議魯迅就是「反革命」不成？

想一想當年魯迅為了爭取中國的言論自由，以筆做投槍，投向國民黨的文化專制主義，連自己正經的小說創作都耽誤了，而今天保衛魯迅的人卻要採用堵塞言路的方式，你不感到魯迅的確需要重新估價嗎？

當然，《收穫》也有《收穫》的問題，《收穫》不肯發表反駁王朔、馮驥才的文章〔註2〕，似乎是不應該。尤其是該刊的主編是巴金，而巴金又是魯迅

〔註 1〕《紹興作協主席質問〈收穫〉貶損魯迅　意欲何為》，《中國青年報》2000 年6 月 1 日。

〔註 2〕筆者集中地迎戰挑戰魯迅者的《不廢江河萬古流》，被《收穫》退稿後發表於

的朋友，不知巴金倘若知道此事，會作何感想？自由是有對魯迅說三道四的自由，也有反駁對魯迅說三道四的自由，如果否定了後者，《收穫》的編輯實際上是在聲譽上損害了巴金：不管年邁的巴金看不看稿子，至少巴金名譽上是該刊的主編。

毛澤東當年曾說：「我黨真懂馬列的不多。」事實上，中國真懂魯迅的更少。毛澤東說他與魯迅的心是相通的，但是據魯迅的密友馮雪峰以及牛漢的說法，毛澤東其實不懂魯迅。魯迅不是趙樹理，不是浩然，也不是金庸，他不是那種一看就懂的作家。所以，讓全國將近 13 億人口都讀懂魯迅，都讚美魯迅，其實是不可能的，也是很虛偽的。且不說《野草》，就是《狂人日記》、《阿 Q 正傳》等文本，正如魯迅說的，也「非淺學所能穿鑿」。王朔寫過不少不錯的小說，卻並未讀懂《狂人日記》和《阿 Q 正傳》，就是明證。按照常理，不懂固然會促使人們學習，但也往往會產生一種心理上的抵制，所以像王朔那樣說魯迅並不怎麼樣，應該說是合情合理的，是非常正常的。人人都說魯迅偉大而且沒有任何異議的時代，恰恰是最不正常的「文革」時代。那時，非議魯迅可能要被打成「反革命」。但是，如果參加「文革」的群眾都能讀懂魯迅的話，那麼，「文革」就根本不會發生；因為魯迅所追求的價值與「文革」所倡導的價值，幾乎是截然對立的。〔註3〕因此，有許多人說魯迅不好是非常正常的，沒有人說魯迅不好才是不正常的。那些不懂裝懂跟著起鬨說魯迅偉大的人，其實還不如王朔真誠。而現在是說魯迅偉大的人太多，對魯迅說三道四的人太少，從這個意義上說，魯迅也需要重估。

從中外文學史的實際來看，一些渺小的文本，往往幾句話就能說完，而偉大的文本，總有無限闡釋的可能性。如果魯迅及其文本只能有一種闡釋，那麼，豈不是將魯迅「貶損」到小作家之列了嗎？在人文學科，人們都在根據自己特定歷史語境中的知識視景、思維結構、審美觀念和價值尺度對以往的作家和文本進行重估，魯迅又怎麼會是一個例外呢？

第一節　當務之急：摘掉魯迅頭上的神聖光圈

有人說，孔子是古代的聖人，魯迅是現代的聖人。所謂「聖人」，頭上總

《齊魯學刊》2000 年第 6 期，並被人大複印資料全文複印。
〔註 3〕參見拙作《對「文革」文學的文化反思》，《東方文化》2000 年第 5 期。

有一個神聖的光圈，只要你沐浴在光圈之中，你就有福有救了。誰若能弘揚光圈，誰就佔據了文壇的主流地位，誰的話語就成了權力話語。

假定我們按照魯迅生前留下來的文本的思想邏輯加以推測，如果說魯迅去世後有什麼事最違背他的意願，那麼，將神聖的光圈罩在他的頭上，可以說是違背魯迅精神之最。一想到一個以非正統非主流而成其文化巨人的人，後來被奉為文化正統；一想到一個自稱以袒露其內心的陰暗面而難以磨滅的黑也似的惡魔式的文豪，後來被打扮成了神並能對後來的歷次運動未卜先知，你怎麼會沒有一種滑稽透頂之感呢？

這幾年經常可以聽到一些議論，說魯迅的作品不如胡適，不如周作人，不如林語堂……開始是在私下裏，後來是在網上，再後來就出現在報章雜誌上。其實這些人中，有許多根本就沒有讀多少魯迅的作品，更不曾研究過胡適、周作人、林語堂。他們僅僅在發泄一種情緒，一種對主流文化和權力話語的厭煩情緒。換句話說，不是魯迅的為人為文，而是魯迅頭上那個神聖的光環害了魯迅。

因為人一經為聖成神，固然相當了不起，顯得「神聖」而不可侵犯，不過同時也就與人拉開了距離，成為離我們很遠很遠的可敬而不可親的他者。魯迅的悲哀，其實並不在於「筆尖的圍攻」──在五四時期，儘管魯迅貢獻了現代文學史上最傑出的一批短篇小說，但是他的名氣不但不如胡適、陳獨秀，甚至不如錢玄同、周作人；而正是在與「正人君子」、梁實秋等人的論爭以及在創造社、太陽社對魯迅筆尖的圍攻中，魯迅的名氣越來越大，在人們心目中的地位也越來越高。魯迅的悲哀，恰恰在於逝世之後被歪曲，臉上的粉末越來越厚，然後被奉上神聖之壇，成為一種鬥爭的工具，從而離我們一般人越來越遠，甚至成為自由論爭的異己物。

1996年底，《中華讀書報》約我寫一篇紀念魯迅的文章，筆者就寫了一篇《走出神聖光圈的魯迅》，讓人擦去魯迅臉上層層的白粉，摘掉戴在他頭上那個最違背他心願的神聖光圈。〔註4〕因為筆者當時已經意識到，如果僅僅是重新詮釋魯迅，而不對魯迅抬上神壇的誤讀進行反思，使魯迅成為一個永遠不倒的「三朝元老」，那麼，總有一天，人們會公開站出來非議魯迅，而且這種非議是對魯迅的又一種更大的誤讀。

魯迅頭上的神聖光圈不被摘去，對魯迅的重估就不可能真正去除陰雲。

〔註4〕參見拙作《走出神聖光圈的魯迅》《中華讀書報》1997年1月29日。

在筆者看來，魯迅之所以是比胡適與梁實秋相加都偉大得多的藝術大師，恰恰就在於他是現代中國一個徹底的反神聖主義者。他在反神聖時表現出來的驚人的坦誠，以及對於自我乃至整個民族的缺陷與陰暗敢於正視的精神，至今仍是前無古人的。這樣一個富有顛覆性的文化惡魔，卻戴上一頂神聖的光圈，豈非滑天下之大稽？

是時候了，是摘掉魯迅頭上神聖光圈的時候了。

魯迅，這位叛逆的猛士，置身在造物主製造的良民中，像「這樣的戰士」走進對他一式點頭的「無物之陣」，他只有在寂寞的荒原上奔馳，在沒有綠洲的沙漠裏歌唱，在黑色的大染缸裏苦悶，在傳統築起的圍牆中老衰，在絕無窗戶而萬難毀壞的鐵屋子裏絕望。儘管如此，他還是在絕望中抗戰，在苦悶中向庸眾宣戰，在大染缸中肩住黑暗的閘門，在沙漠上找尋孩子們自由發展的綠洲，他要毀壞那個鐵屋子，給冰封的荒原吹進一絲「熱風」……

是時候了，是摘掉魯迅頭上神聖光圈的時候了。

魯迅，這位挑戰暴君與良民的惡魔，是那樣矛盾、焦慮、孤獨。什麼「青年叛徒的領袖」，什麼「思想界的權威」，都不曾驅除他內心深在的孤獨。當他被奉為「二心」的戰士說著「南腔北調」的話時，似乎孤獨消失了，但在晚年的租界裏，孤獨再一次侵襲著他的靈魂。「市場之蠅」圍住他嗡嗡地叫，有時是叮咬，有時是讚美；但他高傲的自由主體使他從不布施別人，也不接受別人的布施。圍攻與挑戰會使他的自由意志充滿戰鬥的激情，但對他溫情的布施會使他感到軟弱而不自由。於是，他就露出「毒牙」，詛咒給他布施的人應該滅亡，否則他自己就應該受到詛咒而滅亡。就這樣，他向傳統挑戰，與社會對立，與人群衝突，這種戰場經常會在他的內心展開，造成激烈的自我交戰。他為自己的意力絕世而呼喚「惡」，但他遇到純真的善良時又詛咒自己身上的惡性，厭惡自己心理的陰暗，所以伴隨著多力善鬥的，往往是深深的懺悔……

是時候了，是摘掉魯迅頭上的神聖光圈而對他進行重估的時候了。

魯迅，這位「世故老人」，真的很世故，也很圓滑，但他卻不以他的世故和圓滑混世。他那絕對主我的高傲個性，使他「於庸俗無所顧及」，為善為惡皆出於己而無出於人。他高居於世故與圓滑之上，予以拆穿並給予憎惡。有時他覺得憎惡的東西太多了，首先自己就應該受到憎惡，如果得到是相反的布施，這對於他反倒是一種冷嘲，使他對自己也要大加污蔑。而且，軟弱無

力的人本來就應該躲避他，逃離他，因爲軟弱無力者不堪忍受他對自己乃至整個民族那種令人恐怖的解剖，然而現在的情況卻是相反，軟弱無力者，善良的合群者，正統的衛道者，都躲到魯迅的大旗之下，向著孤獨者，處於社會與文化的邊緣者擲出了投槍……

是時候了，是摘掉魯迅頭上的神聖光圈而對他進行重估的時候了。

魯迅，不僅是個孤獨者，而且是個矛盾集合體。他是一個傳統的顛覆者，又是一個「爲往聖繼絕學」的文人。他是一個「瘋子」，一個「惡人」，又是一個好學生，一個大孝子。他在成爲良民和暴君的叛逆的時候，又說自己身上充滿了「毒氣」與「鬼氣」。他的「毒氣」與「鬼氣」是他的深刻性之所在，但他又極想逃離這種「毒氣」和「鬼氣」，卻又逃不掉。他的詛咒中國文化和歷史的言論，他的西化傾向，使現在一些「民族自尊心」很強的人也感到受不了，但是像他那樣急於使中國振興的人又很少。他懷疑人，恨人，有人據此甚至將他說成是「仇恨政治學」的發明者，但他又有一顆大悲憫之心而極想救贖世人。從這個意義上說，任何單一性的魯迅解讀，都可能歪曲魯迅。他，是在古老中國向現代蛻變的時候，東西方文化撞擊而形成的一個大漩渦。在他身上，表現了東西方文化匯流之後作爲一個深刻的中國人的全部危機和複雜性。簡單地將他當成一個無所不能解釋的神，或者不假思索地將他否定掉，都是極爲幼稚的勾當。

當然，複雜性不等於「無可無不可」。但是，魯迅的一個特點，就是對於任何正宗或者正統的東西，一概都加以蔑視；對於任何神聖的東西，總有一種顛覆的欲望。五四時期，青年們讓魯迅給他們指路，魯迅在嘲諷了給青年指路的導師們之後，說自己也無路可走，更何談給別人指路。他說他只知道路的盡頭是「墳」，而他自己，正在面對墳墓而解剖自己心中的惡魔的遊魂，所以他給自己的一本分量最重的文集取名爲《墳》。直到晚年，他還在「刨祖墳」。這種刨墳精神，包括對自己心中之墳的深層開掘。《野草》幾乎就是魯迅面對墳墓深刻自剖的結果。於是，魯迅在將一切神聖的東西打得粉碎的時候，就露出了內心的慘厲和陰暗，他揭開了「人肉醬缸」上的金蓋，沖滌著「鬼臉」上的雪花膏。在與「正人君子」的論爭中，魯迅鼓掌歡迎弗洛伊德的精神分析學說的進入中國，說是這個學說不許任何人站在超越俗人的神聖位置上，也把「正人君子」的假面給撕碎了。就是這樣，魯迅以弗洛伊德的泛性說，摘掉了戴在高高在上的導師們頭上的聖潔光圈，使其由聖還俗。

　　魯迅說：「我時時覺得自己很渺小；但看他們的著作，竟沒有一個如我，敢自說是戴著假面和承認『黨同伐異』的，他們說到底總必以『公平』和『中立』自居。因此，我又覺得我或者並不渺小。現在拼命要蔑視我和罵倒我的人們的眼前，終於黑的惡鬼似的站著『魯迅』這兩個字者，恐怕就爲此。」〔註5〕魯迅反省自己難以被罵倒的原因，並不在於他有多麼神聖，多麼高潔，恰恰相反，卻是因爲自己比別人更坦誠，更敢於暴露自己的醜惡，以至於在別人的眼前豎立起一尊「黑的惡鬼」的形象。爲什麼那些躲在魯迅大旗下面「保衛魯迅」的人，卻違背「先生」的意願，非要神化他才感到他「並不渺小」呢？值得注意的是，從早年倡導「惡魔派詩歌」，到自稱「黑的惡鬼」，魯迅顯然是以惡魔自居，爲什麼那些躲在魯迅大旗下的人不能接受一個惡魔魯迅，非要將惡魔改寫成神明呢？

　　當然，魯迅說自己「戴著假面」是有點過了，因爲凡是認眞讀過魯迅著作的人都明白，在魯迅的小說，一部分雜文，特別是在《野草》中，都會使人感到他剖析自我的眞誠。但是，爲了在現實社會中生存，魯迅在解剖自我的時候故意蒙上一層藝術之霧，使人不留心就看不出來，倒是他經常運用的技巧。美國學者哈南認爲，魯迅幾乎在全部小說中都運用了反語技巧，但我認爲，魯迅在雜文中也大量運用了反語技巧，使人更難捉摸。譬如在《說鬍鬚》中，魯迅說陝西人費了那麼多錢請他去講演，「大約萬料不到我是一個雖對於決無殺身之禍的小事情，也不肯直抒自己的意見，只會『嗡，嗡，對啦』的罷。他們簡直是受了騙了。」這裡表現了魯迅的「世故」，這種「世故」並非子虛烏有，但是決不至於世故到講演時騙學生的地步，否則，魯迅本人也就成了他所諷刺的「哈哈黨」。至於說寫文章爲了賣幾文錢等等，都是反語，但又不是一點眞實性也沒有。然而，對於魯迅反語式的自剖，人們並不認眞對待，甚至會以爲是說別人而非說自己。對於魯迅的小說，人們還會以小說的虛構特性爲由，不將小說中的人物與魯迅的自剖聯繫起來。《野草》雖然是煮自己的靈與肉的，但又朦朧難懂，不確定性太大。因此，具有諷刺意味的是，以善於自剖而感到自己並不渺小的魯迅，當他死去之後，就被簡化和歪曲成比「正人君子」還要聖潔的的神明。以小說爲例，雖然魯迅說小說「大抵是作者借別人以敘自己，或以自己推測別人的東西」，〔註6〕而《在酒樓上》、

〔註 5〕魯迅《兩地書・九三》。
〔註 6〕魯迅《三閒集・怎麼寫》。

《孤獨者》和《弟兄》等小說中的呂緯甫、魏連殳、張沛君等都是魯迅深刻自剖的產物，但是，造神論者卻說，魯迅是站在「天上」，對「地上」的這些革命的落伍者、個人主義者、自私自利者進行無情的揭露和批判。假定魯迅在世，那麼，他也許會對文本和接受者之間的距離之大感到吃驚，然後對接受者不顧他的話以及文本相對的規定性（用接受美學的話來說就是不顧文本暗含的讀者）而進行胡亂解釋表示憤怒，因為他早就說過：「我的確時時解剖別人，然而更多的是更無情地解剖我自己」。〔註7〕

　　當魯迅頭上神聖的光圈被摘掉之後，你就會感到，魯迅雖然是一位文化巨人與文學大師，但也是一個人，而且有一般常人所沒有的矛盾和焦慮，直到晚年也不曾真正擺脫孤獨的糾纏。你會看到他和任何一個有血有肉的人一樣，有判斷失誤的時候，有誤解人的地方，有趕時髦趕得並不對勁的處所，他說的話也絕非「句句是真理」，否則，他思想的不斷變化就無法解釋。但是，魯迅之為魯迅，還有為一般人所不及的地方，就是他對於中國文化的深刻透視，對於自己的無情解剖，以及藝術表現上過人的技巧。當一個神性消失的魯迅，再一次以其驚人的坦誠赤裸裸地呈現在我們的精神世界的時候，就會成為離我們最近的文化偉人和藝術大師。因為我們發現，將那些罩在魯迅頭上的光圈摘去之後，魯迅非但沒有變得渺小，恰恰更加高大了，而且這種高大是「我們」的，他就在我們中間，和我們沒有什麼不同，只是比我們更深地看出了我們自己看不到的我們的由來與現在的缺陷。

　　有缺陷，才能激勵人們改革現狀；有黑暗，才能教示人們追求光明。將魯迅打扮成一個光明的使者，將他描繪得象聖人一樣圓滿，是對他最大的嘲諷。在中國文化的夜空中，魯迅不是一隻讓人高興快樂的喜鵲，而是一隻夜遊的惡鳥，是一隻鴟鴞，一隻貓頭鷹。他的使命，就是揭露出中國文化的大缺陷，暴露出內心的大黑暗，如果他和他的同胞不能從這種大缺陷與大黑暗中得救，就會在大缺陷與大黑暗中沉淪。與尼采一樣，魯迅的書是寫給強者看的，不敢正視慘屬的真實的人，就只有在這種大缺陷與大黑暗面前落荒而逃。但是他們還有一個「以柔克剛」的辦法，就是將魯迅歪曲，神化，然後躲在魯迅這個「猛人」的身後，用魯迅嚇退現實中像魯迅那樣的孤獨者。

　　孤獨和自由相伴而生，冷酷就跟在它們的後面。合群地聚集在魯迅身後的人，其實並不喜歡自由，因為自由會使人孤獨，會使人感到世界的冷酷，

〔註7〕魯迅《墳·寫在〈墳〉後面》。

於是軟弱無力的人寧肯不要自由，也要合群的溫情。而真正懂得魯迅的人，會在冷酷的荒原上，在無邊的黑暗中獨自行走的時候，感到前面還有一個知心的朋友，在沙漠裏行走疲倦的時候，會聽到一種聲音的召喚，因為當年魯迅在面對墳墓的時候，也只得走，而不能像老翁、花草、石頭一樣停頓下來。而且在腐敗的癌細胞擴散的時候，魯迅向腐敗與邪惡搏擊的精神，會給正直的人以反抗絕望的力量。

　　魯迅，的確到了該重新估價的時候了！

第二節　傳統魯迅研究：怎樣歪曲了魯迅

　　一個惡魔似的魯迅被打扮成神的過程，就是一個歪曲魯迅的過程。

　　當然，如果從讀者反應批評的角度說，文本的客觀性僅僅是一個幻想，而允許「智者見智，仁者見仁」的解讀，那麼，這派歪曲論批評也許還有存在的合理性──儘管我本人並不贊同讀者反應批評的基本立場。但是，讀者反應批評首先是建立在批評多元化的文化基礎上的，它並不認為自己的批評是唯一合理的批評，而僅僅是多元批評中的一種而已。然而，歪曲論批評卻不然，他們認為他們的批評是客觀的，是標準的，是不能動的。誰要是動搖了歪曲論批評的根基，就立刻會有人出來「保衛魯迅」──保衛神明。神，是神聖而不可侵犯的。

　　我以為如果魯迅地下有知，一定會覺得受到了保衛者極大的侮辱。且不說遮蔽他的惡魔面孔而將他裝扮成神明會大大地激怒他，就是一些圍在他周邊的合群者，不時地聲稱要保衛他，也會令他的自尊心無法忍受。魯迅喜歡拜倫、尼采是人所共知的，拜倫的《曼弗雷德》表現了他的自由主體那種不受任何外力扶助的精神，尼采反對同情的理由就在於，同情是站得高的人對於低處的人的一種感情上的施捨，所以被別人同情是作為自由主體的自我不能忍受的，而同情別人又侵害了別人的自由主體。魯迅在《求乞者》中所表現的不布施別人而給予求乞者以煩膩、疑心、憎惡，而自己求乞也將得到煩膩、疑心、憎惡，是與這種情感方式極為相近的。然而，一個高傲如雄獅的人，一個具有強力意志的孤獨者，一個「力之美」的創造者，卻軟弱到時時需要別人去保衛他，他怎麼會不感到煩膩、疑心和憎惡呢？

　　現在我們的面前有一個不能繞開的問題：魯迅究竟是怎樣從惡魔變成神

的？換句話說，他是怎樣被歪曲，神化，被奉上神壇的？

　　當然，從魯迅自身的為人為文中找依據，不是一點蛛絲馬迹找不到。魯迅後期，像五四時期那樣袒露主體深在的陰暗與苦悶的作品確實是減少了，雖然他還在揭露傳統文化的罪惡與現實社會的邪惡，但是卻較少剖析自己內心的惡魔性。魯迅的後期有時候不大像個文學家，而更像一個衝鋒陷陣的戰士。正是這種戰士的形象，加上他遮蔽了內心的陰暗，給誤讀者留下了一種神化他的空間。如果他還是像《彷徨》與《野草》那樣善於剖析內在的黑暗與複雜性，那麼，就會令神化他的人無可措手。因為神化的第一步就是簡化，而魯迅自己在後期沒有象五四時期那樣袒露內心，就使簡化他的人有機可乘。

　　魯迅逝世後，特別是 60 年代以後，魯迅研究的學者們在最高指示的導引下，就開始了簡化與神化魯迅的「偉大工程」。簡化的第一步就是將魯迅劃分思想階段，將魯迅的留學日本時期與五四時期劃為前期，將魯迅去上海之後劃為後期。認為魯迅的前期是在黑暗中摸索的階段，思想和文學都是不成熟的，這樣一來，魯迅前期那些不能被簡化的複雜性，就成為孫悟空在歸順如來佛與觀世音之前的大鬧天宮、大鬧龍宮、大鬧地獄的舉動。而魯迅的後期則轉變成了一個偉大的無產階級革命戰士，一言一行都散發著正確的輝光，他成了大眾的代表，成了大多數人民的代言人，成了向敵人衝鋒陷陣的英雄，成了對革命人民鞠躬盡瘁的老黃牛，他的骨頭最硬，階級性最鮮明，鬥爭性最強，立場最堅定，覺悟最高尚，他是現代世界的聖人，革命思想的神靈，文化進步的明燈。就是這樣，魯迅被一隻無形的手從現代作家與思想家中拔了出來，脫離了大地上的泥土，奉到了高不可攀的天上，讓人們瞻仰，讓人們信從，讓人們崇拜。

　　對魯迅的神化還沒有就此止步，他們以魯迅的後期為起點，來簡化整個的魯迅。既然魯迅的後期是如此的神聖不可侵犯，就必然使他的前期跟著神聖。於是，魯迅生下來就注定會成為舊社會的叛逆，很小的時候就不聽話，不好好學「封建主義」的書本，而是喜歡富有革命性的神話《山海經》，到自由自在的「百草園」中玩耍，他到南京求學成了追求革命的行動，到日本留學更成了追求革命真理的壯舉，而且這還有「我以我血薦軒轅」的詩句為證。面對五四時期魯迅深刻袒露自己的陰暗和矛盾心理的文本，你以為這些學者就無可奈何、止步不前了嗎？不，他們有更高妙的招數。一是冷落，二是歪曲。像《野草》這樣傑出的藝術文本，在很長的時間裏是被冷落的，《野草》

中那個具有自由主體的孤獨者吐露的苦悶與絕望，則被當作魯迅富有自我批評精神來解釋的，魯迅又一躍而成了富有自我批評精神的典範，正如奧古斯丁在魂歸上帝之前也曾有荒唐的時候，但是在他的《懺悔錄》中經過深刻懺悔之後，仍可以成爲「聖奧古斯丁」一樣。而中國那個時代非常興盛的自我批評，與基督教要求的自我懺悔也可以相提並論，那種不斷重複的自我批評，要求每一個人都必須「洗腦子」、「脫褲子」、「狠批私字一閃念」。另一方面，對於魯迅小說裏那些個人獨戰多數的個性主義者，那些苦悶彷徨的自我毀滅者，那些神化魯迅的研究者因爲小說允許虛構，就可以將這些人物與魯迅拉開距離，於是他們齊聲說，那是魯迅對個人主義的無情而深刻的批判。他們對《阿Q正傳》的解讀，就更具有創造性，說是魯迅站在阿Q革命的立場上，來批判趙太爺和假洋鬼子。他們甚至將五四時期的魯迅，也描繪成一個馬克思主義者或者準馬克思主義者，《娜拉走後怎樣》對經濟的看重與馬克思的經濟決定論是一致的，《論「費厄潑賴」應該緩行》充滿了無產階級的革命鬥爭精神，而給許廣平的「兩地書」中的「改革最快的是火與劍」，又是武裝鬥爭和暴力革命的理論。

就是這樣，他們從簡化到神化，完成了對魯迅的造神運動。

他們又以魯迅爲起點，來簡化整個文學史與思想史，來了一個「逢佛殺佛，逢祖殺祖」。在文學史的研究中，無論哪個作家遇到魯迅，研究者在比較中總要使別一個作家矮三頭，如果在藝術技巧上找不到把柄，就會在思想內容上找到。甚至外國文學史上的一些哲學與藝術大師，如尼采與托爾斯泰，研究者也有辦法讓其矮三頭。所以許多論文的結論，就會出奇地相似。而在思想史上，除了馬克思主義的經典作家，其他所有思想家在魯迅面前也都要矮三頭。於是，魯迅就成爲除了馬克思主義經典作家之外的高出於一切作家與思想家之上的聖人。從傳統的角度看，魯迅確乎成了聖人，因爲孔廟的大成殿除了比北京的金鑾殿矮一點之外，比其它的殿都要高。另一方面，魯迅又扮演了一個對歷次運動能夠未卜先知的「打手」。反胡適運動，可以利用魯迅與胡適的分歧以及魯迅後期說胡適向日本人「獻徵心策」，來批判胡適。批判《武訓傳》，可以利用魯迅沒有絲毫的奴顏媚骨的「硬骨頭精神」，來批判武訓的奴顏媚骨。反右鬥爭，可以造出一個魯迅「永遠跟黨走」，來打退右派向黨的瘋狂進攻。「文化大革命」，可以利用魯迅的反傳統思想，來砸碎「封資修」的黑貨。評《水滸》批宋江運動，可以利用魯迅《三閒集·流氓的變

遷》中所說的《水滸》人物「終於是奴才」，來徹底否定《水滸》好漢。儒法
鬥爭運動，可以利用魯迅對儒家和孔子的批判，來批評孔子推崇法家。甚至
連批判魯迅的密友胡風，也能找出魯迅對胡風的不滿，胡風對魯迅的背叛。
而且每次運動，都要利用魯迅「一個都不寬恕」的「痛打落水狗」的精神，
以表示革命人民對反革命的無比憤慨和決不手軟。

就是這樣，他們將魯迅這位無所不能的神明，又當成了打擊亂說亂動的
惡魔的棍子。

魯迅似乎是有點未卜先知，他在去世前不久的 1934 年寫下了這樣一段
話：「文人的遭殃，不在生前的被攻擊和被冷落，一瞑之後，言行兩亡，於是
無聊之徒，謬託知己，是非蜂起……連死屍也成了他們的沽名獲利之具，這
倒是值得悲哀的。」〔註8〕魯迅眞是不幸而言中，而且還不僅僅是讓人沽名獲
利，而且是被人當成了打人的棍子。悲乎哉！

這個造神運動僅僅是「利用」魯迅，並且是在權力話語的導引下，由學
者來完成的。其實，僅僅是魯迅思想的矛盾與變化，就可以使整個造神運動
破產。尼采是對魯迅影響最大的哲學家，但是造神運動卻高揚魯迅，貶低尼
采。魯迅說十月革命後自己對這場革命懷疑和冷淡，也使任何想將魯迅打扮
成從來都很布爾什維克化的觀點不攻自破。而且魯迅小時候學習很用功，上
學遲到就在課桌上刻一個「早」字以警示自己，他到南京求學之後，還曾回
老家參加科舉考試，說明他到了南京接觸到新學後，也仍沒有忘情於舊學。
魯迅固然與胡適有分歧，但是每當魯迅提到「文學革命」的時候，總要提到
胡適，將胡適看成是「文學革命」的發難者，而不是像造神運動者那樣，將
魯迅看成是「文學革命」的主將，而將胡適排斥在一邊。魯迅固然批判孔子，
但是也批判法家，批判農民造反。魯迅是說過宋江等是奴才，但是在與《三
俠五義》比較的時候，魯迅又肯定了《水滸》人物敢於反對姦臣，敢於指斥
貪官，敢於反抗不公正。至於反右派、反胡風也能到魯迅那裡找到依據，恰
如將魯迅剖析自我的小說說成是寫別人，將魯迅說成是阿 Q 革命的支持者一
樣滑稽可笑。因爲反右派、反胡風與反魯迅其實是沒有多大的差別的。

或曰：是否魯迅後期與造神論者、利用魯迅者一致呢？答案也是否定的。
我們前面說過，魯迅後期較少袒露內心，給利用者有機可乘。然而這並不意
味著，魯迅後期對前期改變很多，甚至連在《中國現代小說史》中有意壓低

〔註 8〕魯迅《且介亭雜文・憶韋素園君》。

魯迅地位的夏志清，也認為魯迅後期雜文與前期雜文差別並不是很大。魯迅的孤獨感，他獨立自由的人格，在後期也並沒有消失。甚至他對光明的懷疑，與他五四時期所說的在將來的好世界裏也有將叛徒處死的懷疑沒有多少兩樣。在《理水》中，魯迅固然歌頌了大禹率領民眾治水的功績，但是小說的最後卻是一段諷刺性的敘述，舜爺讓百姓學禹的行為，否則便是犯罪，禹的行為舉止也發生了變化，變得更與世相容，「終於太平到連百獸都會跳舞，鳳凰也飛來湊熱鬧了。」《非攻》中固然歌頌了墨子制止戰爭的事迹，但是墨子回到宋國所受到的搜身與變相掠奪，又表現了他的孤獨與大多數人的愚昧，那些群眾與《理水》中那些歌頌奴役的群眾沒有什麼兩樣，魯迅直到晚年也沒有放棄改造國民性的啓蒙。其實，要想歪曲和神化，即使在文本中找不到根據，也會製造出來加進去。魯迅前期的文本與造神論者應該說是完全對立的，但是，他們不是照常能找到符合他們作論的材料嗎？

　　魯迅的被歪曲，可以從西方學者在閱讀魯迅文本時所產生的與造神論者完全不同的感想表現出來。曾經來過中國後來又擔任過國際比較文學協會主席的荷蘭學者佛克馬（D. Fokkema），在「文革」後期寫過一篇題為《俄國文學對魯迅的影響》的文章，他將魯迅的作品與俄國文學比較之後，還是對中國當時沒有查禁魯迅的作品有點不理解，因為在他看來，魯迅的作品與那些在「文革」中被激烈地批判為資產階級腐朽作品的俄國小說並沒有什麼區別。佛克馬的解釋是：「自然，禁止魯迅的作品並非像禁止俄國小說那樣容易。每一個民族，即使僅僅出於民族自尊感或者作為政治上的考慮，總是希望有自己的民族文學。但魯迅作品所具有的破壞作用是不可否認的。」佛克馬的解釋，表明了他還是不懂「文革」時的中國，當時對於中國傳統的民族文學，作為「封建主義的黑貨」予以掃除的又何其多也，包括做反面教材供批判用的《水滸傳》，那裡會考慮什麼「民族文學」！最有意思的是佛克馬的這樣一段話：「1973 年，北京再版了《魯迅全集》，這是文化控制將有所放鬆的一個徵兆……如果中國讀者能買到魯迅的書，他們便可以從中瞭解有悖於當今社會準則的一些價值標準，也能夠間接地接觸到歐洲浪漫主義文學、契訶夫文筆優美的短篇小說及安特來夫的象徵主義。他們進而會認識到，對於世界，可以有多種不同的解釋。」〔註9〕

〔註 9〕佛克馬《俄國文學對魯迅的影響》，樂黛雲編《國外魯迅研究論集》第 292 頁，
　　　　北京大學出版社 1981 年。

值得注意的是，造神論者是肯定並弘揚魯迅的後期，而有條件地肯定魯迅的前期。按他們的邏輯推理，魯迅之所以變得神聖不可侵犯而閃著渾身正確的輝光，就在於他的後期成爲偉大的無產階級革命戰士。然而，這裡有一個他們似乎無法解釋的矛盾：魯迅在文壇的崇高地位，或者說魯迅的聲望所繫的作品，主要都是前期的，包括《吶喊》、《彷徨》、《野草》、《朝花夕拾》，而《故事新編》和雜文幾乎也是前後各半。換句話說，作家應該思想越正確越有好作品，然而魯迅的好作品幾乎都集中在前期，這是造神論者永遠都無法解釋的。

當然，對於造神論者也要具體分析。魯迅周圍之所以聚集了那麼多研究者，並不僅僅都是爲了「吃魯迅飯」或者自覺認同地充當權力話語的解釋者。還有一些人是在魯迅那裡找到了不和時俗的共鳴，將魯迅看成是寂寞時能夠在心靈裏對話的人，而權力話語對魯迅的推崇，無疑也使這部分人增強了對於權力話語的向心力，但是他們內心深處的魯迅與權力話語之間總有一條鴻溝。在那個不允許對魯迅有不同解釋否則就可能被打成反革命的文化語境中，他們也只能將那個他們深深認同的魯迅埋在心中，而在公開場合談論魯迅或者出版研究魯迅論著的時候，卻又不得不屈從於權力話語，從而不自覺地被捲進造神運動。但是，這些人因爲內心還有一個深在的魯迅，所以在那個因爲言論出格就可能招致大禍的年代，這部分人也是最容易肇禍的，譬如胡風、馮雪峰、朱正等人，就是這部分人的代表。

新時期之後，魯迅研究獲得了思想的大解放，並且在四個方面取得了重大的成績。第一是試圖還原魯迅，以思想革命而非政治革命的尺度去衡量魯迅。第二是從存在主義和生命哲學的角度，對魯迅內在的深刻性進行了闡釋。第三是從比較文學的角度，將魯迅放到世界文學的大格局中，在廣泛的世界性聯繫中審視魯迅的文學個性。第四是從文化研究與比較文化的角度，將魯迅放到東西方文化撞擊的漩渦中，來分析魯迅作爲民族魂的深刻內涵。在研究魯迅的同時，重估也在悄悄地進行。對於魯迅前期的研究明顯超過了後期，即使是整體把握魯迅的論著，也將研究的重心放到了魯迅的前期。過去注意較少的魯迅留學日本時期，也得到了重新的開掘，因爲人們發現，魯迅後來的文學和文化活動，在很大意義上是對留日時期理論活動的展開。而且對於魯迅後期的研究，也將重點放到魯迅獨特的思想個性與文化品格上。

但是，新時期以來的魯迅研究與重估魯迅，似乎並沒有對世紀末的顛覆

魯迅活動產生什麼影響。從王蒙的魯迅多了會發生地震的「我的天」的感歎，到韓東將魯迅說成是一塊反動的「老石頭」；從葛紅兵對魯迅人格與文本的雙重否定，到張閎對魯迅小說與雜文的具體否定；從王朔的魯迅不是思想家，《狂人日記》、《阿 Q 正傳》也不是什麼好作品，到馮驥才用「東方主義」的理論對魯迅揭露國民的劣根性的否定，幾乎都沒有引用新時期的魯迅研究成果。他們中的一些人僅僅是在顛覆魯迅的時候，更加無情地漫罵魯迅研究的學者，因此，他們面對的似乎並不是新時期以來的魯迅研究者，而更像是沒有讀過新時期的魯迅研究著作，直接面對造神論者給定的魯迅。即此一端，也足以令魯迅研究的學者反思。

首先，新時期的魯迅研究並沒有成功地顛覆掉造神論者給定的魯迅，以至於現在那些魯迅的顛覆者不來面對你以及你所描繪的魯迅，而是去面對造神論者以及他們塑造的魯迅。這就說明，新時期的魯迅研究也許在立的方面還差強人意，但是在破的方面卻做得很差。人們對於魯迅的反感，在很大意義上是對魯迅身上穿的黃袍反感，而魯迅本人平生是最厭惡黃袍的了。只要「魯學家」對圍繞著魯迅的造神運動進行深刻的反思，將魯迅身上的黃袍脫掉，還其精赤裸裸的真身，那麼，人們對魯迅的反感自然就會消失。《走下神壇的毛澤東》、《走下聖壇的周恩來》等書都一部部地出版了，卻沒有一部《走下神壇的魯迅》。當然，魯迅是與毛澤東、周恩來極為不同的思想家與文學家，但是描繪他們怎麼不同的著作也很少見。從這個角度說，新時期的魯迅研究在顛覆造神論者塑造的魯迅並反思他們是怎樣歪曲了魯迅等方面，還有大量工作要做。否則，第二個韓東、王朔很快又會再來。

其次，正因為對造神論者塑造的魯迅反思不夠，所以在研究的時候有時還在沿用造神論者的思維模式。新時期的魯迅研究儘管在觀念上與造神論者已經是南轅北轍，但是在只能肯定，而不見否定上與造神論者又是一個模式。有人從思想上大贊魯迅，有人從文化上高歌魯迅，有人從內在的豐富性和複雜性上推崇魯迅，就沒有見到有人從某一方面批判魯迅。譬如，魯迅前期曾經以莎士比亞的歷史劇《愷撒》證明群眾的無特操與盲目性，但是在三十年代，杜衡幾乎是重複了魯迅前期的觀點，就受到了魯迅激烈的批判，也可以說，魯迅是對自己曾經發表的觀念的一種激烈批判。作為一個研究者，面對這種矛盾，或者是站在魯迅前期的立場上否定魯迅後期，或者是站在魯迅後期的立場上批判魯迅前期，二者必居其一。而沒有出現這種批評，說明在思

維模式上還受到了造神論者的思維模式的束縛。不僅如此，有些研究者甚至還留有以魯迅為參照系「逢佛殺佛，逢祖殺祖」的思維模式，一些比較文學的論著，在將魯迅與外國的文學大師進行比較的時候，最後總能比較出魯迅的優勝來。當然，即使與托爾斯泰、莎士比亞進行比較，魯迅確實可能有比他們優勝的地方，然而如果總是優勝，就不是學術研究，而成造神運動了。

第三，世紀末的顛覆魯迅者之所以面對的是造神論者塑造的魯迅，而非新時期魯迅研究者描繪的魯迅，說明新時期以來的魯迅研究越來越局限在一個學人的圈子裏，而不爲社會所知。這裡蘊含著兩個問題，一方面，新時期以來的魯迅研究在對魯迅的普及上，做得確實不如新時期之前的魯迅研究，那個時代在最高指示「讀點魯迅」的作用下，學者們將一個被神化的魯迅推向了全民。另一方面，魯迅研究也越來越邊緣化，離主流文化與權力話語越來越遠，中國社會科學院文學研究所的魯迅研究室撤消了，《魯迅研究》雜誌也消失了，有些刊物甚至聲稱不刊發研究魯迅的文章。這個文化趨勢，在使魯迅學院化與學術化的同時，也將魯迅從廣場上和亭子間，拉回到學人的書齋裏。但是，魯迅生前是不喜歡鑽進書齋而喜歡人們走向廣場的，他對作家的評價，也要明顯高於學者。令魯迅感到悲哀的是，在世紀末，對魯迅的挑戰恰恰是來自廣場與亭子間，而非來自書齋，相反，對魯迅的挑戰進行回應的聲音，幾乎都來自書齋。因此，新時期以來的魯迅研究要想對中國現實的社會文化有所影響，不一定是從書齋走向廣場和亭子間，因爲那樣一來，會使學術研究失去獨立的品格，但是，卻一定不能使書齋裏的魯迅觀與廣場、亭子間的魯迅觀差異太大。

第四，由於人生苦短，許多人根本沒有時間去讀魯迅研究的論著，而是從介紹性文字中瀏覽魯迅研究的成果，所以在進行這種介紹性工作的時候應該較爲慎重。但是，一些介紹當代魯迅研究狀況的文字，往往是乾巴巴那麼幾條，魯迅研究的一些精華的東西反而被略去了。看到這種文字，老實說，我這個寫過兩本魯迅專著的人都想遠離魯迅。如果社會上的一般人靠這種文字瞭解魯迅及其研究現狀，豈有不厭煩之理？而且魯迅研究者知識老化，也是一個不爭的事實。魯迅研究曾經是整個文學研究的火車頭，曾經是各種新觀念和新方法的實驗場；然而近幾年來，對於理論界介紹的解構主義、新歷史主義、後殖民主義等學術思潮都做出了那些回應？反而是向魯迅的既定論斷挑戰的人在運用這些新的方法。甚至對於西方最新的魯迅研究狀態反應也

很遲鈍，傑弗遜從西方馬克思主義的角度出發，結合後殖民主義對魯迅進行的「第三世界寓言文本」的文化研究，筆者只看到高遠東在國內作出了回應，而對於其他一些人的研究則連回應也沒有。再退一步說，對於海外的從竹內好、普實克、夏志清開始的魯迅研究，我們較有水平的回應性論著就不太多。或者說：國際上你愛怎麼研究就怎麼研究，我自關起門來研究魯迅，但是正如魯迅說的，由對外界的聾就會導致自己的啞。你對解構主義、後殖民主義一無所知，當這些主義來顛覆魯迅的時候，你不啞又能幹什麼呢？

第三節　世紀末的挑戰：怎樣誤讀了魯迅

　　風風雨雨的 20 世紀終於過去了，它給文壇留下了什麼呢？有沒有產生大師級的作家？魯迅是不是大師級的作家？

　　繼往開來地面向新世紀，反思剛剛過去的 20 世紀，應該是具有「為往聖繼絕學，為來世開太平」之道統的中國知識分子的優勢。20 世紀中國文學的成就從總體上看，是超過 19 世紀的，19 世紀的中國作家的確沒有達到魯迅、老舍、茅盾、沈從文、錢鍾書、巴金、路翎等作家的藝術水準。但是，20 世紀的中國文學的確也留下了很多的遺憾。僅僅就上面提到的作家而言，留下的遺憾就足以令人深思。

　　魯迅的最佳創作時間只有從 1918 年到 1926 年的短短的八、九年，後來連構思好了的幾部長篇小說也沒有寫出一部。茅盾做官之後，再也看不到他對中國社會的大規模描繪了。巴金的《寒夜》是他本人最成熟的作品，然而光明的快速到來很快就使他寫不出有分量的作品來了，晚年的《隨想錄》雖然真誠可嘉，但顯然在藝術上也無法與《寒夜》相提並論。老舍後來倒是筆耕甚勤，但也僅僅在歷史題材的作品中才沒有大失水準，並且還投水自殺了。錢鍾書若是按照《圍城》的藝術道路發展下去，成為大師級的作家一點也沒有問題，但是他剛剛起頭的《百合心》我們現在都無緣看到。沈從文後來直接放棄文學搞服飾研究，成了名副其實的「沈棄文」。路翎作為 20 世紀中國最有天才的長篇小說作家，只有 20 多歲就噹啷入獄……而在西方，《浮士德》、《卡拉瑪佐夫兄弟》、《復活》這些文學史上最偉大的文本，幾乎都是歌德、陀思妥耶夫斯基、托爾斯泰晚年遺書式的作品。因此，秉持公心對 20 世紀中國文學正反兩方面的經驗進行反思，是一件多麼嚴肅的學術工程，是一件多

麼莊重的文化工程！

然而，這種情況並沒有出現。20 世紀末的人雖然沒有 19 世紀末的人那麼頹廢，但似乎比 19 世紀末的人更加浮躁。跨世紀的人有一種優越，更有一種焦慮。人們似乎無心去對 20 世紀中國文壇的風風雨雨進行認真的反思，因而發表這種反思性的文章也弔不起人們的胃口。人們似乎更願意在折騰來折騰去的炒作中，撈取名聲和利益。於是，一會兒 20 世紀的中國文壇上到處都是大師，到處都是文化巨人，《大師文庫》連一些中小作家也奉為大師，《中國文化巨人叢書》連徐志摩、朱自清、張恨水等人也列為「文化巨人」；一會兒又否定一切，葛紅兵在《為二十世紀中國文學寫一份悼詞》中對二十世紀中國文學來了一個「斬盡殺絕」。而要論證 20 世紀中國文學沒有大師，在他看來首先就需要顛覆魯迅，所以論證來論證去，就發現了魯迅人格上的卑劣，藝術上的毛病：「有的人為魯迅沒有能得到諾貝爾獎抱不平，我說沒有什麼可以不平的，這很正常，魯迅不該得。」〔註10〕

在解構主義的消解思潮與對後殖民主義的誤讀而導致的「國粹思潮」的雙重影響下，一些論者不把一切打倒似乎就沒有快意。這種假借外國思潮顛覆魯迅的活動，很類似 20 世紀 20 年代後期創造社與太陽社的作家假借「外國進步思潮」對魯迅的圍攻。當時，看不慣創造社與太陽社這種情緒化行為的郁達夫，仿照杜甫《戲為六絕句》之一「王楊盧駱當時體，輕薄為文哂未休。群盲竭盡蚍蜉力，不廢江河萬古流」，作了一首詩贈給魯迅：「醉眼朦朧上酒樓，吶喊彷徨兩悠悠。蚍蜉撼樹不自量，不廢江河萬古流。」

當然，能夠對魯迅說三道四，評頭論足，在我看來是一種文化自由與進步的表現。不能一看到這種說三道四的言論，就以為是什麼大逆不道的罪行，因為這種思維還是屬於造神論者的思維模式。更糟糕的是，一些魯迅研究者還希望出有一件黃袍來保護魯迅，筆者在前面說過，那種保護可能是令魯迅最倒胃口的。即使在外力的作用下非議者不非議了，卻可能在內心產生更大的逆反，使他們永遠也看不見一個坦誠的魯迅。當然這並不意味著，喜歡魯迅的研究者應該倡導別人來說三道四，或者對於自己認為錯誤的意見也不敢批駁。因為自由是有顛覆魯迅的自由，也有顛覆顛覆魯迅者的自由。只有在自由的文化空氣中，才會生長枝繁葉茂的文化果實。如果沒有一個對立面，那麼，魯迅研究就會漸漸僵化而沒有活力。從這個意義上說，非議魯迅言論

〔註10〕《芙蓉》1999 年第 6 期。

的出現對於魯迅研究並不一定是壞事。一個錯誤的意見，只要能給人以啓發，並不一定比那些老重複別人意見的人的論著沒有價值。即使是對於那些不講道理的魯迅批判，譬如那些情緒性的批評以及網上那些沒有讀過魯迅卻跟著否定魯迅的人，固然用不著去反駁，但是這種情緒也能令魯迅研究者反思：爲什麼他們不接受你的魯迅觀？韓東的魯迅批判幾乎就只有命題，在他看來，魯迅是一塊極其反動的老石頭，因爲我們對於耶穌都可以說三道四，而對他則不能。但是對韓東非議魯迅的顛覆就隱含在韓東的話裏：既然對魯迅不能說三道四，那麼，你們對魯迅說三道四的言論又是怎樣發表出來的呢？

　　或者說，你不是呼籲對魯迅進行重估，反對神化魯迅嗎？進一步說，一些人非議魯迅不就是反對神化魯迅的一種重估嗎？而且在人文學科，人們都在根據現實的價值需求對以往的文本進行重估，魯迅又怎麼會例外呢？可以說，在對魯迅進行重估一點上，筆者與顛覆魯迅者是完全一致的，我們的分歧，僅僅在於怎樣對魯迅進行重估。失去家園的人，自然會滋生一種懷戀家園的念舊衝動，一種深深的戀家情感，由這種衝動和情緒而產生一種弘揚家園習俗的理論建構，也是合乎情理的。在這個意義上，我完全能夠理解身居海外的華人學者對魯迅的不滿，對傳統的懷戀。但是，對於留在家園裏的人來說，爲了一個美好家園的出現而對家園裏的種種惡習進行揭露和鬥爭，似乎也無可非議。所以，對於國內一些人向海外學人的鸚鵡學舌，我就感到不對胃口。西方不久之前流行解構主義，我以爲解構主義進入中國以後會認同魯迅，因爲魯迅顛覆了中國的傳統，解構主義顛覆了西方邏各斯中心主義的傳統。然而奇怪的是，我們中國的一些解構主義批評家不去顛覆傳統與現實的主流話語，反而去顛覆魯迅，我又感到有點滑稽。作家硬充理論家，對魯迅和「東方主義」都沒有進行深入的研究，就以時下流行的後殖民主義對魯迅說三道四，我也感到有點不大對頭。

　　當然，我們也並不是說，一個作家因爲否定了一個文學大師與思想巨匠，本身就顯得淺薄無聊，其作品也一無可取。再敬佩魯迅的人，也不能說魯迅比莎士比亞更加偉大。但是，托爾斯泰就寫過一篇很長的論文，論證莎士比亞不是藝術家，莎士比亞的作品不是藝術品。莎士比亞的同胞拜倫爵士也說莎士比亞沒有什麼了不起，甚至還不如英國的古典主義詩人蒲伯，拜倫說，莎士比亞之所以那麼有名，主要是因爲他窮。莎士比亞的另一位同胞蕭伯納，則以「易卜生主義」展開了他的反莎士比亞運動。所以，如果說作家憑著自

己的藝術直覺像王朔所說的那樣「耍王八蛋」是可以理解的，那麼，批評家跟著作家「耍王八蛋」就是不能原諒的。托爾斯泰、拜倫與蕭伯納對莎士比亞的否定性評價，並不影響他們作為文學大師的藝術成就，但是恕筆者孤陋寡聞，我還沒有聽說那一位論者靠否定莎士比亞而成為批評家的。因為作家可以在否定一種文學現象的代表的時候，發展另外一種文學傾向；如果蕭伯納被莎士比亞龐大的身影籠罩住，他就不可能寫出那些與莎士比亞戲劇風格不同的戲劇。但是批評家則要較為客觀，對於不同風格的作家要有不同的尺度。既不能因為托爾斯泰等人反莎士比亞而否定莎士比亞，也不能因為莎士比亞偉大而否定托爾斯泰等人。從批評家的尺度著眼，除了托爾斯泰可以與莎士比亞相提並論之外，拜倫的文學成就要略低一點，蕭伯納的文學地位要更低。

　　不過，這並不是縱容作家，以為作家就有胡說八道的特權。當文學創作沒有新的拓展而拿魯迅泄氣的時候，作家就應該受到批評家的批評。我們可以將這些作家與他們所要否定的魯迅進行比較，以觀他們為文為人的高下，並且警示當代的作家及其創作。與王朔、馮驥才等人的作品相比，魯迅的創作確實高了不是一個等級。如果說魯迅的創作是大師級的，那麼，王朔、馮驥才等人的作品連名家也還算不上，或者說接近名家級吧。就是說要想成為名家，他們還需要努力。在當代的作家中，莫言、余華、殘雪、李銳等人的創作已達到了名家級，要達到大師級也還要努力。而且就短篇小說、散文詩和雜文而言，魯迅的文學成就至今還沒有被超越；魯迅對中國文化底蘊的透視，至今也還沒有人能夠超越。僅僅就雜文而言，九十年代之後，文學雜誌，報紙副刊紛紛開闢「隨筆」欄目，然而，翻翻這些「隨筆」，你會感到有血有肉，就是少了魯迅雜文那樣的骨頭。換句話說，那些「隨筆」並不缺乏文采，缺乏的是人生哲學與文化深度的根底，更缺乏的是正視社會陰暗面與直面強權的勇氣。所以對於當代中國作家而言，要想超越魯迅不是不可能，但是卻需要努力，僅僅靠否定魯迅是成不了藝術大師的。這不是以魯迅為參照系「逢佛殺佛，逢祖殺祖」，我在將魯迅與莎士比亞、托爾斯泰甚至拜倫進行比較的時候，就並不以為魯迅的文學成就高過他們。

　　這些年文壇上充滿了爭鬥，打筆架雖然不多，打官司倒是家常便飯，他們似乎很相信法官的文學見識高過自己。然而，看看這些當代作家的爭鬥，大都是為了自己的名利，很少是出於一種原則、正義和信仰的。魯迅成名之

後，筆架是經常打，還被詬病爲「罵人」。但他大都是爲了一種原則、正義和信仰，而很少是純粹出於個人的名利。他與「現代評論派」——「新月派」結仇而筆架不斷，就在於留日學生與留英美學生的意見不同，更因爲他較早在《「音樂」？》一文中嘲諷了徐志摩。他不滿徐志摩詩歌的和諧與文筆的神秘，呼喚「怪鴟的眞的惡聲」，是他惡魔性的一貫表現。正是這種粉碎一切正宗與正統的惡魔性，使他樂於顛覆「正人君子」頭上的教授架子和導師的神性。創造社與太陽社對魯迅發起筆尖上的圍攻，在很大意義上是對他身上的惡魔性不滿，而以心造的光明自慰。這從他們說魯迅躲在陰暗的酒樓裏醉眼朦朧地眺望人生就可以看出來，從他們的《死去了的阿 Q 時代》中對魯迅揭示的慘淡人生感到恐懼，就會看得更加分明。但是在論戰中，魯迅沒有污蔑栽贓對手，倒是對手經常運用此招。陳西瀅們不就頭頭是道彷彿有根有據地說，魯迅的《中國小說史略》是剽竊之作嗎？不是直到今天，魯迅得罪過的學者的後代還在重彈已經不攻自破的剽竊老調嗎？郭沫若不就化名「杜荃」痛罵魯迅是「封建餘孽」，是「二重反革命」，是摧殘青年的法西斯嗎？但是，魯迅沒有與陳西瀅們和郭沫若們打官司。魯迅的確打過一場官司，是與當時北洋政府的教育總長與司法總長章士釗打的。章士釗掌管司法與教育大權，反對白話文，主張尊孔讀經，壓制學生運動，又罷了魯迅的官，魯迅一氣之下與他走上了法庭。魯迅眞正是「道不同不相爲謀」，他後來與林語堂鬧翻，不和錢玄同說話，皆因主張相差越來越遠有關。魯迅曾勸林語堂翻譯莎士比亞，林語堂不幹，卻偏愛編雜誌搞一些麻醉人心的小擺設，所以即使二人沒有鬧翻的時候，林語堂約魯迅的稿子，魯迅也老實不客氣地唱反調。然而，當魯迅以史家的眼光評價歷史的時候，又會給論敵以公正的評價。看看魯迅將英美派的精神領袖胡適與文學革命聯繫在一起，看看魯迅對凌淑華小說的較高評價，就會明白魯迅的秉持公心。

　　無論是文品還是人品，魯迅都在那些顛覆他的當代作家之上，那麼，這些作家爲什麼還要顛覆他呢？僅僅魯迅在「文革」時期被利用就能解釋過去嗎？尼采曾被德國法西斯所利用，但是，第二次世界大戰之後，存在主義不是照樣將尼采奉爲自己的前驅嗎？我想到了魯迅後期的滑稽故事。當時他的名聲越來越大，許多想成名或者成名後人們已經忘記他們的名的，都寫文章來找他的麻煩，期待著他的反擊。因爲魯迅一反擊，他們立刻就成名，或者別人也就記起了他們的名。現在魯迅雖然死了，但是研究魯迅的還不少。所

以，要想達到當年魯迅在世時的目的，僅僅批判魯迅是不行的，更重要的是要激怒魯迅研究者。這就是為什麼這些作家雖然不大看八十年代之後的魯迅研究成果，卻大言不慚地說什麼魯迅復活後第一個耳光會打在那些「吃魯迅飯的人」的臉上。他們的口氣，彷彿他們比這些「吃魯迅飯的人」更懂魯迅似的。聯繫到當代作家大都為自己的名利而爭吵不休，再聯繫這些作家近年來創作上的歉收，難道一切不是昭然若揭了嗎？他們不明白，魯迅若是復活，第一個耳光肯定會打在他們這些人的臉上！當年魯迅對於作家是給予那麼大的希望，今天來誤讀他的卻恰恰大都是作家，更重要的是，一個世紀結束了，他們居然還未寫出像樣的作品。

如果瀏覽一下挑戰魯迅的文章，那麼，你就會感到，他們最大的誤讀就在於他們面對的是造神論者塑造的魯迅。彷彿魯迅還不能動，彷彿魯迅還散發著神聖的輝光，所以動一下，褻瀆一下就有一種快感。當然，他們中的個別人，尤其是學術圈的人，對於新時期的魯迅研究是有所瞭解的，譬如葛紅兵對《野草》例外的推崇，就受到了新時期《野草》研究的影響。但是他們中的大部分人，雖然咒罵魯迅研究者，但是卻並未接觸新時期以來的魯迅研究成果。他們的誤讀對於魯迅研究者的警示作用，上文已經分析過。但是，他們在沒有閱讀新時期以來的魯迅研究成果的語境下，竟然對魯迅研究者大打出手，我想就不是什麼誤讀了，而是出於一種炒作目的。陳村在《我愛魯迅》中說到這麼一個細節，一些想顛覆魯迅的人對熱愛魯迅的陳村說，陳村你別急，我們不是對魯迅有意見，而是對魯迅研究者有意見，但是研究魯迅的人很多，我們打不過，就打他爹。他們也不反思一下，為什麼研究魯迅的人多，而研究他們的人少？難道僅僅是權力話語與主流文化就能解釋了的嗎？為什麼緊跟權力話語與主流文化的郭沫若，就沒有那麼多人去研究，而且普遍的評價也不高？事實上，任何大師級的作家，研究的人都不會少，研究他們的人之所以少，是因為他們還沒有成為大師。每逢莎士比亞的誕辰或者逝世日，全世界的「莎學家」就會雲集倫敦，其盛況恐怕是魯迅的誕辰或者逝世日所不能比的。所以，要想研究你的人多，光抱怨是沒有用的，褻瀆大師也是沒有用的，重要的是你首先要成為一個大師。托爾斯泰如果沒有《戰爭與和平》、《安娜‧卡列尼娜》和《復活》等巨著，而僅僅靠他論證莎士比亞不是藝術家的論文，不僅研究他的人不會有，而且人們很可能說他是一個瘋子。

第四節　諾貝爾情結：魯迅與諾貝爾文學獎

中國人往往是以成敗論英雄的，魯迅沒有拿到諾貝爾獎，成為一些人詬病魯迅的話柄。而另外一些喜歡以造神論的眼光看魯迅的人，則加以不符合事實的考據，說是諾貝爾文學獎本來是要頒發給魯迅的，可是卻被魯迅給謝絕了。言下之意，魯迅似乎是得到了諾貝爾獎，而魯迅的謝絕更表示了「先生的謙虛」。其實，這兩種人的思維有一個一致的地方，就是如果得不到諾貝爾文學獎，魯迅彷彿就不偉大了，他的文學大師的稱號也需要打一個問號。

在世界文學史上，確實有作家拒絕領受諾貝爾文學獎，然而卻不是中國的魯迅，而是法國的薩特。但是，魯迅與諾貝爾文學獎確實不是一點故事也沒有。1927 年，瑞典探測家斯文海定到中國考察時，曾與劉半農商量提名魯迅為諾貝爾文學獎的候選人。劉半農託臺靜農寫信給在廣東並且因為白色恐怖馬上要去上海的魯迅，以下是 1927 年 9 月 25 日魯迅致臺靜農信涉及諾貝爾文學獎的全文：

> 靜農兄：
>
> 九月十七日來信收到了。請你轉致　半農先生，我感謝他的好意，為我，為中國。但我很抱歉，我不願意如此。
>
> 諾貝爾賞金，梁啓超自然不配，我也不配，要拿這錢，還欠努力。
>
> 世界上比我好的作家何限，他們得不到。你看我譯的那本《小約翰》，我那裡做得出來，然而這作者就沒有得到。
>
> 或者我所便宜的，是我是中國人，靠著「中國」兩個字罷，那麼，與陳煥章在美國做《孔門理財學》而得博士無異了，自己也覺得好笑。
>
> 我覺得中國實在還沒有可得諾貝爾賞金的人，瑞典最好是不要理我們，誰也不給。倘因為黃色臉皮人，格外優待從寬，反足以長中國人的虛榮心，以為真可與別國大作家比肩了，結果將很壞。

在同一天魯迅致李霽野的信中也談及此事，估計是李霽野也問及此事，但魯迅說了一句「關於諾貝爾事，詳致靜農函中」就打住。〔註11〕臺靜農的來信是 17 日，李霽野的來信是 12 日，看來這件事在北京與魯迅關係不錯的

〔註11〕《魯迅全集》第 11 卷第 580 頁，582 頁，人民文學出版社，1881 年。

人中已經傳開了。從魯迅的信來看，魯迅不是謝絕領獎，而是謝絕提名。

　　讀魯迅這封信，眞令人感到恍如隔世。僅僅在 2000 年諾貝爾文學獎公佈結果之前，中國刊物與報紙討論諾貝爾文學獎的文章就接近 100 篇。彷彿諾貝爾獎金不在世紀末把文學獎授給中國人，就是大逆不道似的。而且，諾貝爾文學獎情結明顯影響了當代中國作家的創作，一會兒一些作家聲稱要寫普遍的人性，一會兒又學拉美魔幻現實主義，搞得文壇好不熱鬧。甚至一些文學史，在寫東方文學的時候也是重點討論泰戈爾、川端康成和大江健三郎。香港的司馬長風在他的《中國現代文學史》中，之所以推崇傳統「美文」，也在於濃重的諾貝爾情結，說是泰戈爾以東方文化得獎，川端康成以日本情調得獎，有東方特色的文學才招西方人愛。難怪錢鍾書幽默地說，諾貝爾發明獎金，比他發明炸藥對人類的危害更大。

　　當然，站在「國粹主義」的狹隘立場上，輕易地否定這個獎是不明智的。魯迅就反對這種態度，他不是蔑視這個獎，而是認爲中國作家應該繼續努力，如果過早地拿到這個獎，容易使國人增加民族虛榮心，而不虛心地向西方學習。就百年諾貝爾文學獎的頒發狀況來看，除了個別的例外，獲獎作家基本上都維持在一個相當高的藝術水準上，其中有不少都是文學大師。雖然諾貝爾文學獎的得主不一定每個人達到大師的水準，但都在名家之上，是可以斷言的。

　　問題是，即使諾貝爾文學獎的評委客觀上想把獎評得公正，也不可能做到，因爲文學不是技術產品，可以定量分析。康德在《判斷力批判》中，就認爲藝術沒有一個客觀的衡量標準，維特根斯坦在《邏輯哲學論》中，則將美學看成是假命題而將之從科學分析的領域趕走。特別是東西方的文化需求不同，看待作品的時候就會極爲不同。這從魯迅的信中也能發現一些端倪，《孔門理財學》能在美國拿到博士，弘揚東方文化的泰戈爾能拿到諾貝爾文學獎，恐怕也是魯迅謝絕諾貝爾文學獎提名的一個原因。魯迅說他喜歡攻擊印度舊習的愛羅先珂，更甚於泰戈爾。而其近因則是國民黨清黨，大肆屠殺青年，魯迅讓血的遊戲嚇怕了，創作都想停止，那裡還有心思去想諾貝爾文學獎？而且在魯迅的文學生涯中，他從不以得不得諾貝爾獎去選擇藝術，得獎的作家對魯迅的創作產生過影響的，大概只有顯克微支的作品。

　　正因爲文學缺乏一個客觀的評價標準，所以諾貝爾文學獎儘管想做得公正，評出的作品也都在名家之上，但也確實忽略了一些文學大師，而且幾乎

是不應該的忽視。一個比一切得獎作家都更其偉大的藝術大師托爾斯泰，被提名卻未得獎。二十世紀的一些第一流的現代派文學大師如喬伊斯等人，也沒有獲得諾貝爾文學獎金。從這個角度說，我們固然不能忽視諾貝爾文學獎，走向狹隘的封閉主義，但是也不能以這個獎作爲衡量文學價值的尺度，以爲不得這個獎就一定是渺小的作家，那將走向荒謬的歧途，除非你認爲像托爾斯泰、喬伊斯可以被忽視。

在東方文學中，目前來看眞正被忽視的，魯迅是第一人。無論就民族的自覺、思想的深刻還是藝術的表現力，魯迅的作品並不比泰戈爾的差。當然，魯迅沒寫戲劇，而泰戈爾也沒有魯迅那麼多雜文，但是就小說而言，泰戈爾的小說顯然比不上魯迅的。泰戈爾以詩名世，詩歌創作的數量也很多，然而奇怪的是，《野草》並不比泰戈爾那個得獎詩集《吉檀迦利》差。儘管就純文學作品而言，魯迅作品的數量比不上泰戈爾，但是，諾貝爾文學獎也並不完全按照純文學的標準，否則，丘吉爾的獲獎就是不能理解的。而且至今爲止，西方人還沒有認識到魯迅雜文巨大的審美與文化價值。如果筆者研治比較文學多年沒有看走眼的話，那麼我敢說，魯迅的《吶喊》、《彷徨》與《野草》三部文集，放到諾貝爾文學獎得主的作品中，水平也是上流的。

魯迅自然有缺憾，從一般的審美眼光著眼，魯迅的純文學作品太少。作爲小說家，魯迅有短篇，有中篇，有開拓性的小說研究論著，但卻沒有長篇，而且短篇較之契訶夫等短篇大師的數量也太少，中篇就只有一部《阿Q正傳》，只有在小說研究領域數量與質量俱佳。《野草》雖然富有藝術表現力，但是只有薄薄的一小本，而且這一小本不僅對於魯迅是個絕唱，對於整個現代中國的散文詩都是一個絕唱。《朝花夕拾》介於自傳體小說與散文之間，《故事新編》的文體就更不好歸類，說是歷史小說吧，有些篇實在不是歷史，僅僅是神話傳說，而且中間還雜有現代生活的雜文筆法。這種顚覆文體的活動在雜文中表現得更充分，《阿金》等篇像短篇小說，《夜頌》等篇是優美的抒情散文，個別篇章像散文詩，但也有一些根本與文學無關的純粹議論文、學術文章，而絕大部分雜文則介於這二者之間。即使是《吶喊》，像《兔和貓》、《鴨的喜劇》等篇也有點不大象小說。正是從這個意義上，魯迅有顚覆文體的藝術傾向。

但是，魯迅不同於胡適之處，恰恰就在於他無論在那裡出現，都能達到第一流。筆者是在上大學的時候通讀的《魯迅全集》，讀研究生的時候通讀的

《胡適文存》。那時正是思想解放的 1982 年，一種逆反心理使我天然地認為胡適可能超過魯迅。為了讀好《胡適文存》，筆者還買了不少卡片，但是讀了不到一半，就覺得胡適確實無法和魯迅相提並論。胡適有一點與魯迅相似，就是什麼都行，是個通才。與魯迅不同的是，他在哪個領域幾乎都有首創之功，但在哪個領域幾乎都達不到第一流。

作為批評家，胡適檢討文學的價值標準就是白話文，他那種將文言詩文一棍子打死的審美尺度，令人感到苦笑不得，譬如，他將杜甫「三峽樓臺淹日月，五溪衣服共雲山」等名句說成是「實在不成話」，並且嘲笑「獨留青冢向黃昏」一句說：「難道不向白日嗎？」〔註12〕他倡導新詩的有什麼話，說什麼話，話怎麼說，就怎麼說的理論，將詩之為詩的許多特性都抹煞了。他討論短篇小說的時候，用的例子很多都是敘事詩的，譬如《孔雀東南飛》、《木蘭辭》、《上山採蘼蕪》等等。應該說，敘事詩與小說較抒情詩確實更近，但是二者畢竟不是一種文體，不加說明就將詩當小說討論，是成問題的。

胡適談文化，也缺乏宏觀把握問題的眼光，他批駁梁漱溟的《東西文化及其哲學》，批駁的根本就不是地方。作為哲學家，他的《中國哲學史大綱》，根據後來的金岳霖等人看法，說是好像不大懂中國思想的美國人寫的，往往牽強附會。作為作家，他的劇作《終身大事》就像是一個初學寫作的人在練筆，使他享有盛名的新詩集《嘗試集》，讀來索然無味，你真想不到，這種詩會出自一個名家之筆。

所以，今天一聽到有人說胡適超過魯迅，我就感到有點不對胃口，因為我當年讀胡適的時候，就是帶著這樣的夢，不想胡博士讓我幻滅得是那麼厲害。即使是並沒有得到博士學位而舉國稱他胡博士而他也坦然受之，魯迅就做不出來。我這裡不是否定胡適，胡適的功勞是首倡者與開風氣者。他是第一個嘗試作新詩的人，第一個用白話寫話劇的人，第一個向中國人用淺顯的語言介紹實用主義的人，他是最早的白話文倡導者，他發起了一場文學革命，他還是最早用現代學術視野整理古籍的人，他是「新紅學」的開創者，他寫作了第一部未完成的中國哲學史、中國白話文學史……

魯迅也有一些「第一」，譬如他是第一個借鑒西方小說的技巧寫作小說的人，第一個寫作中國小說史的人，但是魯迅的「第一」顯然不如胡適多，就此而言，魯迅在相當長的時間名聲不如胡適大，也在情在理。然而魯迅為胡

〔註12〕《胡適文存》第一集卷一《答任叔永》。

適所不及的是，他涉及哪個領域，就能在哪個領域達到第一流。他的短篇小說、中篇小說、散文詩與雜文，他洞察中國文化與人的生命存在的深刻性，在今天有人要說已經超越了，也要費點思量。即使在學術領域，魯迅之後出了不少「中國小說史」，在材料上當然已經比魯迅的占優了，但是有那位學者敢說，他的小說史在總體上超過魯迅的呢？他的《古小說鈎沈》、《唐宋傳奇集》、《嵇康集》等等，今天專門從事古迹整理的學者說是超越了魯迅，也要費一番思量。

這，就是大師的品格。

無論魯迅獲沒獲諾貝爾文學獎，他都是一個文學大師。

第五節　「我的天」：魯迅是否應該對「文革」負責？

記得在九十年代初，香港的《法言》文化雜誌向我約稿，說是要「重估魯迅的反傳統主義」。我很明白他們想要我幹什麼，但是我沒有按照他們的要求去幹。《法言》作爲新儒家唐君毅的學生主辦的雜誌，其弘揚傳統文化的主旨不言自明。那時，八十年代末的風波剛剛過去，文化界又在「反和平演變」。由於筆者中魯迅的「毒」太深，種種劫難總不能逃過。如果我能按照《法言》的文化傾向去「重估魯迅」，可能我也不會遭遇種種的劫難。不久，我在《法言》雜誌上讀到一篇文章，說是五四新文化運動尤其是魯迅激進的反傳統，成爲毛澤東「文化大革命」的靈感來源。我想，這種觀點在海外肯定很流行，記得林毓生在《中國意識的危機》中也持這種觀點。我忍不住寫了一篇題爲《五四與「文革」：兩個迥然相異的文化運動》的讀後感，在《法言》上發表了。然而，不知爲什麼，發表我讀後感的那位編輯，很快就離開了《法言》。我當時有一種預感，覺得這種觀點早晚會在國內出籠。

在世紀末的魯迅論爭中，這種觀點果然大行其道。王朔說：「文化大革命焚書坑儒，可是沒燒魯迅的書，書店裏除了毛澤東選集馬恩列斯全集剩下的就是魯迅全集赫然擺在那裡。」〔註13〕一向以潑辣尖刻著稱的王朔，在這裡卻是很含蓄，張閎就給王朔的話做了進一步的注釋：

> 最讓人難堪的是，魯迅也是「文革」時期的思想偶像。他的思想與「文革」的「造反哲學」之間關係曖昧。尤其是在「文革」高

〔註13〕王朔《我看魯迅》，《收穫》2000 年第 2 期。

潮期間，魯迅著作是唯一允許公開閱讀的文學讀物。魯迅的言論（特
別是其晚年的雜文）與馬恩列斯毛的語錄一起，被紅衛兵和造反派
的「大字報」大量引用。在「文革」後期的批孔運動中，魯迅的反
傳統思想則得到了空前的發揮。然而，為什麼魯迅的言論放在那些
「大字報」中竟然是那麼的恰如其分？為什麼造反派會從內容，文
體，乃至句式上，都不約而同地模仿魯迅而不是別的現代作家呢？
難道這一切僅僅是一種偶然的巧合嗎？難道魯迅僅僅是一個被造反
派「利用」了的思想家嗎？〔註14〕

　　2000 年 11 月 28 日，網易在文學欄目發表了一篇署名為「朱大可」的《殖
民地魯迅和他的仇恨政治學》，批判的調子更高，說是魯與毛的「仇恨政治學」
後來握手言歡，並且成為「文化大革命」中極權主義統治的共謀。這就上綱
上線到政治批判的角度，用「文化大革命」的語言來說，就是要把魯迅「批
倒批臭，踏上一萬隻腳，讓他永世不得翻身！」

　　被人利用，就要對利用者的行為負責，按照這個邏輯推論下去，黑格爾、
尼采要對希特勒慘絕人寰的大屠殺負責，上帝及其獨生子要對西方許多集體
自殺的邪教負責……「文革」期間被公開閱讀的文學讀物絕非只有魯迅的文
本，《紅樓夢》也是被欽定閱讀的，而且要讀三遍以上。「偉大領袖」還引用
《紅樓夢》中林黛玉的話「不是東風壓倒西風，就是西風壓倒東風」作為自
己的「最高指示」。難道「文化大革命」還需要曹雪芹來負責嗎？魯迅的文體
是現代作家中最有個性的文體，以至於王朔說魯迅的文字「有些疙疙瘩瘩，
讀起來總有些含混」。而張閎卻居然將這種苦澀、含混的文字與「文化大革命」
那些直露樂觀、千篇一律的「大字報」相提並論，甚至說在內容、文體乃至
句式上都「不約而同」！所以我懷疑這位批評家要麼就是根本沒讀魯迅的作
品，要麼就是根本沒讀「文革」時的大字報。

　　當然，從朱大可和張閎的論述來看，魯迅似乎並不僅僅是被利用者，或
者說他們不相信魯迅僅僅是一個被利用的思想家。在他們看來，魯迅以其「仇
恨政治學」以及與「文革」天然的文化共同性，直接導致了「文化大革命」。
那麼，我們用「文化大革命」的一句常用語來問：事實果真如此嗎？

　　表面看來，魯迅具有惡魔式的否定精神，「文革」則說「造反有理」；魯
迅反傳統，「文革」「破四舊」；魯迅批孔，「文革」打倒「孔老二」；魯迅的一

〔註14〕張閎《走不近的魯迅》，《橄欖樹》2000 年第 2 期。

篇雜文甚至直接被紅衛兵弘揚爲「痛打落水狗」的革命精神⋯⋯但是在根本的問題上，「文革」和魯迅的文化傾向是截然相反的。

魯迅是自由的朋友，專制的敵人。魯迅的惡魔精神正是一種自由精神，他在《摩羅詩力說》中就說：「強以無邪，即非人志」，讓自由在「無邪」的束縛下，那裡還有什麼自由！五四時期，魯迅向一切妨害人的自由發展的文化傳統和現實制度，進行了惡魔式的顛覆。魯迅後期，仍然是自由的歌者，他在爲《中國新文學大系》的《小說二集》所寫的《導言》中，對於王魯彥「對專制不平，又向自由冷笑」就很不滿意。自由雖然有自由的弊病，但是與專制相比，仍然是進步的價值。魯迅喜歡的裴多菲，不就有「若爲自由故」，生命和愛情都可以拋棄的言論嗎？但是，在魯迅看來，「寧爲太平犬，不爲亂離人」的中國人缺乏對自由的熱愛。從歷史上看，中國人從來沒有爭得自由，太平盛世的時候至多是遵守奴隸規則的奴隸，然而到了兵荒馬亂的亂世，下於奴隸的時候卻是屢見不鮮的。魯迅還告訴人們，自由需要人有強力意志去承擔，因爲鳥在籠子裏雖然不自由，但是卻有人照管它，但是自由的飛鳥卻要獨自覓食，還要獨自去承受暴風雨的侵襲，獨自去對付惡鳥的侵害。所以，軟弱無力者是會逃避自由的。但是「文革」中的造反派卻是造有「自由思想」的人的反，而且「文革」已經將自由送給了「資產階級」，剩下的只有「革命的專政」。怎麼能將魯迅與「文革」相提並論呢？

魯迅推崇的自由是個人發展的自由，五四時期的個性解放恰好是對魯迅留日時期「任個人」思想的展開，就是讓個人從束縛他們的禮教與家族制度中解脫出來，追求自己的個性自由。魯迅後期，也並沒有拋棄個人在整體中的自由思想，否則，他批評屈原的《離騷》是「不得幫忙的不平」，就是不可理解的。但是，「文革」與魯迅所追求的個人自由發展的價值截然相反，而是泯滅個性，讓個人無條件地彙入整體的洪流中，否則就會被這洪流淹死。所以在「文革」中，任何表現個人情感、個人興趣和個人愛好的文字全被禁止了。講感情只能講「階級感情」，這種感情是在消滅了個人的私心雜念之後出現的一種被純化了的普遍感情。個人與「私」字總是相連，「文革」要「狠批『私』字一閃念」。甚至在「文革」時期的文學中，也很少個人署名的，而是不題撰人，或者署一個「集體創作」，給人一種一闋而上、人數眾多的感覺。如果說魯迅在日本的時候是「任個人而排眾數」，五四時期是以「個人的自大」反對「合群的自大」，那麼，「文革」恰恰是「任眾數而排個人」，以「合群的

自大」抹煞「個人的自大」。在這個方面，魯迅和「文革」又是截然相反的：「文革」中的眾數恰恰是魯迅所要改造的阿Q，而魯迅筆下的「狂人」與「瘋子」，也正是「文革」中的眾數所要迫害的對象。

　　對自由和人的個性發展的推崇，必然不會抹煞人的情慾。事實上，任何自由的運動，都有放縱情慾的文化傾向。文藝復興是如此，明代中葉的思想解放與浪漫文學是如此，五四新文化運動也是如此。魯迅在《我之節烈觀》中，就對傳統的節烈思想進行了抨擊。魯迅對弗洛伊德的學說，也欣然加以接受，並且以精神分析學的觀點創作小說《補天》。當時汪靜之寫了一個愛情詩集《蕙的風》，其中有一句「一步一回頭，瞟我意中人」，東南大學胡夢華發表文章，說是要含著眼淚勸青年不要寫這種《金瓶梅》式的詩。魯迅感到這種含淚的批評是陰險的，除了發表《反對含淚的批評家》的文章替汪靜之辯護外，還在《補天》中對胡夢華進行了辛辣的諷刺：女媧裸體的胯下，出現了一個古衣冠的小丈夫，一邊含著淚水說是「國將不國」，一邊偷偷向上望。郁達夫是當時寫情慾最暴露的作家，魯迅卻對郁達夫評價很高，而且後來兩人一起辦雜誌，相處甚好。在《中國小說史略》中，魯迅對《金瓶梅》也做了很高的評價。而「文革」則是一場以「無性」為特徵的禁慾主義與風化主義的文化運動。在「樣板戲」中，所有正面的男主人公幾乎都沒有妻子和情人，如李玉和、郭建光等等，所有正面的女主人公也幾乎沒有丈夫和情人，如方海珍、江水英等等。即使有，也不能讓他們同場共戲，如李勇奇本來是有媳婦的，一上場就遭難，阿慶嫂本來是有丈夫的，但因跑單幫而不出場，柯湘是有丈夫的，還沒有上場就犧牲了。所以李勇奇家與沙奶奶家都只剩母子倆，獵戶老常家則只剩父女倆，而且老常不想妻，小常不思春：「到夜晚爹想祖母我想娘……」最典型的是《紅燈記》，李奶奶、李玉和、李鐵梅祖孫三代全是光棍。從這個意義上講，《沙家濱》中的郭建光在胡司令結婚那天率領部隊去「擒賊擒王」，顯然有禁慾主義的象徵意味。

　　不錯，魯迅反傳統與文化大革命「破四舊」在外在形式上似乎是相似的；但是實質上卻是迥然不同。魯迅反傳統，落實到現實層面上，就是改造國民性，使得國民的精神由傳統形態轉向現代形態。魯迅批孔，是因為孔子塑造的倫理架構不合於現代自由的人格發展。一旦魯迅將孔子作為一個歷史人物，又會給以客觀的評價，魯迅說孔子生前的境遇並不好，「死了以後，我以為可以說是運氣比較的好一點。因為他不會嚕蘇了，種種的權勢者便用種種

的白粉給他來化妝，一直抬到嚇人的高度。」但是魯迅在批判黃巢、朱元璋、李自成、張獻忠的時候，卻是一點情面也不講。魯迅從朱元璋那裡，分析了迄今為止的革命，不過是為了爭奪一把舊椅子，去推的時候覺得很可恨，到手之後就又變成寶貝了，而且奴才做了主子，他的橫暴、殘忍和擺架子，又遠遠在原來的主子之上。魯迅從張獻忠那裡，分析了中國人對於得不到的東西，非要毀掉不可的國民心態。因為魯迅開始對張獻忠的殺人感到不可思議，敵他的殺，降他的也殺，後來才發現，原來李自成進北京做了皇帝之後，張獻忠沒落了，只有殺光天下百姓，李自成才能做不成皇帝，這跟那些末代皇帝在皇位保不住的時候，燒掉他所有的古董，心情是一樣的。然而，「文革」卻將魯迅批判得更猛烈的黃巢、朱元璋、李自成、張獻忠等「農民起義軍」，當成大英雄來歌頌，認為這是中國傳統中「民主性的精華」。「文革」對於孔子的批判，也並不是要將中國人的思想由傳統形態轉向現代形態，而是要強化秦始皇式的「專政」，而反對孔子的「仁義道德」。簡單地把魯迅的反傳統與「文革」的「反封建」聯繫在一起，不是很滑稽可笑的嗎？

魯迅在「文革」中最受推崇的，是他的「痛打落水狗」的精神，是他的「橫眉冷對」的精神，是他「永遠進擊」的精神，是他雜文的「匕首和投槍」精神……正是為這，有的人喊出了「我的天！」也正是為這，有的人甚至上綱上線到「仇恨政治學」的地步。但是，筆者通過對中西文化的比較反思，認為有愛才有恨、有「大愛」才有「大恨」，仍然是顛撲不破的邏輯。中國的儒家思想既沒有「大愛」，也就沒有「大恨」。儒家文化的現實性在於，沒有地獄的永火去懲罰惡人，也沒有天堂的至樂去獎賞善人，所以講「以德報德，以直報怨」，而且愛有差等，愛父母與愛別人是不同的。墨子「明鬼」講「兼愛」，有點愛無差等的意思，孟子就大罵墨子是無父無君的禽獸。相比之下，西方的基督教文化就是一種「大愛」伴隨著「大恨」的文化，一方面耶穌讓人愛鄰人亦即愛一切人，一方面又說「人的仇敵就是自己家裏的人」；〔註15〕一方面這種文化可以「寬容」到打他左臉他把右臉也要轉過來讓你打的地步，一方面耶穌又經常要把人丟進火爐裏；一方面有個天堂在獎賞你，一方面又有個地獄要懲罰你。但丁的《神曲》就是打他左臉連右臉也轉過來讓你打的基督教文化的結果，但是《地獄篇》那種對下地獄的人的殘酷懲罰，連被稱為「仇恨政治學」者的魯迅都感到觸目驚心，不能忍受。魯迅愛中國而仇視

〔註15〕《新約‧馬太福音》第10章第36節。

一切阻礙中國發展的人，愛國民而仇視使國民麻木的傳統文化和現實統治者，以及一切與此有關的文人，這有什麼不能理解的呢？

值得注意的是，「文革」是以眾數的力量迫害少數的人，而魯迅對於孤魂野鬼總是有一種同情，對於被擠到社會邊緣的少數者也總是有一種同情的理解。在魯迅後期，電影明星阮玲玉自殺，一些報刊紛紛發表文章說她是個弱者。魯迅發表《論「人言可畏」》，替阮玲玉鳴不平，因為她的自殺本來就與這些報刊的輿論有關，而他們在屠殺了她之後居然還在向她鞭屍。在這些方面，魯迅總是站在少數的角度，反對多數的殘酷。魯迅幾乎是嘔心瀝血地培養青年作家，除了被國民黨槍殺的之外，胡風、蕭紅、蕭軍等成為文壇重要的鮮活的生力軍。現在一些人以高長虹作為顛覆魯迅的一個論據，說是魯迅太霸道。但是，你培養、幫助的一個作家，因為莫名其妙的原因就到處攻擊你，你會再轉過右臉讓他打嗎？魯迅僅僅是將高長虹吹捧他與貶損他的話放到一起公之於眾而已，而且魯迅在後來的文章中也沒有否定高長虹和向培良的優點，這也能否定魯迅嗎？我的天！

魯迅的確有恨，因為我們上面已經分析過，沒有恨就沒有愛，大恨也伴隨著大愛。那些聲稱自己只有愛而沒有恨的人，往往是很虛偽的。主張寬容的王蒙，面對王彬彬的批評，不是也用了並非平等論戰的方式進行報復了嗎？因為正如魯迅所說的，自稱強盜的無須防，自稱正人君子的必須防。損著別人的牙齒，還主張萬勿報復者，這樣的人萬勿和他接近。這是魯迅一生用痛苦經歷得出的「道德箴言」，和「仇恨政治學」有什麼關係？假定有兩個人，一個老損著別人的牙齒，卻主張寬容和萬勿報復；一個從不去損別人的牙齒，卻聲稱誰損我牙齒我要報復，你覺得哪個更可愛呢？哪個是假借著整體進行利己主義的勾當，哪個是尊重別人的主體人格也不想讓別人侵害自己的主體自由？「文革」對魯迅的歪曲在於，將魯迅的「恨」僅僅作為一種形式，去「恨」也許魯迅活著的時候會很愛的人，甚至去「恨」實質上的魯迅式的孤獨者，或者說白了，就是「恨」魯迅生前鮮活的本人。魯迅最好的朋友或學生胡風、蕭軍、馮雪峰等人，不是沒有等到「文革」就在魯迅的名義下被「恨」掉了嗎？我的天！

至於魯迅多好，還是少好，我倒是有一個與魯迅多了不好的論調相反的看法。如果一個社會只有一個具有強力意志的人，那麼，他不是被眾數看成「異類」而將之處死或逼瘋，就是被愚弱的國民給「克」了，變成一個供國

民山呼萬歲的「專制君」，或者就像魯迅在苦悶至極的時候曾經做過的那樣，泯滅強力意志而沉入國民中。如果一個社會每個人都具有強力意志，是顛覆任何欺侮者的惡魔，那麼，這個社會想不民主都不可能。所以，如果是一個想專制的人，在自己具有了強力意志之後，他最害怕的就是別人也具有了強力意志。而魯迅卻是自己具有了強力意志，還終生念念不忘改造國民性，使愚弱的國民能夠覺醒，以強力意志去承擔沉重的自由。這麼一個自由的思想戰士，卻被說成是「文革」極權主義的同謀，我的天！

第六節　王朔：「看魯迅」看到了什麼

　　王朔在近年從作家一搖而變成了批評家。評老舍，評金庸，評魯迅……每一評，報章雜誌幾乎都予以轉載，他自己也感到其樂融融，彷彿比當作家的時候顯得更加威風。當作家的時候是讓別人評自己，而現在是自己評別人，主動權已經牢牢掌握在自己手裏，好不闊氣！他的李逵式的板斧的確嚇怕了一些人，連所謂招數無窮的「武俠大師」金庸也有點戰戰兢兢，說是從來沒有說過王朔的壞話，不知王朔為什麼這樣批評自己。那麼，他的《我看魯迅》都看到了什麼？

　　王朔說，他小的時候讀魯迅沒有感到魯迅是個文學大師，甚至感覺還不如《豔陽天》。後來大了，覺得魯迅小說寫得確實不錯，但不是每篇都好。最差的是《一件小事》、《狂人日記》和《傷逝》，《一件小事》也就小學水平，《阿Q正傳》雖然有思想意義，但是因為概念化太強，也不是什麼好藝術。魯迅較好的小說是《祝福》、《孔乙己》、《在酒樓上》和《藥》，最好的小說是《故事新編》。魯迅個性是有缺陷的，沒有寫出長篇小說則是文學成就上的缺陷。而且魯迅憑著幾個短篇和一大堆雜文，是夠不上藝術大師的。魯迅的思想是什麼，他想來想去都想不出，「絕望」能叫思想嗎？過去他之所以說魯迅深刻，是怕別人說自己淺薄。現在思想解放了，才發現魯迅的思想是一無所有。魯迅在批判國民性的時候，遺漏了自己。魯迅至今還存在著神化的現象，他寫文章的時候都有點不安，所以最可惡的是魯迅研究者和那些「活魯迅」、「二魯迅」。

　　說王朔的板斧砍魯迅砍得全不是地方，並不符合事實。三個臭皮匠還頂一個諸葛亮，何況王朔的智慧還要比臭皮匠高一點。譬如王朔說：「魯迅這個

人，在太多人和事上看不開，自己去了上海，心無寧日，天天氣得半死，寫文章也跟小人過不去。憤怒出詩人，你憤怒的對象是多大格局，你的作品也就呈現出多大格局⋯⋯他的文學理念也不可避免地受到時代潮流的影響和擺佈。」而且「魯迅沒有長篇，怎麼說都是個遺憾，也許不是他個人的損失，而是中華民族的損失。以他顯露的才能，可以想像，若他眞寫長篇，會達到一個怎樣的高度。」王朔還說，「後人的效顰都要魯迅負責並不公平。這就是榜樣的悲哀，遭人熱愛看來也不全是美事。」〔註16〕王朔在這裡對魯迅缺憾的描述，並非一點道理也沒有。可是立刻就有人著文，說是魯迅寫雜文好，寫小說不好，寫長篇更不好⋯⋯我覺得把魯迅的遺憾當作最佳選擇，把魯迅終生都說得完美無缺，還是造神論者的思維模式。一個短篇小說寫得那麼好還作過小說史的人，你怎麼知道他就寫不出優秀的長篇？魯迅後期醬在一些無聊的人事爭鬥中，浪費了自己的創作才華，這也是魯迅的優點？

　　但是，王朔也有王朔內在矛盾的地方。王朔對於魯迅後期醬在人事的爭鬥上而且文學理念也受到時代潮流的擺佈的批評，不是沒有道理的，但是他又認爲魯迅最好的作品是《故事新編》，而《故事新編》卻主要是魯迅後期的作品。魯迅後期能出好作品，是對王朔批評魯迅後期的顛覆。所以，王朔還是當作家吧，因爲作爲文學批評家，怎麼會連形式邏輯也不顧呢？

　　對於王朔推崇《故事新編》，筆者有一種同情的理解。《故事新編》中的「油滑」，也就是在正經的歷史敘事中，加上點「不正經」的現代調侃與諷刺，可能被王朔引爲藝術上的知己。然而，且不說《故事新編》的後幾篇藝術上有點「粗」，也沒有《吶喊》、《彷徨》那種深在的悲涼情調感人；關鍵的問題是，王朔推崇《故事新編》，在另一個問題上又犯了形式邏輯的錯誤，也就是他冒著顛覆掉自己整個消解主義系統的危險。因爲五四時期的魯迅，與陳獨秀、胡適、周作人這些急於建構的思想家的最大不同，就是致力於顛覆和解構。《吶喊》、《彷徨》，尤其是《狂人日記》和《阿 Q 正傳》，都表現了這種顛覆和解構特徵。林毓生在《中國意識的危機》中對魯迅實質性的反傳統的分析，主要也是以魯迅的這兩個文本爲依據的。王朔作文以調侃聞名，以在神聖的偶像上吐痰撒尿著稱，將自己扮成一種消解主義的形象。用他的話說，破除迷信解放思想要有一個耍王八蛋的過程。但是，魯迅在以《狂人日記》、《阿 Q 正傳》而聞名於世的五四時期，恰恰是以顛覆與解構而著稱的。魯迅

〔註16〕王朔《我看魯迅》，《收穫》2000 年第 2 期，下同。

後期，倒是解構與建構並重，在《故事新編》批判孔子、老子、莊子等人的同時，又弘揚了大禹、墨子等為民請命、拼命硬幹的「中國的脊梁」。如果王朔是一個真正前後一致的消解主義者的話，就應該肯定魯迅的前期，而部分地顛覆魯迅的後期，這樣至少不失為一家之言。然而，王朔對於「油滑」的偏狹的藝術趣味，卻使他一葉障目，居然自我顛覆了自己的消解主義創作與批評系統。

必須指出，王朔的文章寫得很真誠，沒有不懂裝懂的地方，僅憑這一點，就比那些開口閉口「三個偉大」的千篇一律的八股文來得真實和有趣。然而，正因為王朔的文章是真誠的，所以我也有點替王朔悲哀，通讀王朔批評魯迅的全文，稍有批評眼光的讀者就會發現，王朔的審美眼光與他的文筆實在不成正比。而且通過王朔的批評，筆者發現，王朔就目前的情況而言，在創作上頂多成為一個名家，而很難成為大家。王朔儘管掄著板斧，事實上他還是有點像孩子一般可愛。他的批評尺度僅僅是用《故事新編》來否定《狂人日記》和《阿Q正傳》而已。托爾斯泰是從現實主義的標準去評價莎士比亞的，蕭伯納是從現代新劇的角度評論莎士比亞的，所以他們發現了莎士比亞的許多漏洞。王朔即使對魯迅的否定更激烈，如果富有深度的話，那麼也不影響王朔成為大家。譬如，從懷戀傳統而否棄工業文明和現代化的角度，如果否定得具有深度，那麼照樣可以成為創作上的大家。因為在西方文學史上，也有不少大家是站在傳統一邊的。儘管這樣一來，魯迅是被冤枉了，然而這正是作家的批評與批評家的批評不同的地方。作家的批評只服務於自己的創作目的，而批評家的批評則要照顧審美的多樣性。

王朔的批評邏輯似乎是這樣的：你說好的，我就偏說不好。你說魯迅的文學地位很高，我就偏說他一般，他沒有長篇。你說《狂人日記》、《阿Q正傳》偉大，我偏說這兩部作品不是什麼了不起的作品。你認為《吶喊》與《彷徨》比《故事新編》好，我偏說在魯迅的作品中，最好的就是《故事新編》。王朔說：「寫《狂人日記》時魯迅充滿文學青年似的熱情，文字尚嫌歐化，透著剛睜開眼睛看世界的吃驚，那種激烈決絕的態度則和今天的『憤青』有共通之處，擱今天，也許能改編成搖滾。」從這段文字裏，你會發現，王朔壓根就沒有讀懂《狂人日記》。讀懂《狂人日記》是不容易的，美國著名的文學史家夏志清在他的《中國現代小說史》中，雖然讚揚《狂人日記》的「精湛技巧」，但是又認為沒能「為這個狂人的幻想提供一個真實的故事情節」。夏

志清的評論遭到了捷克著名漢學家普實克的批評：魯迅只選擇最適合他的意圖的那些現象，「以眞正天才的藝術手法，成功地使一個具體現象的種種特點帶上了普遍性」。〔註17〕後來夏志清在反駁普實克的批評的時候，也不得不承認，他誤讀了《狂人日記》這部傑作。這就表明，王朔不僅沒有讀懂《狂人日記》，而且可能連與《狂人日記》類似的作品也沒有讀過或者讀懂，像果戈理的《狂人日記》、尼采的《查拉圖斯特拉如是說》、拜倫的《該隱》、安特萊夫的《紅笑》等等。而王朔對《狂人日記》的否定不僅態度顯得極爲草率，更重要的是，王朔無法與《狂人日記》那種現代性的感受發生共鳴。我們不禁感到奇怪，一個沒有現代性感受力的人，還怎麼能被稱爲「後現代主義者」！

在否定《阿Q正傳》這一中國現代文學唯一獲得國際盛譽的作品的時候，王朔顯得較爲謹愼。他說他本來以爲這部小說寫絕了，活畫出中國人的「揍性」，僅憑這一篇魯迅就該得諾貝爾文學獎。但是後來在看嚴順開演的同名電影的時候，發現這個好演員怎麼也演不好，關鍵是假，沒走人物，走的是觀念。再回去讀原著，王朔發現魯迅是當雜文寫的這個小說，走的都是現成的觀念，跟馬三立那個「馬大哈」的相聲起點差不多。王朔這一「看」，眞是看走了眼。我很不明白這些當代作家到底讀了多少書，否則，他們的藝術道路怎麼會那麼狹窄，審美尺度怎麼會那麼單調！也許，他們只能欣賞巴爾扎克的《高老頭》，無法欣賞巴爾扎克的《驢皮記》；或者，他們只能欣賞福樓拜的《包法利夫人》、莫伯桑的《一生》、屠格涅夫的《羅亭》，而無法欣賞陀思妥耶夫斯基的《罪與罰》、《卡拉瑪佐夫兄弟》，更無法欣賞但丁的《神曲》、歌德的《浮士德》以及喬伊斯的《尤利西斯》、卡夫卡的《城堡》。他們會說，《卡拉瑪佐夫兄弟》到處都是討論宗教、邪惡與拯救的藝術敗筆，《浮士德》到處都是概念化的東西，這些作品走的都是觀念！他們根本無法理解，這些作品是比《一生》、《羅亭》等走人物的作品更偉大——用王朔的話說更「牛逼」的作品。

就《阿Q正傳》的藝術技巧而言，有中國傳統誇張式的傳神技巧，有運用喜劇的筆法寫陰暗慘淡的故事而產生的藝術張力，也有反語與幽默技巧的巧妙運用，而且《阿Q正傳》的幽默已經從傳統的幽默向現代的黑色幽默逼近——只是這種幽默雖然已經近似荒誕，但是還受理性的控制，而沒有走向像《二十二條軍規》那樣非理性的荒誕。《阿Q正傳》還大量運用了象徵技巧，

〔註17〕《普實克中國現代文學論文集》第232頁，湖南文藝出版社，1987年。

阿 Q 的畫圓圈，若是不從象徵主義的角度就無法理解——圓圈作爲中國傳統文化的象徵，是魯迅對中國文化的概括，中國的世界觀是循環的，歷史觀是一治一亂的循環，甚至戲劇都是大團圓。阿 Q 被抓進監獄都無所謂，而要努力畫圓這個圓圈，表明阿 Q 對中國傳統文化象徵符號的的熱愛已經超過了自己感性的生命，而正是這個圓圈奪去了阿 Q 的生命。在這裡，魯迅對中國傳統文化的控訴和顛覆是在其它小說中都罕見的，大概只有《狂人日記》能夠與之相提並論。而整部作品又象徵著中國傳統文化在近代的尷尬命運，以及不進行文化改造會導致一場什麼樣的革命。如果說《狂人日記》以其對中國傳統道德價值的全盤重估，可以與尼采的《查拉圖斯特拉如是說》對基督教文化的價值顛覆相提並論的話；那麼，《阿 Q 正傳》的文化內涵就可以與歌德的《浮士德》相提並論。王朔認爲《阿 Q 正傳》無法與《祝福》相比，但是在筆者看來，魯迅可以沒有王朔推崇的《孔乙己》、《在酒樓上》和《祝福》，甚至可以沒有整部《故事新編》，儘管這樣會損失幾篇優秀的小說，但是對魯迅的文學地位並無巨大的損傷。然而，如果去掉了《阿 Q 正傳》和《狂人日記》，那麼，魯迅在 20 世紀中國文學史乃至文化史上的光芒，就會黯淡得多。

王朔以《阿 Q 正傳》難以改編成電影而加以否定，就更是沒有道理。1930年 10 月 13 日，魯迅在致王喬南的信中說：「我的意見，以爲《阿 Q 正傳》，實無改編劇本及電影的要素，因爲一上演臺，將只剩了滑稽，而我只作此篇，實不以滑稽或哀憐爲目的，其中情景，恐中國此刻的『明星』是無法表現的。」因此，既寫小說又寫電影的王朔應該知道，最「牛逼」的大作品有時反而不容易改編成電影。歌德的《浮士德》是當詩劇來寫的，恐怕只是寫給人讀而無法上演的；陀思妥耶夫斯基的《罪與罰》與《卡拉瑪佐夫兄弟》等小說，恐怕也是無法改編成電影的。而且即使改編成了，也會將原來文本深刻的哲理內涵與文化內涵刪削乾淨。《查太萊夫人的情人》改編成電影了，但是，一部富有深刻哲理內涵並體現了勞倫斯哲學的象徵小說，〔註 18〕卻被電影改編成了一個普通的通姦故事。看一看本傑明對電影這種消解批判反思能力的機械複製的藝術的批判，再看一看小說對人類思想文化之呈現的貢獻，就會知道，不能以電影改編作爲衡量文學文本的價值的尺度。

魯迅沒有長篇而遭詬病，不是一個新鮮的話題，在魯迅生前有人勸他作長篇，已經透露了這個信息。關於魯迅沒有長篇是個遺憾的說法，我基本同

〔註 18〕詳見拙作《一個溫情的反異化神話》，《外國文學》2000 年第 5 期。

意上引王朔的看法，我要反駁王朔的是下面一段話：「我認爲魯迅光靠一堆雜文幾個短篇是立不住的，沒聽說有世界文豪只寫過這點東西的。」這段話是王朔「看魯迅」看得最毒的一眼，也是他否定魯迅的文學成就最激烈的地方。而且雜文之論「堆」，短篇之論「個」，王朔已經表示了他對魯迅的不屑。但是王朔沒有想一想，魯迅畢竟將藝術的觸角伸向了雜文、散文、散文詩、中短篇小說、舊詩以及文學翻譯、文學批評、文學研究與考據整理的各個領域，而且在這些領域的成就是王朔們目前還無法企及的，魯迅爲什麼就不能當世界文豪？用文體來框定作家，與過去文學批評界用「創作方法」衡量作家是同樣的荒謬。曾經有一個時期，一個作家運用「現實主義」或「浪漫主義」進行創作就是好的，運用「自然主義」與「現代主義」進行創作就是壞的。人們沒有想到，運用現實主義或浪漫主義照樣可以寫出三四流的作品，運用自然主義或現代主義照樣也可以寫出一流的作品。像「文革」中的長篇《虹南作戰史》不是文學史上少有的文字垃圾嗎？而以中短篇名世的契訶夫不照樣可以做文學大師、世界文豪嗎？

據說王朔有兩個與眾不同的特點，一是「我是流氓我怕誰」，一是「無知者無畏」。在《我看魯迅》一文中，「我是流氓我怕誰」的特點表現得不成分，當王朔說「我寫這篇東西，仍有捅婁子和冒天下之大不韙的感覺」的時候，筆者感到王朔的流氓性在一種不安中淡化。當你讀到「有志氣，允許；想當作家，可以；走正道」的時候，你甚至懷疑這話是不是從王朔口裏說出來的，你不能不說這是王朔少有的帶點「正經」口氣的文章。那麼，在流氓氣淡化之後，剩下的，就是「無知者無畏」了。當王朔思考來思考去，發現魯迅的思想是一無所有的時候，這種「無知者無畏」就達到了人類「知人論世史」上的高峰。

王朔問魯迅的思想究竟是什麼，這個問題一開始就問錯了，正如小和尚問禪師「佛在那裡」一樣。因爲「是」意味著肯定與建構，「不是」才意味著批判、否定與顛覆。從肯定與建構的意義上說，魯迅的思想的確沒有什麼，感時憂國的「民族主義」，由「進化論」而衍生出來的「中間物」思想，帶尼采強力意志色彩的個性主義，對個性主義有所制衡的「人道主義」，不否定個性發展的集團主義，大概是魯迅一生建構意義上的思想，而且除了感時憂國的「民族主義」之外，其它思想在魯迅的留日時期、五四時期與後期又不斷發生變化，很難籠而統之地說他一生建構了什麼思想，更沒有什麼思想體系

可言。而且魯迅似乎也並不致力在中國建構什麼「主義」。在五四時期，當周作人的新村主義、胡適的實驗主義、李大釗的馬克思主義紛紛給人指出光明的未來的時候，魯迅卻拒絕當什麼「導師」給人指路，他很實在地告訴青年，他也無路可走，他只知道路的前面是墳。因此，從消解主義的角度來認識魯迅，就會發現魯迅是一個異常偉大與深刻的思想家。他的《狂人日記》、《阿Q正傳》等小說連同他數量較多的洞察國民性的雜文，揭露出中國傳統文化陰暗面的底蘊，構成了對中國傳統文化實質性的顛覆。而且魯迅在深刻徹悟之後的批判與顛覆絕非僅僅對著傳統文化和現實社會，同時也對著他的主體自身，《野草》就是他面對著死亡無情地拷問自己的結晶。王朔暗示魯迅在揭露國民性的時候漏掉了自己，事實上是對魯迅的一種極大誤讀。從周作人《魯迅小說裏的人物》中可以看出，魯迅小說裏的許多人物都是以自己為原型的，可惜造神論者將這些人物說成是魯迅批判的對象，而不包括他本人。魯迅自己也說，他雖然時時解剖別人，但他又時時更無情地解剖他自己。王朔的看法，說明他沒有細讀魯迅的文本，還在受著造神論者塑造的魯迅的影響。

　　另一方面，王朔關於思想家的標準可能還受古典哲學的影響，以為要建構什麼體系才稱得上思想家。他不知道自叔本華以後，哲學已經變成了一種對存在的直覺領悟，對生命的天才洞見。他更不知道在生命哲學家狄爾泰眼裏，托爾斯泰、梅特林克等作家都變成了大哲學家。王朔僅僅浮在生活的表層，寫一些供大眾消費的文學文本，自然不能使自己的創作上昇到哲學的高度，不能像海德格爾所說的那樣，在諸神隱退的時候以自己的文學之筆去探究諸神隱退的蹤跡。但是，否認魯迅是思想家，則是很可笑的。一向謙虛的魯迅，有一次對章衣萍說：他的哲學都在《野草》中。無知的王朔即使再無畏，又怎麼能抹煞魯迅作為20世紀中國最深刻的思想家的存在呢？

第七節　張閎：板斧所到之處……

　　王朔對於魯迅的神話很不滿，他說「我有一個朋友一直暗暗叫他『齊天大聖』。」而張閎的《走不近的魯迅》一文，就是以唐僧及其弟子取經始，又以他們取到真經作為文章的結尾。不過，張閎認為魯迅僅僅是聖僧，齊天大聖孫悟空則是「魯學家」。

　　王朔文章中的朋友指的是不是張閎姑且不論，但張閎的《走不近的魯迅》

與王朔的《我看魯迅》對於魯迅和「吃魯迅飯的人」的批評非常相似，倒是真的。不知道他們是開了一次討論會的結果，還是誰受了誰的影響，或者是他們的「心有靈犀一點通」，是「英雄所見略同」吧！他們的文章，不僅觀點很接近，而且文筆都是以散文的筆法娓娓道來，對於一些沒有讀過魯迅或者讀魯迅沒有讀懂卻對王朔文筆更感興趣的少男少女，是很富有感染力的。特別是王朔的文章，是從自小到大對魯迅感受的角度出發的，比一般的議論文要顯得真實可信。當然，兩篇文章的不同，在於王朔的文章是在《收穫》「走近魯迅」的欄目下發表的，表明王朔雖然不一定讀懂魯迅，但是卻極力想走近魯迅；而張閎的文章題目《走不近的魯迅》，就是想與《收穫》的「走近魯迅」唱對臺戲的，他告訴人們，《收穫》的努力是無用的，魯迅根本無法走近。如果說王朔的文章僅僅是談了自己對魯迅的一種切身感受，那麼，張閎就掄起板斧，向著魯迅尤其是「魯學家」，猛地排頭砍去……所以，在文章的否定性上，張閎的炮火比王朔顯得更加猛烈。

因為張閎對「魯學家」掄的是李逵式的板斧，對於「魯學家」是排頭砍去一個不留，對於魯迅這個「聖僧」也分析不足而嘲諷有加，所以本書也就沒有必要去進行「一分為二」的分析。但是，瞭解一下張閎的基本觀點還是必要的。很可惜的是，張閎的原文是用諷刺性的散文筆調寫的，而筆者只能撮要地介紹一下他的觀點。

張閎說：「如果根據對後世的影響來判斷，魯迅無疑是現代中國最重要的作家。有好幾代中國作家在不同程度上接受了他的影響。至於我本人，從魯迅那裡所獲得的精神養料無疑比從所有的現代中國作家那裡所獲得的加起來還要多。」〔註19〕你別以為他要較為客觀地評價魯迅了，這個高帽僅僅是在亂砍亂伐之前的「欲抑先揚」，僅就這點而言，他就沒有李逵直率，李逵要砍就砍，要殺就殺，絕沒有這麼多心眼。

張閎先砍魯迅的雜文。他認為在魯迅的雜文中，僅僅是「不乏」好文章，但許多充其量只是一些時文，或者一些與論敵之間的口舌之爭。也就是說，魯迅的雜文好的少，壞的多。「這些作品美學上的趣味惡劣，內容上無非是一些平庸的『真理』，或一些自相矛盾、強詞奪理的『宏論』。」「更可怕的是，它還是『國家美學』的樣板，直至今日，這種雜文依然是現代青年人從小學到大學的必讀書。它培養了一代又一代現代中國人的惡劣的文化態度和粗糙

〔註19〕張閎《走不近的魯迅》，《橄欖樹》2000年第2期，下同。

的美學趣味」。

　　筆者也一向不主張魯迅的作品選入中小學課本，那理由與張閎的不同，不是以爲魯迅不偉大，或者是什麼美學趣味惡劣粗糙，而是讓孩子過早欣賞看透人世眞面目的成人作品，過早地讓孩子薰染上魯迅的「毒氣」和「鬼氣」，效果並不好。而且，魯迅的作品選入中小學，即使老師講了，學生也未必能夠眞正聽懂。那結果，就是王朔在《我看魯迅》中說的，「我們上下學，誰走在後面，前面的人就會回頭笑罵：呸！你這勢力的狗。」在中國現代作家中，冰心是文學的孩童，巴金是文學的青年，而魯迅則是文學的老人，過早地讓孩子去學老人的東西，心靈不能共鳴，再費力教也學不好。這就正如《尤利西斯》是 20 世紀最偉大的作品，但是讓中小學生去讀，無疑會害了孩子們，關鍵的問題是，孩子們根本讀不懂。但是，張閎作爲一位大學教師，卻在孩子的水準上譴責魯迅的雜文，就有點令人不可思議了。

　　魯迅的雜文當然不是篇篇都好，而且在後期尤其是在《僞自由書》中也不乏張閎所批評的時文，但是，比較而言，魯迅雜文是好的多，而壞的少。像《準風月談》中的《夜頌》，沒有相當的文學功力是寫不出的，我敢說，像王朔這樣的才分就寫不出，而以雜文筆法寫論文的張閎就更寫不出。即使是《關於中國的兩三件事》、《在現代中國的孔夫子》等談歷史文化的雜文，也顯示了大手筆的才情。至於說魯迅的雜文美學趣味「惡劣粗糙」，已經具有辱罵的性質，與說《尤利西斯》是污蔑人類的批評一樣，根本就不值一駁了。試問，什麼作品才是「優美潤滑」的？是不是《毛毛雨》、《甜蜜蜜》那樣磨得人們心靈平滑的歌曲？在這種「優美潤滑」的美學趣味薰陶下，人類還有批判反省的能力嗎？而且按照這個審美標準，整個現代主義的作品就該統統否定掉，因爲惡的醜的東西都太多，而應該回歸到古典的「愛呀，花呀」中去。

　　王朔作爲一個作家，犯點形式邏輯的錯誤是可以原諒的，但是張閎作爲一個學人，怎麼也自相矛盾？他一方面說魯迅的雜文說的無非是平庸的眞理（眞理有平庸和不平庸之分已經很奇怪），一方面又說魯迅的雜文「偏執」，充滿「偏見」。一般而言，平庸是常識性的，面面俱到的，而偏執則是反其道而行之，有人叫做「片面的深刻」，這二者怎麼能統一起來呢？說魯迅的雜文因偏執而有偏見，不能說沒有一點道理，魯迅也不是那種常識性的思想家，但是說魯迅平庸，眞是中外論者都聞所未聞的「奇論」。

　　張閎是先砍魯迅的日記、書信，他認為尋找魯迅的日記還不如尋找海嬰丟失的郵票。魯迅的日記固然沒有文學價值，但是對於魯迅研究並非沒有價值，作為文學研究者出身的張閎，難道連這點常識都不懂嗎？砍完日記、書信，就砍魯迅的雜文，砍完了雜文就開始砍魯迅的小說。正是在對魯迅小說的看法上，張閎的意見與王朔的出奇地一致，只是比王朔的更詳細更極端而已。

　　張閎說，魯迅小說的「藝術空間顯得極其狹隘，主題和表現手段方面也常常過於單調、呆板。」王朔說《阿Q正傳》不好，張閎則說「《阿Q正傳》在藝術上過於單薄、粗糙，有時我感到很惋惜——這麼好的一個題材給寫糟了！而且敗筆甚多，比如它的結尾……過於明顯、直露的觀念化的痕跡，在風格上也極不協調。」王朔嘲諷魯迅的《狂人日記》像「憤青」的搖滾，張閎則說「《狂人日記》作為一篇思想隨筆，倒是相當不錯。但作為一部小說，則實在有失水準。」王朔嘲弄《一件小事》是小學水平，「我那個不學無術的女兒在她的作文中就寫過」；而在張閎的眼裏這篇小說大概連小學水平也達不到：「《一件小事》、《弟兄》之類，幼稚得可笑，幾近於無聊。」王朔認為《傷逝》不好，「男女過日子的事兒，他老人家實在是生疏」；張閎則很大度，將魯迅的水平從小學提高到了中學：「《傷逝》中只有幾個抒情性的片段可以給中學生看看，而其主要情節——愛情，則寫得枯燥乏味，既無激情，也無想像力。這倒與他本人的情感生活很相近。」

　　當然，張閎的板斧也掄到了王朔未到的地方：「《肥皂》、《高老夫子》等諷刺性的作品遠不如他的雜文來得精彩。」他還以「大知識分子」的口氣，說《孤獨者》太做作，「形象生硬，蒼白，毫無生命力可言」，只是靠一點激情才勉強成篇，「小知識分子就喜歡這類情緒誇張的東西。」他對於王朔肯定的《在酒樓上》略有保留，說這篇小說「勉強像個小說的樣子」，然後，又與王朔一樣肯定了《祝福》、《孔乙己》和《藥》，並且還像王朔一樣讚美《故事新編》，而且在肯定上又比王朔極端：「從小說藝術的角度看，《故事新編》比《吶喊》、《彷徨》要精彩得多，成功得多。在《故事新編》中，魯迅作為小說家的才能在這裡發揮得最充分。」他唯一與王朔不同的，就是認為魯迅根本沒有能力寫長篇，因為魯迅對世界理解的狹隘和單一，使他根本不適合寫篇幅太長內容太寬泛的東西。

　　老實說，我很懷疑張閎文學批評的能力，尤其是對作品的鑒賞力。夏志

清在《中國現代小說史》中對於魯迅作品的評價是有偏見的，這種偏見在他後來的《人的文學》與《新文學的傳統》等書中有所修正，可以說，他對魯迅的評價是越來越高。儘管如此，夏志清在《中國現代小說史》中對魯迅的批評仍然有一個前後統一的審美標準。其實，只要有一個審美標準，說好說壞倒是另一回事，說不好的往往能提供比說好的更發人深思的觀點，讓世界上所有的人都生活在一個審美標準下，不是壓制便是虛僞。然而，張閎的批評不僅沒有標準可尋，而且文章本身就自相矛盾。因爲張閎對魯迅小說的評論與王朔的有很多相似，筆者批評王朔的部分也適合於張閎，關鍵的問題是，張閎的批評比王朔的更加難以自圓其說。

筆者在大學任教多年，經常翻讀大學生的作品，覺得像《一件小事》這樣的小說即使是大學生，能夠寫出的也極少見。我當然不是說《一件小事》在魯迅的作品中是多麼好的作品，問題是，即使魯迅作品中較差的作品，放到其他人的作品中也並不差。我想到了魯迅的一句話，叫做從水管裏流出來的都是水，從血管裏流出來的都是血。在那麼短的篇幅中，面對一個老女人的對象，以藝術的辯證法在差異中要寫活「車夫」和「我」兩個人物，並不容易。最近看到一個旅美的華裔劉荒田讀《一件小事》，發現魯迅在寥寥數語中就能榨出皮袍下藏著的「小」來，著實不易。所以，也許作家的遺傳基因代代進化吧，王朔寫不出來的東西他的女兒反而能寫出來。當然，如果你用另一個審美標準將《一件小事》否定了，筆者不僅沒有意見，而且說不定還能學到什麼。但是，他們對《一件小事》僅僅是不加分析地一棍子打死。王朔打也就罷了，可是，張閎在前面對魯迅的思想評論部分，說魯迅培養了不講寬容而講偏執的粗糙惡劣的美學趣味，那麼，爲什麼對於魯迅講愛講寬容的一篇小說《一件小事》，你卻掄起板斧一斧砍殺呢？

《傷逝》也是他們倆認定的劣質品。王朔的意思是，男女過日子的事，還得由他寫，魯迅則因生疏而不配寫，他暗含的意思是他的愛情小說已經遠遠超越了《傷逝》。但是在我看來，《傷逝》儘管是魯迅本人唯一的一篇愛情小說，卻是五四愛情小說中很少見的超越五四「愛情腔」的小說。所謂五四「愛情腔」，是指將追求新歡拋棄舊妻作爲新青年的時髦追求，似乎一旦自由戀愛，一切就和諧美好了。這種藝術處理就在新文化的名義下，將主人公與舊妻、新歡之間的衝突與厭棄給抹煞了，在某種意義上，反與《鶯鶯傳》中張生拋棄鶯鶯的文過飾非之辭相似，也就是爲自己的喜新厭舊尋找公理正義

的美名，無論這種美名是傳統的婦女觀，是新文化，還是什麼什麼。《傷逝》的開始與這些小說相似，但很快就擺脫了五四的「愛情腔」而直面慘淡的人生了。過去一些研究者將涓生與子君的分手說成是經濟的原因，也是膚淺地理解了文本：因為家窮就把妻子拋棄，魯迅小說正面意義上的人物還不至於如此庸俗。事實是，同居之後愛的新鮮已過，過去的瞭解現在卻成了隔膜，背公式一樣的重複已不新奇，子君在營造自己的窩，而子君營造的安樂窩卻恰恰是對涓生自由的一種束縛。《傷逝》深刻揭示了愛情與自由、真實的矛盾。一方面是家庭和子君的愛情，一方面是「深山大海，廣廈高樓，戰場，摩托車，洋場，公館，晴朗的鬧市，黑暗的夜……」涓生終於選擇了自由而離棄了子君。二人同居後發現以前的瞭解現在成了隔膜，涓生把真實說給子君，卻導致了愛的消滅。所以涓生感歎：「我們相愛過，我應該永久奉獻她我的說謊。如果真實可以寶貴，這在子君就不該是一個沉重的空虛。」然而，自由與真實卻是人的個性的證明，如果不說真實連這人都沒有，但是在愛的圍城中顯然個性也是衝突的根源。可以說，在通過愛情對人的衝突和厭棄的表現上，《傷逝》上承《紅樓夢》，下有錢鍾書的《圍城》，因此，王朔要來拼還要再紮實地練練筆。如果說《傷逝》藝術上有什麼不足，那就是用涓生回憶往事的懺悔口吻來寫，顯得有點溫情而「寬容」，激情有加而影響了客觀性。但是奇怪的是，張閎竟然批評《傷逝》沒有激情。而且以倡導寬容而不偏執的美學趣味的張閎又一次自相矛盾地砍殺了溫情而寬容的《傷逝》。

　　《孤獨者》也不是魯迅小說中技巧上最好的作品，但是批評《孤獨者》「形象生硬，蒼白，毫無生命力可言」，以為是從俄國作品學來的，卻又看走了眼。《孤獨者》除了外國文學的影響，是魯迅小說中現實性較強的一篇，主人公身上既有「白眼看雞蟲」的范愛農的影子，又有魯迅本人的體驗。歷史真是驚人的相似，當年創造社與太陽社的無產階級文學家說魯迅是心理陰暗的「小資產階級」，如今則有「大知識分子」張閎來說魯迅及其讀者是情緒誇張的「小知識分子」。有趣的是，《一件小事》、《傷逝》和《孤獨者》是魯迅流露「溫情主義」最多的作品，然而，反對偏執、仇恨，倡導寬容、公正美學趣味的張閎，卻將這三篇小說三斧頭給砍殺了！

　　最讓人感到張閎缺乏藝術鑒賞力的是他對《肥皂》和《高老夫子》的評價。他以為這兩篇作品甚至不如魯迅自己的雜文來得精彩，而他又認為魯迅的雜文惡劣粗糙，可見這兩篇作品真不是東西了。但事實上，《肥皂》是魯迅

在《儒林外史》的諷刺文學傳統上進行推陳出新的一次最成功的創造，不僅魯迅自己對這篇小說很滿意，將其選入《中國新文學大系》的《小說二集》，而且評論家也一向很推崇這篇小說的技巧。甚至連在《中國現代小說史》壓低魯迅的夏志清，對這篇小說也表現了少有的欣賞：「就寫作技巧來看，《肥皂》是魯迅最成功的作品，因爲它比其他作品更能充分地表現魯迅敏銳的諷刺感。這種諷刺感，可見於四銘的言談舉止。而且，故事的諷刺性背後，有一個精妙的象徵，女乞丐的骯髒破爛衣裳，和四銘想像中她洗乾淨了的赤裸身體，一方面代表四銘表面上讚揚的破舊的道學傳統，另一方面則代表受不住而做的貪淫的白日夢。而四銘自己的淫念和他的自命道學，也暴露出他的眞面目。」〔註20〕

張閎與王朔另一「心有靈犀一點通」的地方，是對「吃魯迅飯的」和「魯學家」的全盤否定。在將魯迅驅逐出「世界文豪」之列後，王朔又以魯迅知己的模樣大言不慚地說，如果魯迅復活，第一個耳光就會打在那些「吃魯迅飯」的人的臉上。而張閎文章的很大的一部分，就是以譏諷的筆調向「魯學家」開炮。他將「魯學家」描繪成無所不能的孫悟空，「不止一個，而是一群，幾乎可以組成一支龐大的隊伍，在文化的國度所向披靡。儘管人數眾多，但他們卻有著相似的外表，一個個雷公臉，火眼金睛，彷彿爲孫猴子的毫毛變化而成。他們的精神魔法就是這個圈子的光芒所在。這些『魯學家』們埋伏在光芒四射的『魯學』圈子周圍，虎視眈眈，監視著任何企圖接近魯迅的人。人們如果不是心存頂禮膜拜之意的話，就大有可能屬於妖精之類，自然也就無一例外地被阻擋在那些神秘的光圈之外了。只是被阻擋而沒有招致『聖徒』們的一頓亂棒，這已算是幸運的了。」

我很尊敬的一位魯迅研究學者，首都師範大學的王景山老教授感到張閎對「魯學家」的描述太不著邊際，寫了兩篇文章加以反駁。其實，老先生還是太厚道，沒有看透張閎的把戲。按說，張閎和王朔不同。王朔作爲作家不讀近年的魯迅研究成果沒有什麼不對，不對的是他沒有讀偏要來評論。可以說，王朔的盲點是「無知」，而張閎則不然。作爲一個現代文學學術圈裏的人，張閎肯定是讀過一些新時期以來的魯迅研究論著的，這從他的文章裏也能看出來。他對《野草》的較高評價，就是受了近年來《野草》研究的影響，而且他說到魯迅的絕望與「毒氣」、「鬼氣」的時候，說魯學家「從所謂文化哲

〔註20〕夏志清《中國現代小說史》第 39 頁，香港友聯出版社，1979 年。

學的高度來發一些大而無當的議論」，都表明了他對新時期以來的魯迅研究是
瞭解的。既然對新時期的魯迅研究瞭解，那麼他不可能不知道，新時期以來，
「魯學家」基本上都處在思想解放的前沿。但是，當他在文章中從總體上來
描繪「魯學家」的時候，他就把這種瞭解拋到九霄雲外，故意將「魯學家」
說成是「文革」時代姚文元一類的棍子手。如果說王朔對「魯學家」的咒罵
在他無知而還不失其真誠的話，那麼，張閎對「魯學家」的醜化連這種真誠
也沒有，是何居心大概只有他自己心裏清楚。

第八節　馮驥才：魯迅是西方傳教士的門徒？

　　比較而言，馮驥才的文章寫得比王朔與張閎的嚴肅，而且他的理論素質
似乎也比王朔與張閎要高。馮驥才站在回顧二十世紀中國文學的角度，對魯
迅進行了批評。他認為：「魯迅寫的小說作品最少，但影響最巨。……他就憑
著一本中等厚度的中短篇小說集，高踞在當代中國小說的峰巔。」〔註21〕

　　為什麼會這樣？

　　馮驥才認為，這得力於魯迅的國民性批判，魯迅從文化的視角看下去，
一直看到人的深在的文化心理，並將這種文化心理鑄造成一種文化性格。「然
而，我們必須看到，他的國民性批判源自一八四○年以來西方傳教士那裡。」
只要翻一翻史密斯的《中國人的性格》，看一看書中那些對中國人的國民性的
全面總結，就會發現這種視角對魯迅的影響是多麼直接。所以，「魯迅的國民
性批判來源於西方人的東方觀。」「可是，魯迅在他那個時代，並沒有看到西
方人的國民性分析裏所埋伏著的西方霸權的話語。」魯迅不僅沒有對西方人
的東方觀做立體的思辨，而且「他那些非常出色的小說，卻不自覺地把國民
性話語中所包藏的西方中心主義嚴嚴實實地遮蓋了。」換句話說，在他的精
闢的國民性批判的後面，隱含著「傳教士們陳舊又高傲的面孔。」不僅如此，
中國當代那些得獎的電影，以中國的落後去投合西方人的口味，也沒有「走
出一個多世紀以來的西方中心主義的磁場。」「多年來，我們把西方傳教士罵
得狗頭噴血，但對他們那個真正成問題的『東方主義』卻避開了。傳教士們
居然也沾了魯迅的光！」

　　讀者讀到這裡，方才明白，馮驥才繞了幾個圈子，原來是以當下時髦的

〔註21〕馮驥才《魯迅的功與「過」》，《收穫》第 2 期。下同。

後殖民主義批評，來顛覆魯迅的。他話說得很客氣，但是論顛覆的力量，卻要比王朔們有力得多。他的論辯邏輯是這樣的：魯迅不多的小說之所以有那麼高的地位，是因爲他的國民性批判，但是根據當下流行的後殖民主義批評，他發現魯迅的國民性批判是充滿了傳教士的「東方主義」的偏見的。這對魯迅無疑是釜底抽薪！魯迅的小說還會有那麼高的地位嗎？雖然馮驥才沒有明說，但根據他全文的邏輯，答案顯然應該是否定的。而且，馮驥才的思想代表了許多追逐後殖民主義的作家與批評家的思想，這幾年一些弘揚傳統文化，指責五四新文化運動，痛感中國詩學患了「失語症」的人，與馮驥才的思路不謀而合。筆者已經著文，對這股思潮進行了批判。〔註 22〕下面僅用一點餘墨，對馮驥才對魯迅的批判進行批評。

後殖民主義的批評向度是指向西方的話語霸權的，而不是針對各文化間的相互吸取與相互融合的。如果一個人是在傳播帝國主義的文化策略，鸚鵡學舌地轉述文化帝國主義的話語霸權，而一點民族自立感也沒有，那麼，以「東方主義」加以批判是對症下藥的。可是，魯迅在他的文章中，卻經常批判這種沒有民族的立場而鸚鵡學舌的文化人。他批評一些人是「西崽」，批評另一些人向帝國主義「獻徵心策」。他甚至嘲諷一些文人到了西方販賣李白、楊朱，回到中國又販賣莎士比亞、威爾士。魯迅去世後，他的這種強烈的民族意識與民族立場，得到了幾乎是超越眞理界限的闡發。說他是殖民地半殖民地人民中沒有絲毫奴顏媚骨的硬骨頭，說他是能夠代表「民族魂」的空前的民族英雄。一些響應這種批評的學者，立刻就從魯迅的著作中發現了魯迅對中國文化的弘揚，說他批判胡適、梁實秋、林語堂等人向帝國主義妥協的文化立場，說他讚美《紅樓夢》、《儒林外史》等中國優秀的文化，說他弘揚中國的「漢唐精神」，說他推崇大禹、墨子等「中國的脊梁」，並引他的《中國人失掉自信力了嗎》，說「我們從古以來，就有埋頭苦幹的人，有拼命硬幹的人，有爲民請命的人，有捨身求法的人，……」

這種闡發是有魯迅強烈而清醒的民族意識與獨立自主的民族立場作爲根據的，僅此一點，使得任何以後殖民主義批評責難魯迅的人顯得可笑與尷尬。但是，我之所以說這種闡發是越過眞理界限的闡發，是因爲任何將魯迅說成是民族文化傳統的弘揚者進而產生排外傾向的人，似乎都沒有細讀魯迅的文本。在「文革」期間，魯迅的被閹割就表現在，僅僅以他排斥「西崽」而弘

〔註22〕拙作《後殖民語境中的東方文學選擇》，《文史哲》2000 年第 6 期。

揚「中國的脊梁」，僅僅以他的《友邦驚詫論》等文章，就將魯迅打扮成是贊成「文革」自我封閉的文化傾向的聖者。於是，新時期的魯迅研究在改革開放的文化氛圍中，就反其道而行之，著力闡發的是魯迅對傳統文化的批判的一面，說魯迅以西方的現代文化對中國的傳統文化進行了激烈的抨擊，說魯迅是中國觀念上的現代化與文化意義上的世界化的先鋒，說魯迅主張少或者竟不讀中國書，說魯迅的孤獨、焦慮、絕望與現代存在主義的情感體驗不謀而合，說魯迅的某些作品具有現代主義的文本特徵……而馮驥才等人正是在新時期魯迅研究的麻雀之後來捕魯迅這只「東方主義」的鳴蟬的。

我覺得，將不越出真理界限的作為硬骨頭的民族魂魯迅，與大膽吸取外來文化並對民族痼疾進行深刻批判與反省的魯迅合在一起，才能見出一個完整的魯迅。一方面，魯迅的從文就是為了療治中國國民的精神痼疾，希冀中國人覺醒而使民族自立，他的批判國民性是他的「我以我血薦軒轅」精神的一種具體表現。所以，無論他對國民性的批判有多麼激烈，都是他愛國愛民族的一種表現。魯迅也確實弘揚過自由地將外來文化拿來為己所用的漢唐精神，確實稱讚過那些正史也遮掩不住他們的光耀的「中國的脊梁」，確實是一個在半殖民地中國骨頭很硬的人，他為了中華民族的獨立自由與繁榮富強而竭盡了畢生的精力。甚至他的強烈的救國救民的使命感本身，也承傳了傳統知識分子那種以天下為己任的使命感與憂患意識。〔註 23〕但是，另一方面，魯迅從來都不是那種狹隘的民族主義者，那種以為弘揚民族文化才是對民族有利的人，那種援引西方人對中國文化的讚美而自我陶醉的人。相反，作為一個文化惡魔，魯迅以為要使一國發達，就要揭露此國的弊病，要使某人好，就要告訴他的缺陷，否則病入膏肓就會無藥可救，反而會害了一國或某人。所以，魯迅給傳統文化以實質性的顛覆，對中國國民的劣根性進行了入木三分的揭露，並主張大膽地拿來外來文化而為己所用，對於個人的自由發展與人類文明的一些共同價值給予了充分的肯定。過於強調前者，容易走向文化上的自我陶醉與文化封閉主義；過於強調後者，容易「失掉自信力」而變成「西崽」。

而且如果將魯迅的五四時期與後期進行比較，會發現一個有趣的問題。魯迅在五四時期確實具有激烈的西化與反傳統傾向，他攻擊中國的文明是吃

〔註23〕詳見拙著《文化偉人與文化衝突：魯迅在中西文化撞擊的漩渦中》第三章，河北人民出版社，1994 年。

人的文明，中國的歷史是想做奴隸而不得和暫時做穩了奴隸的兩個時代的循環，中國的文學是不敢正視人生的瞞和騙的文學，中國人懶惰怯弱而又巧滑，而且中國人從來沒有爭到人的價格——至多是奴隸而下於奴隸的時候卻是屢見不鮮的，他還主張少或者竟不讀中國書，將華夏傳統所有小巧的玩意兒都拋掉，倒來屈尊學學槍擊我們的洋鬼子……《熱風》中的雜文，許多篇都是以「中國人」如何如何開頭，都是批判性的。魯迅後期對中國文化的看法顯得比五四時期辯證了，但是對中國文化的洞察也不如五四時期深刻了，在這裡，我又想到了「片面的深刻」這個詞。那個辯證的魯迅固然了不起，但是那個片面卻更深刻的魯迅尤其值得我們注意。因為對自己的歷史文化沒有一種深刻的批判反省精神，一個民族就很難走向真正的自覺。也正是從這個意義上，新文化運動才被稱為我們民族的覺醒運動。西方的啟蒙運動作為西方各民族的文化覺醒運動，就不僅吸取了希臘羅馬的文化，而且也大膽地吸取了中國文化去反叛基督教的宗教迷狂。伏爾泰這位啟蒙運動的領袖，就是一個孔子的崇拜者，寫文章讚美不在話下，甚至還在家裏懸掛孔子像，朝夕禮拜。這又有什麼可以大驚小怪的呢？然而另一方面，魯迅即使在五四時期甚至更早，對發達國家和不發達國家就表現出一種自由平等的態度，從不去踐踏弱草，也決不向強權低頭。他較早向中國人介紹東歐北歐等弱小民族的文學，就是要為中國人在世界文學中尋找一種反抗霸權的共同心聲。相反，那些出賣國家與民族利益的人，倒是口口聲聲要衛護中國文化，因為這種文化專吃弱小者，他們賣給外國人一點利益，自己並不少吃，只是更苦了下層的被吃者而已。

不錯，魯迅確實用肯定的語氣表示人們應該看看那些敵視中國的人辦的報紙，「辱華」的電影，甚至表示應該將《支那人氣質》——即馮驥才所說的充滿「東方主義」偏見的《中國人的氣質》，盡快翻譯成中文。這些人用異域的文化視野往往能夠看到我們自己看不到的一些弊病，如果這些弊病確實是存在著的，我們為什麼要「凡是敵人反對的我們就要擁護呢」？而且魯迅還有一種觀點，越是帶有歧視性與凌辱性的異族言論，越能夠促進本民族人的改革本國的積習、鞭策本民族的人自強與奮進。

魯迅並非對於外國人對中國的評論都予以重視的，尤其是那些讚美中國舊物的評論。這大概和我們當代一些人的胃口正好相反，後者一聽到外國人讚美中國就興高采烈，一聽到外國人說中國還有弊病就頻頻皺眉。泰戈爾來華，弘

揚東方文化，魯迅的反應相當冷淡。羅素來華講學，對中國的舊物經常讚美，魯迅的反應也很冷淡。譬如有一次他坐轎遊西湖周圍的山嶺，轎夫在休息時一邊抽煙一邊興高采烈，顯出一副知足常樂的樣子，羅素既驚訝又欣賞。魯迅就評論說，假如轎夫對坐轎子的人不含笑，中國早已不是現在的中國了。對於外國人對中國文化的態度，魯迅評論說：「不知道（中國文化的吃人性質——引者）而讚頌者，是可恕的；佔了高位，養尊處優，因此受了蠱惑，昧卻性靈而讚頌者，也還可恕的。可是還有兩種，其一是以中國人為劣種，只配悉照原來模樣，因而故意稱讚中國的舊物。其一是願世間人各不相同以增自己旅行的興趣，到中國看辮子，到日本看木屐，到高麗看笠子，假如服飾一樣，便索然無味了，因而來反對亞洲的歐化。這些都可憎惡。」〔註24〕因為在魯迅看來，外國人對中國文化的讚美，最能夠使國人滿足現狀，而不思進取與改革。

　　值得注意的是，「東方主義」是生活在西方的東方學者對西方文化中隱含的話語霸權進行的批判，因而說東方的文化人具有「東方主義」本身就是很可笑的事。當然，奴隸主義地照搬西方的東西可以從東方主義的角度進行批判，但是魯迅一生批判最激烈的就是奴隸主義。民族的奴隸主義是個人的奴隸主義的擴大，但是在中國，個人的奴隸主義恰恰是傳統中國認同的文化。魯迅對傳統奴隸主義的批判，既包含著為個人爭取自由的意義，也包含著為民族爭取獨立的意義，在魯迅的思想結構中這二者是統一的。其實，殖民地人民及其文化代表早就對西方的話語霸權進行了各種各樣的批判，馮驥才們無動於衷；而西方的話語中出現了後殖民主義批評，馮驥才們立刻就當成了思考問題的尺度，而且也不看看具體的文化語境。如果用他們的分析範疇來說，他們是否也鑽進了東方主義的怪圈？

　　在筆者看來，東方的文化人更應該警惕的，是假借外來的話語而進行的孤芳自賞和自我封閉，至於「西方主義」也還談不上。但是，從自我封閉、孤芳自賞過度到「西方主義」，也是順理成章的。馮驥才說魯迅沒有看出潛藏在傳教士話語中的西方霸權和傳教士陳舊而又高傲的面目，他的國民性批判中潛伏著西方中心主義，就是假借西方的話語進行自我封閉的明證。揭露病苦是對現狀的不滿，不滿是改革的動力，可是按照馮驥才的邏輯，是不是魯迅應該弘揚中國傳統，推崇國民性，與傳教士對著幹，才不會陷入西方中心主義和西方霸權的圈套？可是這樣一來，滿足現狀還來不及，又何談什麼改

革！難道我們還要回到楊光先「寧可使中夏無好曆法，不可使中夏有洋鬼子」的老路上去嗎？

魯迅立志改造國民性的時間很早，1902 年在剛剛到日本進弘文學院學習的時候，根據許壽裳的回憶，他就經常與許壽裳討論國民性的問題，稍後他的棄醫從文也是為了改造愚弱的國民的魂靈，他的《摩羅詩力說》中已經蘊含了《阿 Q 正傳》的雛形。這時離新文化運動也還有十年左右的時間，因此，說魯迅改造國民性是源自西方的傳教士，即使從文化事實上說，也是一個武斷的結論。西方傳教士固然是以異域的文化視野來審視中國的國民性的，但是魯迅留學日本的時候，也接受了西方的科學文化與精神文化，難道我們不允許魯迅得出一些與西方傳教士相似的結論？

第九節　葛紅兵的革命紅衛兵造反：造反有理嗎？

「造反有理」是「文化大革命」的最強音，所以「文革」時期的造反派在給造反對象張貼大字報的時候，基本上是欲加之罪，何患無辭。「罪」的命題在先，然後去構陷罪狀，罪狀一出，自然也就有罪了。葛紅兵對 20 世紀中國文學的造反，基本上採取這一策略，即把 20 世紀中國文學「斬盡殺絕」的命題在先，然後去構陷 20 世紀中國文學的罪狀，甚至在論證策略上，採取的也是欲加之罪何患無辭的方法。他在 1999 年《芙蓉》第 6 期上，掄起板斧大砍大殺，三斧頭就把 20 世紀中國文學給砍殺完畢，真可以說集不負責任之大成，頗有點幾十年前的革命紅衛兵橫掃一切害人蟲的大無畏精神。他的革命造反的確是很痛快的，問題是他的造反有理嗎？

葛紅兵「為二十世紀中國文學寫一份悼詞」，按說應該充滿悲悼的的情感，然而他對任何作家都沒有一種同情的理解，對於《圍城》、《寒夜》這樣的藝術精品之後，錢鍾書、巴金為什麼基本上擱筆也沒有絲毫的遺憾——這正好印證了他的 20 世紀中國沒有文學大師的「高論」而令他興奮不已。冰心固然不是什麼「大師」，但是他指責冰心的文字「簡直沒法讀」，卻是很奇怪的。他的有些話是無法理解的，像「二十世紀中國文學即使我們說它是思想深刻，也只是膚淺的深刻而已。」他對於 20 世紀中國作家的指責也是有點莫名其妙的。譬如，在「文革」中，老舍投湖自殺，錢鍾書保持沉默，葛紅兵指責說，老舍的自殺「不是對現實的抵抗，相反是對現實妥協屈從之後得不

到現實認可的產物」，而錢鍾書「實行的是烏龜哲學、鴕鳥策略，他假裝專心於學術，對周遭發生的慘無人道的事情視而不見，強權之下，不反抗就意味著同謀，從這個意義上說他的人格有什麼值得驕傲的？」〔註25〕

葛紅兵的邏輯是「不反抗就意味著同謀」，就是說老舍和錢鍾書從邏輯上也可以說是「文革」摧殘人性的同謀者。從這句慷慨激昂的話，你可能會認為葛紅兵是一個多麼有骨氣的文人。可是緊接著的幾句話又使他的骨氣蕩然無存，他的話也幾乎一錢不值。在對歷史進行否定並對歷史人物進行苛評之後，葛紅兵說：「問題是今天的中國作家，在自由來臨，他們終於可以講眞話，做正事的時候，他們依然沒有醒悟……」這樣，就又落入了才子佳人小說「奉旨成婚」以及對舊社會憶苦思甜的老套。所以，當指責別人沒有骨氣的時候，首先應該想到的是自己有沒有骨氣。如果自己連指責對象的骨氣也沒有，那麼還有什麼權利去指責別人？

要徹底否定 20 世紀中國文學，首先就要否定魯迅。

葛紅兵說：魯迅眞的是那麼愛國嗎？既然愛國，他爲什麼要拒絕回國刺殺清廷走狗的任務？難道他不是怯弱嗎？魯迅的棄醫從文與其說是愛國的表現，不如說是他學醫失敗的結果。而且一個號稱爲國民解放而奮鬥了一生的人卻以他的一生壓迫著他的正室妻子朱安。在以反問的形式指責魯迅的「性變態」、「嫉恨陰毒」之後，接著就對魯迅進行政治上的批判：魯迅爲什麼在「文革」期間成了唯一的文學神靈？他的人格和作品中有多少東西是和專制制度殊途同歸的呢？他的鬥爭哲學、「痛打落水狗」哲學有多少和現代民主觀念、自由精神相同一呢？魯迅終其一生都沒有相信過民主，在他的眼里中國人根本不配享有民主，他對胡適的相對自由主義信念嗤之以鼻，因爲他是一個徹底的個人自由主義者，而「文革」中的紅衛兵那種造反有理的觀念正是這種思想的邏輯延伸。甚至魯迅「沒有一個地位比他高的朋友」，也是魯迅這個「世故老人」的一大罪狀。

在藝術上，葛紅兵認爲魯迅作品的語感是「澀」：作爲一個紹興作家，他的文白雜糅、半陰不陽的文字實在彆扭，像是和讀者扭著勁。他的散文詩《野草》以及《狂人日記》等小說單獨地看很偉大很有獨創性，但是由於它們與尼采、安特萊夫、果戈理等人的作品的血緣聯繫，就使其遜色了一截，其文體成就只能降一級來看。所以，他倡導的「拿來主義」就成了禍害現代文學

〔註25〕葛紅兵《爲二十世紀中國文學寫一份悼詞》，《芙蓉》1999 年第 6 期。下同。

的淵源而遭到他激烈的批判。

葛紅兵認為，20 世紀中國文學是思想大於文學的，但是中國作家的思想也不行。魯迅是一個思想深刻的文學家，但是並不是一個具有體系性的思想家，從思想家的角度，和二十世紀西方巨人杜威、薩特等比較起來，他是不合格的。二十世紀有哪一個中國作家，像海德格爾、尼采那樣創造了屬於自己的解釋世界的方法，徹底顛覆了既有的形而上學思想模式？沒有。就是這樣，葛紅兵從作家的人格、文本與思想三個角度，將魯迅與 20 世紀中國文學「批倒批臭」了。

值得注意的是，魯迅與光復會的關係，特別是關於回國謀殺「清廷走狗」的舉動，基本上是魯迅晚年對胡風、增田涉等人回憶的，而周作人就否認魯迅加入過光復會。當然，魯迅當時的同學許壽裳、沈祖綿也認為魯迅加入過光復會，但是回國謀殺一事卻是魯迅自己回憶的。根據增田涉在《魯迅與「光復會」》中回憶，有一次魯迅對他說：「我從事反清革命運動的時候，曾經被命令去暗殺。但是我說，我可以去，也可能死，死後丟下母親，我問母親怎麼處置。他們說擔心死後的事可不行，你不用去了。」這與魯迅說自己說不定什麼時候會死而接受朱安陪伴母親的回憶，也是一致的。可見魯迅並不是不去，只是擔心母親而被別人罷用而已。五四時期，魯迅曾經在通信中反思過這個問題，即愛和感激有時也能軟化一個勇士，他想到殺人，也想到自殺，但是一想到有一個愛他的母親而生感激之心尤其怕母親擔心和傷心，就使自己失去了行動的勇氣。考慮到魯迅父親早逝，自己是長子，魯迅的擔心又有什麼好指責的呢？而且如果魯迅不是經常擔心死後的事，那麼，《無常》、《女弔》乃至好歹讓葛紅兵肯定的《野草》能夠問世嗎？從後來魯迅不鼓勵學生遊行示威、提倡「壕塹戰」等言行來看，也許魯迅根本就不很贊成謀殺個人這種「革命形式」。

筆者曾說：「魯迅一開始就不是以一個政治活動家而是一個思想家的面目出現的。」他作為政治活動家的弱點（筆者以謀殺事件為例）恰恰是他「作為一個思想家的優點」。〔註26〕魯迅後來也說過，他到前線打仗不會比那些愚昧無知的人勇敢，因為他想得太多。但是，魯迅幾乎對那一任在臺上的政府都持批判態度，包括對革命剛剛成功時的紹興軍政府王金髮（這一點與粉飾現實的葛紅兵至為不同），從沒有說違心話以撈取自己的好處，甚至蔣介石要

〔註26〕詳見拙著《文化偉人與文化衝突》第一章第三節《魯迅與辛亥革命》。

重用魯迅派人去聯繫都遭到了魯迅的拒絕，作爲一個文學家難道這種人格也要遭到非議？海德格爾不僅斤斤計較自己的利害得失，而且還曾爲納粹效力，然而卻被葛紅兵推崇爲「偉大的思想家」，而比海德格爾的人格不知要高多少的魯迅，卻爲什麼連文學大師的人格都不夠？難道西方的月亮眞的比中國的亮？

葛紅兵認爲魯迅思想深刻，卻達不到「偉大的思想家」的標準。因爲根據他的標準，作爲一個思想家「必須建立自己對於世界的獨特的哲學上的本體論、認識論、方法論體系」。試問，被葛紅兵推崇爲「偉大的思想家」的尼采，有什麼「本體論、認識論、方法論體系」？尼采本人就說，他不幹建構體系這種愚蠢的工作，所以他的格言是從山峰到山峰，難道葛紅兵連這點常識都不懂嗎？生命哲學家狄爾泰曾說，從叔本華開始，哲學並不是以體系取勝的，換句話說，建構科學的方法論體系並不比對生命奧秘的拷問更接近哲學的眞諦，所以托爾斯泰、梅特林克等就都是大哲學家，爲什麼一向以追逐新潮著稱的葛紅兵連這點哲學發展的新動向都不懂？爲什麼他在推崇尼采的時候，卻以黑格爾的哲學標準去評判魯迅，使魯迅連一個思想家（且不說哲學家）的資格都夠不上？

魯迅的《野草》作爲哲學，是從體悟此在的角度顛覆本質的；然而葛紅兵好歹肯定了一下《野草》，卻說《野草》「太本質了」。用「太本質」來評論一部文學文本，我不知道是誇讚還是貶損。接著，他就開始否定魯迅的文學成就。首先，他從語感上否定魯迅，說魯迅的語言以「澀」著稱，「文白雜糅，半陰不陽的文字實在彆扭」。王朔似乎也有類似的感受，他說魯迅的文字「有些疙疙瘩瘩，讀起來總有些含混」。我相信他們說的是實話，因爲許多初讀魯迅的中學生、部分大學生、研究生幾乎都有這種感覺。魯迅並非不能寫那些顯得很順不彆扭、讀起來直露而不疙疙瘩瘩的文字，只要讀一讀《集外集·「音樂」？》一文中魯迅擬徐志摩文筆的一段，以及《起死》中莊子的道白，就可以明白這一點。然而，魯迅用很順很直露的文筆寫作，那麼魯迅就不成其爲魯迅而會成爲冰心、朱自清或其他作家，中國文學史就會失去一種非常富有個性的文體。語言是存在的家園，魯迅文筆的不順、苦澀、含混，是與他境遇的不順、心情的悲涼、思想的複雜密切相聯的。對存在沒有深刻的洞悟，沒有相當的人生閱歷與中西文化的知識，是很難在魯迅的文字中找到什麼好的語感的。有趣的是，新批評將「含混」與「張力」看成是文學語言與一般

應用語言的重要區別，王朔所說的「含混」與葛紅兵所說的「彆扭」（其實是一種語言的張力），不正是對魯迅文本極為簡明扼要的概括嗎？這正是魯迅的雜文能夠成為藝術，而王朔、葛紅兵的明明白白的很通順的文字卻無藝術性而只能作為論文看的重要原因。

更讓人發笑的是，葛紅兵是以西方的作家、思想家作為自己的批評標準的，他的文學大師的標準是普魯斯特、馬爾克斯、福克納，思想家的標準是杜威、薩特、海德格爾、尼采；然而他卻將魯迅倡導的拿來主義看成是 20 世紀「中國文學和思想的總體欠缺」的「癥結所在」。事實上，弗萊在《批評的解剖》一書中就解剖了文學模仿文學的奧秘，文學巨人歌德也說：「人們老是在談獨創性，但是什麼才是獨創性！我們一生下來，世界就開始對我們發生影響，而這種影響一直要發生下去，直到我們過完了這一生。除掉精力、氣力和意志以外，還有什麼可以叫做我們自己的呢？如果我能算一算我應歸於一切偉大的前輩和同輩的東西，此外剩下來的東西也就不多了。」〔註27〕歌德甚至勸告愛克曼不要虛構故事，只要借助傳統的故事框架向裏面灌注生氣就可以了，他本人的不朽巨著《浮士德》不就是如此創作出來的嗎？所以，「拿來主義」涉及到比較文學影響與淵源的一個很深刻的創作規律：站在巨人的肩上高一點就是巨人，而不受任何影響的所謂獨創性即使長得再高，在人類文明史上也是侏儒。這一點，將深受中外文學的影響的五四作家與平地起高樓的後來的泥土作家一比較，就立見高低。

而且葛紅兵似乎根本就沒有細讀魯迅的《拿來主義》一文，所以他才將「拿來主義」等同於「西化」。魯迅特別強調「拿來」與「送來」的區別，「送來」意味著靜靜地接受，而「拿來」則強調主體的選擇。事實上，「拿來主義」作為魯迅後期的主張，既包括拿來西方的，也包括拿來中國傳統的，否則，魯迅所說的對待一間舊有的大宅子而進行佔有選擇的話，就是不可解的。關於魯迅與中國文化傳統的血脈關係，我在《文化偉人與文化衝突》一書中已經有詳盡的論述。我還想說的是，像葛紅兵這種對他所要否定的文本都不願意細讀的批評態度，怎麼會不漏洞百出、自相矛盾呢？比如，他在文章的第一部分，大談殉道的重要性，似乎誰沒有使命感，誰不與邪惡抗爭到獻出生命的地步，誰就成不了文學大師；然而在第三部分，他又對使命感強的思想性寫作進行了否定，甚至以司馬長風為同道，將「人的文學觀」看成是「賣

〔註27〕《歌德談話錄》第 88 頁，人民文學出版社 1978 年。

身契」寫作，這二者又怎麼能夠統一起來呢？

至於葛紅兵希望出現的「超越於東西方既有傳統的第三種文學」，其實就是五四新文學。葛紅兵僅僅注意到五四文學不同於中國傳統文學，卻沒有注意到五四文學也不同於西方文學。五四文學乃至整個中國現代文學與其「拿來」的西方文學的不同，甚至使夏志清感歎中國文學家學習西方都學到了什麼！對此，筆者在《五四文學與中國文學傳統》一書中有詳盡的論述，因爲與本書所要討論的問題相去較遠，在此就不展開了。

從性的角度評論魯迅，不失爲一個新角度，譬如五四時代魯迅作品的深刻沉鬱與性壓抑的關係。但是，葛紅兵說魯迅性變態，以他的一生壓迫他的正妻朱安，就更近乎漫罵了。其實，無論從舊道德還是新道德，魯迅對朱安的態度都是無可指責的。從舊道德來說，魯迅自然有娶妾生子的權利。從新道德來說，魯迅不愛朱安，就有選擇其他異性的權利。唯一說不過去的是，魯迅沒有與朱安離婚就與許廣平結婚。但是，如果從當事人的最大利益著眼，在那個時代假定魯迅按照新道德與朱安離婚，在朱安眼裏就是被魯迅「休」了，那種恥辱甚至會導致一個要臉的女人自殺。後來許廣平生子而朱安暗暗高興，說明朱安也正是從傳統正妻的角度看待魯迅的「娶妾生子」，而自己的墳頭上也可以香火不絕。而且魯迅不愛朱安，也恪守新道德，不與朱安同床。據荊有麟回憶，老太太問朱安不生孩子，朱安說：大先生整天不與我說話，怎麼會生孩子。一般而言，作家因其對感性生活的沉醉，在性生活上也較一般人「風流」，但是魯迅卻並未染上這種「風流病」。筆者並不認爲「風流」的文人有什麼不好，但是魯迅卻是因爲道德之名而活得太苦了。

看來，造反並不一定有理，「文化大革命」的造反無理，葛紅兵的造反也是如此。

第十節　世紀末魯迅論爭的意義

世紀末的魯迅論爭意義重大。

魯迅在世以及逝世後的一段時間，對魯迅的評論是自由的。但是，自五十年代之後，魯迅基本上是一個只能說好而不能說壞的觀照對象。說魯迅不好，在 1957 年可能成爲「右派」，在「文革」中就是地地道道的「反革命」。甚至在八十年代思想解放的環境中，說魯迅不好也可能被當作「資產階級自

由化」的「精神污染」而予以清除。正因爲如此韓東才說，我們即使對耶穌也可以說三道四，而對魯迅則不能。從這個意義上說，從五十年代到九十年代的魯迅論爭，都是在不自由的空氣中進行的，論爭的雙方處於不平等的地位，論爭自然就沒有公平可言。歌頌魯迅的一方可以從刺刀縫中咒罵對魯迅不恭敬的人，而令後者「汗不敢出」，「運交華蓋」。在極端的情況下，要想打殺一個人，只要說他反對魯迅就可以了。這種戰術甚至用在「高抬」魯迅的「筆桿子」張春橋、姚文元那裡，打倒「四人幫」後，說是張春橋化裝成「狄克」，躲在「三月的租界」裏攻擊魯迅。

在不自由的空氣中，要想使魯迅研究得以深化，根本是辦不到的。因此，儘管「文化大革命」將魯迅抬上了天，但是，「文革」中根本就沒有什麼魯迅研究，有的只是資料的搜集和誤讀性的宣傳。只是在新時期思想解放的文化語境中，魯迅研究才眞正得以深化。但是，由於對魯迅只能說好不能說壞的思維定式，所以這種研究還不能完全說是自由的。譬如，魯迅是人不是神，而人就沒有完人，以往的魯迅研究爲什麼就很少正視魯迅的缺陷呢？而世紀末的這次魯迅論爭則是五十年代以來第一次眞正自由的論爭。所謂以「集束炸彈」貶損魯迅的《收穫》雜誌，並沒有受到政治權力的干預，「貶損魯迅」的作者也都安然無恙。而大多數反駁「貶損魯迅」的論者，也都認爲對方有表達自己觀點的權力，但是作爲反駁者也有反駁的權力。

這標誌著「魯迅問題」眞正從「政治問題」變成了「學術問題」。

學術研究無禁區，說好也行，說不好也行，只要自圓其說而不是非理性的發洩，都可以進行自由公開的學術論爭。馬克思當年就說：你們並不要求紫羅蘭和玫瑰花散發出同樣的芳香，可是，你們爲什麼卻要求世界上最豐富的意識，只有一種形式存在呢？從此，魯迅研究將進入一個自由爭鳴的新階段。在這個新的階段中，思想的翅膀可以在魯迅研究的廣闊領域中自由飛翔，自由耕耘的汗水必將澆灌出豐碩的研究成果。

如果魯迅不能被自由地詮釋，無論是魯迅本人還是保衛魯迅的人，都會顯得尷尬。魯迅作爲爲中國人爭自由而斥責「僞自由」的戰士，卻在不自由的空氣中才能成就其偉大，已經夠尷尬的了。但是這畢竟與魯迅本人無關，魯迅已經睡在地下，不可能再出來論戰了。然而，保衛魯迅的人自以爲是在保衛一個爲民族爲人民爭自由的戰士，到頭來卻是從刺刀底下罵下去，而令被駁斥的人不敢還口，不是更大的尷尬嗎？

　　人文學科的研究對象與科學學科的研究對象的區別就在於，它不能也不可能只有一種詮釋。惟其如此，維特根斯坦、卡爾納普等科學哲學家才將人文學科的命題看成是假命題。魯迅研究作為人文學科的一個研究部類，是不能越出人文學科的總的規定性的。那種將自己塑造的魯迅看成是本原的魯迅，而將對魯迅的其他一切的解釋都歸為謬誤的詮釋，恰恰陷入了一種更大的謬誤。因為你的解釋是帶著你特有的知識結構與文化語境進入解釋的，你不可能是神，站在時間之外來透視魯迅，因而就必定受到你在歷史中特有的知識與理解視景的制約。這不是說，可以像「文化大革命」中那樣隨意歪曲魯迅，而是說，即使你努力客觀求實，也只能做到如此。這就使得對魯迅的研究，隨著歷史的推移，具有了不斷詮釋的可能性。那種以為魯迅已經研究完了，不需要再研究的想法，也是很幼稚可笑的。魯迅以其特有的豐富性和複雜性，仍會成為 21 世紀文學研究的一個重鎮。

　　從 1949 年以後，魯迅不斷被簡化和神化，而將一個複雜的活生生的魯迅給拋棄了。如果我們從魯迅的複雜性著眼，那麼，就可以看到，魯迅非但不是神，而是一個惡魔，一個中國文學史乃至中國文化史上從未有過的惡魔。

第二章　魯迅：東方的「文化惡魔」

　　對魯迅的最大誤讀就是神化魯迅。因為魯迅從棄醫從文的那天起，推崇的就不是神，而是惡魔。如果細讀魯迅的文本，就會發現他一直在褻瀆神明，而呼喚惡魔。所以，即使想討魯迅的歡心，那麼也不應該將他化裝成神，而應該還其惡魔的真面目。

　　我們說魯迅不是「神」而是「惡魔」，並非指魯迅是殺人放火的強盜，或者專幹壞事的魔頭。我們說魯迅是一個惡魔，是從哲學和文化意義上著眼的。當然，這種文化惡魔在傳統道德主義的眼裏，與殺人放火的破壞者也沒有多少差別，因為魯迅所要破壞的就是傳統的禮教道德。所以，傳統的道德主義與弘揚國粹的老先生與小先生，對魯迅是不會有什麼好印象的。倘若他們也在謳歌魯迅，那麼虛偽就會永遠彌漫在學壇。

　　長期以來，人們之所以沒有或者不敢從惡的角度去研究魯迅，以至於忽略了魯迅最深刻言說的一面，其實是出於對惡的迴避，而對惡在歷史上的巨大作用缺乏認識。「費爾巴哈就沒有想到要研究道德上的惡所起的歷史作用」，但是，恩格斯認為，「在善惡對立的研究上，他同黑格爾比起來也是很膚淺的，黑格爾指出：『人們以為，當他們說人本性是善這句話時，他們就說出了一種很偉大的思想，但是他們忘記了，當人們說人本性是惡這句話時，是說出了一種更偉大得多的思想』。在黑格爾那裡，惡是歷史發展的動力藉以表現出來的形式。這裡有雙重的意思，一方面，每一種新的進步都必然表現為對某一神聖事物的褻瀆，表現為對陳舊的，日漸衰亡的、但為習慣所崇拜的秩序的叛逆，另一方面，自從階級對立產生以來，正是人的惡劣的情慾—

—貪欲和權勢欲成了歷史發展的槓杆。」〔註1〕

在黑格爾那裡，惡是歷史發展動力的形式，而中國文化以人性本善對惡的否定，就使中國文化成為一種停滯的文化，甚至在馬克思等經典作家那裡，以中國為代表的東方也是文化停滯的類型，是靜止不動的亞細亞生產方式。所以，魯迅為了讓中國文化從靜止不動狀態中走出來，就強調文化的否定性與批判性，推崇文化發展中的惡的力量。說魯迅是一個文化惡魔，正是從這個角度著眼的。

人們對於將魯迅說成是一個文化惡魔還是會有微詞，因為惡總是不如善動聽，而理論形態的解說也總是有點軟弱無力。那麼，我們就以改革開放前後的中國文化作為例子，來看看善與惡的變遷。

改革開放之前的文化理論乃至社會現實，是以訴諸人的善性為基礎的。無論是合作化道路，還是人民公社的一大二公，都是假想人性的善良而讓人互幫互助，讓每個人都比親兄弟還親，在公眾事務中，能夠爭先恐後，吃苦在前享受在後。在這種善性理論指導下，就展開了對惡的個人化與利己觀念的批判。任何帶有個人色彩的東西都被排斥，任何利己的觀念都是惡魔的誘惑，甚至要「狠批私字一閃念」，讓人在「靈魂深處爆發革命」……而一切充公的全民體制的工業與基本上都充公的人民公社化的農業，就是這種觀念的現實外化。我們之所以說這是一種假想，就是因為這種體制與觀念是帶有強制色彩的，是不自由的文化形式。事實上，這種一大二公的觀念與現實外化，導致了大部分人的偷懶磨洋工，人的潛力並沒有充分發揮出來；另一方面，這種體制及其經常進行的觀念運動，雖然成功地抑制了多吃多占的腐敗，但是，由於這並非是個人的一種自覺而是一種強制，所以在抑制腐敗的時候將個人的獲取欲一同抑制了，搞得全社會普遍貧窮，只得借助供給制來分配貧乏的社會財富。

改革開放其實是僅僅鼓勵了個人攫取財富的私有衝動與獲取欲望，在工業以及相關領域允許個人辦公司，允許個人「下海」撈錢；在農業領域將土地重新分配給農民，進行個人自由的耕種。與這種體制上的變化相適應的是觀念上的思想解放，重新將個人的私有衝動的惡魔放了出來，對情慾與自由等價值也進行重新的估價。儘管這種肯定是有限度的，但是較之改革開放之

〔註1〕恩格斯《路德維希・費爾巴哈和德國古典哲學的終結》《馬克思恩格斯選集》
第4卷第233頁，人民出版社，1972年。

前的將這種觀念牢牢扼殺在思想中，卻是形成了鮮明的對照。尤其是對市場經濟的肯定，無疑是喚醒了人們心中蟄睡的惡魔。市場經濟與自由競爭總是相伴而生的，一個公司的崛起總是伴隨著其它公司的破產與工人的下崗，因此，自由競爭正是一種惡的文化形式。然而，正是在這種自由競爭中，個人的潛能得到了最大的發揮，社會財富也滾滾而來，不用憑票供應，社會財富也享用不盡。物質財富的極大豐富反倒是在自由競爭的惡性形式中，得到了實現。正是從這個意義上，我們才能更好地理解恩格斯對黑格爾的惡是社會發展的動力藉以表現出來的形式的肯定，也更能把握魯迅為什麼要倡導惡的文化。

第一節　惡魔在東西方文化中的生成

　　西方文化是一種在二元對立中動態發展的文化。在西方的神學中，也是有神必有魔：即使在神明的世界中也需要有一種矛盾的對立。所以，惡魔在西方文化中是從來就有的，而且是離人很近的。人雖然是神造的，但是當初人類觸犯原罪的時候，就是受到了惡魔的顯形——蛇的引誘。自從墮落到現世之後，人類就具有神與魔的二重性：人的靈魂與理性是屬神的，而肉體與感性則是屬魔的。但是，如果從歷時性的角度觀察，那麼，上帝與惡魔在西方文化的整體結構中卻發生了戲劇性的變化。

　　在中世紀，神的世界是至高無上的，理性與靈魂是受到推崇的。人們跪倒在神的面前希求靈魂的得救與理性的飛升，並且折磨屬魔的肉體，蔑視感性的現世。而從古代向近代發展的標誌，就是文藝復興對肉體的享樂與感性的生命的某種肯定。在使徒彼得看來，「順從神而不順從人，是應該的」，而文藝復興卻更多強調了人本身的價值。但是，文藝復興僅僅是向現代邁出了第一步，當時的文化潮流還是肯定上帝的存在，推崇靈魂與理性。甚至在反對上帝、宗教與教會的啟蒙運動的領袖伏爾泰等人那裡，也仍在推崇理性，將理性取代了上帝。但是，隨著市場競爭的日趨激烈、科學飛速的發展和上帝的死亡，西方人發現，能夠解釋一切的理性仍然是上帝的化身，人們不可能離開肉體與感性去奢談什麼靈魂與理性。從 19 世紀後期到 20 世紀的非理性主義，正是在這種文化背景下產生的。而這一思潮對情慾、生命力、感性與直覺的推崇，使人們感到在上帝死去的今天，魔鬼在西方文化中佔據了主

導的位置，以至於東方人一想到西方就是一個燈紅酒綠、金錢美女、肉欲橫流的世界。

在哲學上，西方文化這種由神入魔的發展趨勢，也是很明顯的。無論是柏拉圖推崇的理念還是亞里士多德推崇的形式，幾乎都是崇尚理性而蔑視感性的。在柏拉圖那裡，那種作為本體存在而且永生不滅的理念，與後來基督教的上帝的概念是非常相近的。所以，在漫長的中世紀的基督教神學中，基本上是柏拉圖與亞里士多德哲學的變奏，也就是用柏拉圖與亞里士多德的哲學來解釋基督教的神學原理。在基督教文化中，用哲學來論證上帝的存在與至高無上就是神學。因此，無論是聖奧古斯丁還是聖托馬斯‧阿奎那，都將上帝看成是永恆的真理與至善的化身，而理性是至善萬能的，是能夠解釋一切的。甚至上帝的存在，也能夠用理性證明的方法加以論證。這是西方哲學中神占上風的世紀。

啟蒙運動作為一個哲學運動，是從神占上風到神占下風的又一個重要轉折。盧梭與伏爾泰作為這個哲學運動的領袖，從兩個不同的方面動搖了傳統基督教的神學。伏爾泰是以理性對基督教信仰進行激烈批判的，他推崇希臘羅馬的文化，甚至崇拜中國文化，卻嘲弄基督教的經典《聖經》以及教主耶穌。霍爾巴赫在《袖珍神學》中更是對基督教極盡諷刺挖苦之能事，說是要成為一個好基督徒，最重要的就是完全沒有大腦。儘管如此，伏爾泰還是一個離現代很遠的古典主義者，因為在他的理性概念中，又容納了一個不叫耶和華的上帝。盧梭雖然因為伏爾泰不信仰基督教並且褻瀆上帝而與伏爾泰鬧翻，但是，盧梭的宗教革命也是很明顯的。在盧梭看來，上帝不需要論證，也無可論證，人們之所以要信仰上帝，是因為人們情感上需要上帝。於是，盧梭將情感看得高於理性，成為現代浪漫哲學的前驅。正是在休謨的懷疑論與盧梭的情感哲學的影響下，康德開始推究理性的限度，將那個無所不能的理性從高高的天上拉下來，說理性的限度在於自然，而對於自由與不朽的宗教領域則要靠信仰而非理性。既然上帝的存在缺乏一個必然的理性根據，那麼對上帝的信仰也就喪失了任何客觀依據，而要靠人的主觀動能。沿著康德的邏輯，叔本華進行了更加主觀的改造，他將康德的物自體改造為意志，將自然改造為表象，說世界是潛藏著意志的表象，而對意志這一世界本體的認識，不能靠理性而只能靠直覺。魔鬼在哲學中出籠了。沿著叔本華哲學的邏輯，尼采就開始高張惡魔的旗幟，他的意志哲學的一個重要特徵就是對上帝

死亡後整個西方文化崩潰的預測，他認為隨著上帝的死亡，理性也要隨之衰落，被基督教腐化了的生命的直覺與本能將得到高揚。他沿用基督教的概念，說理性、善、同情、仁慈都是不好的，是生命柔弱的象徵而不利於高揚生命力的；而感性、惡、酒神精神、強力意志則是生命力旺盛的表現。有人寫書說尼采站在世紀的轉折點上，而尼采哲學的轉折意義在很大意義上就是用惡魔取代了上帝，用感性取代了理性，將靈魂從天上拉下來，塞到人的肉體中。尼采說：

> 從前侮辱上帝是最大的褻瀆：現在上帝死了，因之上帝之褻瀆者也死了。

> 現在最可怕的是褻瀆大地，是敬重「不可知」的心高於大地的意義！

> 從前靈魂蔑視肉體，這種蔑視在當時被認為是最高尚的事：──靈魂要肉體醜瘦而飢餓。它以為這樣便可以逃避肉體，同時也逃避了大地。〔註2〕

作為文化發展的重要表現形式的西方文學，這種由聖入俗、由神入魔的軌迹也很明顯。西方古代文學都閃爍著神性的光彩，特別是西方中世紀的文學，幾乎成了頌神的樂歌。但丁的《神曲》作為由中世紀向近代過渡的作品，雖然已經對古典的理性精神給予了很高的地位，而且「淨界山」作為連接地獄與天堂的階梯，卻是由魔鬼撒旦從天上落下的時候撞擊而成，這就賦予了撒旦以某種肯定性的意義。當然，在但丁那裡，較之基督教的信仰精神，希臘的理性精神仍然是次一級的精神。用他的話說，如果人靠著自己而能得救，那麼聖母瑪利亞就不用懷孕了。所以，那些古代的聖賢因為是異教徒也只得待在煉獄中而不能進入天堂。

卜迦丘的《十日談》進一步瓦解了教會與基督教的權威，儘管卜迦丘並不否認基督的神聖與上帝的存在，但是他以生動的文筆諷刺了教會與教士的虛偽，肯定了人欲的合理性。《十日談》中充滿了偷情，有純潔的小姑娘的偷情，有有夫之婦的偷情，有以宗教理由「將魔鬼打入地獄」的神甫的偷情，有修女們的偷情……卜迦丘對任何形式的偷情幾乎都給予一種同情的描繪，只是自己偷情而限制別人偷情，或者以宗教的虛偽面紗遮蓋自己，作者才予

〔註2〕尼采《查拉斯圖拉如是說》第7頁，尹溟譯本，文化藝術出版社，1987年。

以極大的諷刺。從這個意義上說，在上帝與惡魔之間，卜迦丘的立場似乎更站在惡魔一邊。而莎士比亞的戲劇作爲走出中世紀的人類的青春的覺醒，充滿了感情的激盪與情慾的騷動。彌爾頓的詩歌以對撒旦的歌頌，使文學向著近代邁出了一大步。

不過，當文藝復興復歸古典文化演變成新古典主義文學的時候，希臘的理性是佔了主導的位置的，而在這種理性中無疑又埋藏了一個深在的上帝。似乎理性能解釋一切，似乎文學也要靠理性的光輝才能取得價值，這正是布瓦洛在《詩的藝術》中宣揚的。基督教告訴我們，上帝是理性的絕對實體，而惡魔則是感性的質料，所以無論新古典主義作家喜歡不喜歡上帝，但是在崇尚理性一點上與崇尚理性的基督教是一致的。而很快浪漫主義文學來了一個反動，浪漫主義幾乎是以非理性的面目來推崇情感的，它是人類眞正以青春的熱血和騷動的激情書寫的詩歌。

在英國浪漫主義的詩人筆下，惡魔紛紛出籠了。雪萊宣揚「無神論」的必然性，拜倫以滿身的惡性反抗上帝而推崇惡魔，並且被騷塞等詩人稱爲「惡魔派詩人」。此名一出，文壇大嘩，據說有一次在斯達爾夫人的沙龍裏，有一位女作家聽說拜倫要來了，居然嚇得暈了過去，就彷彿聽說魔鬼陛下要來了一樣。當然，雪萊多少是一個被誤讀了的「惡魔」，因爲惡是一種否定精神，而雪萊對美與善的本體深信不疑，其作品的肯定性遠遠要大於其否定性。而拜倫才是一個眞正的惡魔。拜倫的否定精神與懷疑精神都是極爲突出的，而且作爲一個惡魔他幾乎沒有什麼所要肯定的東西，就是說他對於一切都加以懷疑。也正是因爲這樣，他的絕望與悲哀也是無邊無際的。他甚至有一種宿命，認爲他生來就是與上帝作對的惡魔，而他的海盜血統又加強著這種宿命。在他著名的《該隱》一詩中，他將自己幻化爲惡魔羅錫福，並且教導懷疑上帝統治秩序的該隱，起來反抗上帝耶和華的淫威。

在現代主義文學中，上帝已經死去，現代人在孤獨寂寞與苦悶絕望的荒原上等待著渺茫的戈多。換句話說，現代主義文學的產生，其文化背景正是上帝死了而惡魔出籠的時代。作爲現代派的先驅者，波德萊爾給他的一本詩集取名爲《惡之花》。從某種意義上說，如果要以畫眼睛的方法對現代主義的特點進行概括，那麼「惡之花」無疑是一個很現成很恰切的名稱。作爲存在主義的先行者，陀思妥耶夫斯基將人類的絕望與惡毒深切地表現出來。儘管陀思妥耶夫斯基還是想遵從康德的信仰律令，以爲沒有上帝的世界是不行

的，但是他又眞切地表現了內心深處惡魔的律動，以至於他筆下的佐西瑪長老與阿廖沙等形象，總不如伊凡這個惡魔更富有藝術表現力。也正是這樣，陀思妥耶夫斯基才被一些善良的人們稱爲「惡毒的天才」。加繆的《局外人》與薩特的一些存在主義文學作品，著力表現的就是人的煩悶絕望、孤立無援等存在狀態，深切揭示了主體的惡性，用薩特《禁閉》中的話說，「別人就是我的地獄」。荒誕派戲劇強有力地表現了現代人的疏離與荒誕感，而意識流小說則把人內在的深層的惡性透視了出來。喬伊斯的《尤利西斯》被有些批評家稱爲「污蔑人類」，尤其是喬伊斯以強有力的表現力，使讀者在閱讀《尤利西斯》的時候總是與希臘史詩中流浪歷險的閃耀著神性的大英雄進行比照，就更加突出了現代人的渺小醜惡。袁可嘉在爲《外國現代派作品選》寫的《前言》中說：「表現主義戲劇中的某些作品，把父子、夫妻、朋友、鄰居之間外表上親親密密、內心裏陰險狠毒的狀態表現得眞是淋漓盡致，使人觸目驚心，不寒而慄！一個丈夫早上見到妻子，嘴裏說得怪甜的：『祝你早安！』心裏想的卻是：『願你早死！』由於表現主義描寫得並非個別人而是人的『原型』，這個揭發就揭到全人類頭上去了。」

從感性趣味的角度看，在神占統治地位的文學中，和諧的美是文學的基本特徵；而在上帝死了惡魔出籠的文學中，醜就取代美而佔據了文壇的主導地位。希臘的文學就像維納斯一樣，散發著美的光波。歌德曾說，如果我們要回去，那麼就要回到希臘，因爲希臘的文化通體都是美的。中世紀的文學將大寫的美高高地寫在蔚藍色的聖潔的天空中。文藝復興以後的文學，僅僅是將天上的美向地上轉移，正如以完滿的理性取代絕對的上帝一樣。這一思潮到新古典主義發展到了極端，在法國新古典主義文學中，不僅要合乎理性，而且要有典雅與規則的美。用黑格爾在《美學》中的說法，湯匙不能叫湯匙而應該說送液體飲食品入口的工具，刀叉不能叫刀叉而應該說送固體飲食品入口的工具。但是，到神的地位搖搖欲墜的浪漫主義文學中，醜怪的因素就已經增多。而較之浪漫主義表現主體的醜惡，現實主義更注重描寫社會現實的醜惡。到現代主義文學中，美幾乎已經消失了，赤裸裸的醜怪文學登上了文壇。如果從個體人的發生與成長來反思種族文化這一整體，那麼在兒童與少兒的眼裏，世界通體都是美好的，青年人也充滿了對未來美好的憧憬與嚮往，但是，在成年人的眼裏，取代美好的是平淡與醜惡。從這個意義上說，從現實主義到現代主義，正表明了西方文化從成熟走向沒落。斯賓格勒的《西

方的沒落》也正是從這個角度立意的。而從審美欣賞的角度看，**醜怪的惡魔文學給人們帶來的不是古典文學的和諧與寧靜，而是對立、衝突、動態與慘屬**。

與西方文化不同，中國人沒有罪惡的意識，像基督教文化的原罪意識那樣使每一個人都感覺到自己是有罪的，是帶有惡性的。換句話說，在中國，性惡論僅僅在先秦出現過，並沒有佔據文化的主流，從孟子到宋明理學，人性本善才是中國文化的主流。而且中國文化拒斥對立衝突的特徵，使中國文化並沒有一個與善抗衡的惡的概念，如撒旦、梅非斯托費勒斯、羅錫福之類的惡魔。在中國哲學中也沒有善惡對立的概念，中國哲學的二元概念是陰與陽、乾與坤、天與地、男與女、父與子、君與臣等等，但是，陰、坤、女、子、臣等等並不就是惡的概念，所以與西方文化強調上帝與撒旦、善與惡、靈魂與肉體、精神與物質等等的二元對立不同，中國哲學強調的是二元概念之間的中和。建構中國哲學大廈的這些二元概念是同構的，如陽、乾、天、男、父、君等是一類，陰、坤、女、子、臣等是一類，這就是《易傳》中的「有天地然後有萬物，有萬物然後有男女，有男女然後有父子，有父子然後有君臣，有君臣然後有上下，有上下然後禮義有所錯矣」。而且在中國哲學中，這些二元對立概念有時是可以互換的，譬如父對於子是陽，但對於父母官又是陰，父母官對於天子又是陰⋯⋯這種否定惡、否定事物的對立面的文化，就使得「和」成為中國文化的一個中心概念，所謂「和實生物」、「和氣生財」、「家和萬事興」，所謂「致中和，天地位焉，萬物育焉」，甚至孔子在推崇別異的「禮」的時候，也強調「禮之用，和為貴」。在這種文化背景下產生的中國文學，自然就不會正視人身上的惡性。夏志清在考察了中國古典文學之後，說中國文學的妙處還是文辭之美，不能在一種「罪」的學說的引導下，措意於人性的深處。其實，中國古典的詩學更願意將美與善混為一談，強調倫理教化，孔子講「盡善盡美」，《說文解字》就直接以「善」釋「美」。而出世的道家則在山水林木中獨善其身，都沒有惡的文學觀念。

魯迅留學日本的時代，正是中國文化衰落而向西方學習的時代。出國的留學生有的學兵工，有的學經濟，有的學政治，有的學醫學⋯⋯魯迅本來是選擇學醫的，但是他有感於國人的麻木不仁而棄醫從文，試圖用文學改造國民性，在觀念上致力於中國的現代化。不過，即使是向西方學習文學，並非所有的人都能把握西方文學發展流變的真諦。而魯迅在《文化偏至論》與《摩

羅詩力說》等文章中，考察了西方文化與文學的發展流變，並從現代性的角度，一眼就看上了西方從近代才出籠的惡魔，並且義無返顧地試圖反叛傳統性本善的中和文學，以惡魔的強力文學驚醒沉睡的國人。從這個意義上說，魯迅是中國文化史上一個有意倡導惡的文化與文學的人，他的出現，標誌著中國惡魔的誕生。

第二節　「惡魔者，說眞理也」：扶桑栽培的「惡蓓蕾」

　　魯迅留日時期栽培的「惡蓓蕾」，可以從文化與文學兩個方面來理解，而且這兩個方面作爲一種相互滲透的變奏，幾乎伴隨了魯迅一生。因此，作於1907 年的《文化偏至論》與《摩羅詩力說》，作爲魯迅在扶桑栽培的「惡蓓蕾」，成爲魯迅五四時期在文學創作上綻放「惡之花」的眞正前奏。

　　我們先看魯迅的《文化偏至論》。在這篇綱領性的文章中，魯迅考察了西方文化的演進及演進模式，認爲「物質」與「眾數」是西方十九世紀文明的特徵，而二十世紀的新文化應該是反物質與反眾數的，是主觀主義與個人主義的。魯迅所推崇的新文化的代表，是尼采、叔本華、克爾凱戈爾、施蒂納、易卜生等人。這些文化巨人的確充滿了惡性，並且深刻地影響了二十世紀的西方文化。精神分析學說對二十世紀的文化與文學產生了廣泛深刻的影響，但是作爲精神分析學說的締造者弗洛伊德，在創建他的精神分析學說的時候，都不敢去讀叔本華的代表著作，因爲叔本華對於意志的分析與弗洛伊德對於潛意識與「本我」的分析，有太多的相似之處。而在二十世紀西方哲學中佔據顯赫位置的存在主義哲學，幾乎都把克爾凱戈爾、尼采推爲這一學說的先驅。

　　從黑格爾與恩格斯的論述中，我們知道，惡的文化是一種否定性與褻瀆性的文化，是一種新生文化對舊文化的顛覆性活動。而且善的文化一向是以合群性與整體性著稱的，而惡的文化則是一種自我覺醒之後的個人主義的文化，其具體表現往往是以個人的形式反抗合群的整體。在魯迅推崇的新文化代表人物中，幾乎都具有這種惡的文化特徵。用魯迅的說法，這種文化就是「以反抗破壞充其精神，以獲新生爲其希望，專向舊有之文明，而加以掊擊掃蕩」。克爾凱戈爾否定了黑格爾的哲學體系，原因就在於黑氏的體系也是從黑氏自我的文化語境出發的，並不具有黑氏所標榜的客觀性。而且克氏作爲

不反宗教的存在主義者，認為宗教是一種極為個人主義的活動，無法訴諸群體。易卜生作為克氏哲學的一個創造性的詮釋者，與社會舊習與群體眾數進行了激烈的戰鬥，他的《社會公敵》中的人物，為了反對群體的盲目性而不惜成為「社會公敵」。他以極端的個人主義者為世界上最強有力的人，認為在船快要沈了的時候最重要的是救出自己。叔本華則將康德的自然變為「表象」，將康德的「物自體」變為「意志」，認為意志是盲目而非理性的。既然世界的本體是意志，而意志又是盲目非理性的，實際上叔本華就從哲學本體的角度肯定了人的惡性。

如果說在認識論上以意志為世界本體而在倫理學上又否棄意志的叔本華，在哲學體繫上有著憂鬱不定的矛盾，那麼，同樣以意志為世界的本體而高揚意志的尼采，就成為惡的讚美者。尼采稱哲學家是「危害一切事物的炸藥」，稱自己就是炸藥，是第一個反道德者，是根本的破壞者。他在第一部哲學著作《悲劇的誕生》中對酒神狄俄尼索斯的推崇，就是對「痛苦、罪惡以及對人生一切可怕而可疑的東西之肯定」。尼采作為一個反道德者，對一切善良的價值表示懷疑和否定。人說基督教是倡善的宗教，他卻認為推崇博愛的基督教起源於一種憎恨心理。人說良心是善性的表現，尼采卻反駁說，所謂良心「是一種殘忍本能，當這種殘忍本能不能再向外發泄時，便回過來對自己發泄」；而且善良者這個觀念也容納了「一切柔弱、病態、禍害和自苦」的應該消滅和淘汰的東西。人說愛是善的，恨是惡的，尼采卻認為愛是基於恨：「愛的方法是交戰；愛的基礎是兩性間的不共戴天的怨恨。」尼采還指責比愛次一級的同情和憐憫，他說「我的經驗使我有理由懷疑一切所謂『不自私』的傾向以及所有的『親切友愛』」。然後，尼采便展開了對善的抨擊與對惡的讚頌。尼采說：「高估善良和仁慈的價值是頹廢的結果，是柔弱的象徵，是不適於一種高揚而肯定的生命的。否定和滅絕是肯定態度的條件。」也就是說：「高貴的人想創造新事物與新道德。善良的人們卻需要舊事物，保存舊事物」。關鍵問題是，「善良者的存在條件是虛偽：或者用另一種話來說，就是不願知道現實是如何構成的。視一切痛苦不幸為障礙和必須破壞的東西，完全是一種愚蠢的行為。」而且，「善良的人們從來不說真話。善良者教你們走向錯誤的海岸和港灣。你們生長在善良者的謊話中。由於善良者，所有事物都已變成虛偽的而且歪曲根本。」換句話說，「要求每個人都成為『善良的人』、合群的動物、藍眼、仁慈、『美的靈魂』，成為像斯賓塞所希望的那樣的利他

主義者，「那就等於剝奪人類最偉大性格，那就等於閹割人類而把他變成一個可憐的東西。」「當群眾動物以其最純粹的美德之光而照耀時，那特出者就一定會被貶為邪惡的人。」「因此，查拉圖士特拉，這個第一位瞭解善良者之心理狀態的人，便是惡人的朋友。」而且尼采說，正義者會把他的超人稱為「惡魔」（devil）。〔註3〕

魯迅在《文化偏至論》中最推崇的要數尼采，說他是「個人主義之至雄桀者」，說尼采希冀的是「意力絕世，幾近神明之超人」，並且在文章中還援引尼采《查拉圖斯特拉如是說》中的話為同道。正是在這種具有否定意義的惡的文化召喚下，魯迅在《摩羅詩力說》中開始推崇「惡魔派文學」，希冀中國出現像惡魔派詩人一樣的精神界之戰士。

有了惡魔派詩人做榜樣，魯迅在《摩羅詩力說》中一開始便展開了對中國善的詩歌傳統的批判。魯迅說，中國的政治，理想就在剷除惡魔，使反抗挑戰的對立面化為烏有。惡魔不僅為帝大禁。而且也為民大禁，因為誰都願意過寧靜的太平無事的生活。但是詩歌不可滅盡，於是就給詩歌設下了種種的禁區。「如中國之詩，舜云言志；而後賢立說，乃云持人性情，三百之旨，無邪所蔽。夫既言志矣，何持之云？強以無邪，即非人志。」魯迅反問：自由怎麼會在鞭策羈勒之中存在呢？但是魯迅說，中國此後的詩歌，果然也就沒有惡魔品格，而且大都是頌祝主人、媚悅豪右、悲慨世事，感懷前賢、心應蟲鳥、情感林泉的可有可無之作，不能舒兩間之真美。即使在自殺之前顧及皆去而放言無憚為前人所不敢言的屈原，在惡魔派詩歌的比較之下，「亦多芳菲凄惻之音，而反抗挑戰，則終其篇未能見，感動後世，為力非強。」當然，以「無邪」要求文學的並非只有傳統中國的詩論，魯迅從比較詩學的角度指出，西方那些以社會學觀點評詩的人，要求詩人根據豐富的社會經驗，使作品與人類普遍觀念一致，總之，「要在文章與道德有關」。在他們看來，文學得以流傳是因為弘揚了普遍的道德，反道德的文學則不能流傳於世，即使流傳也是暫時的。「無邪之說，實與此契。」魯迅認為，將來如果中國有文藝復興的日子，肯定會出現以普遍道德責難自由感情抒發的人。在這裡，魯迅已經為後來自己批判胡夢華、與梁實秋論爭埋下了伏筆。

「摩羅」是佛教傳說中的魔鬼，類似於基督教文化中的撒旦。所以在《摩

〔註3〕參見尼采《悲劇的誕生》《善惡的彼岸》《查拉圖斯特拉如是說》，尤其是自傳《瞧！這個人》。

羅詩力說》中，魯迅在介紹拜倫等詩人之前，先敘述《舊約》並且替惡魔辯護。魯迅說，神造了亞當、夏娃之後，將之放到有知識之樹與生命之樹的伊甸園中，神禁止人吃知識之樹上的果實，於是惡魔使蛇誘惑夏娃吃了禁果並且有了知識。神發怒將人逐出樂園，人就厭棄撒旦。然而魯迅說，亞當無知無識住在伊甸園，與禽獸沒有什麼兩樣，如果沒有惡魔的誘惑，就不會有具備知識的人類。所以魯迅認為，中國最需要的異邦的「新聲」，首推「立意在反抗，指歸在動作，而為世不甚愉悅」的惡魔詩派，而這一詩派的宗主就是被騷塞稱為撒旦的拜倫。

　　魯迅對拜倫的介紹，多取自木村鷹太郎，但是魯迅進行了取捨，凡是符合惡魔性的材料，魯迅都加以突出凸現。因此，《摩羅詩力說》對拜倫的介紹基本上是圍繞著其惡魔性而展開的。魯迅推崇拜倫《海盜》中的康拉德以強力意志為賊首領，以孤身一人反抗社會，「國家之法度，社會之道德，視之蔑如。」接著，魯迅又介紹了痛苦至極懷疑一切，犯了許多隱秘罪惡卻以其自由的主體在反抗神鬼中凸現其強力意志的《曼弗雷特》。但是，魯迅對拜倫以惡魔反抗上帝的宗教題材的作品，無疑更感興趣。在介紹《該隱》和《天地》的時候，魯迅從惡魔的角度，對全能至善的上帝發出了一系列的懷疑追問：惡魔倘無大的威力，怎麼會以一言而令上帝的禁令失效，使人類走出伊甸園呢？撒旦是上帝自創的惡物，但是上帝卻加以懲罰，並且禍及人類，上帝怎麼能說得上仁？該隱給上帝獻的是純潔的果子，亞伯給上帝獻的則是血腥的羔羊，上帝不喜果子而嗜血腥，又怎麼稱得上慈？上帝據說是全知全能的，但是卻經常後悔，那能說是全能？「手造破滅之不幸者，何幸福之可言？」就這樣，魯迅從拜倫的惡魔立場出發，對上帝及其代表的善的文化傳統進行了無情的顛覆。

　　魯迅在《文化偏至論》中最推崇的是尼采，在《摩羅詩力說》中最推崇的是拜倫。在尼采與拜倫之間，有一種密切的精神聯繫，就是二人身上的惡魔性。羅素在《西方哲學史》中就說，拜倫筆下的康拉德與尼采筆下的查拉圖斯特拉，是「不無相似的賢人」。〔註4〕拜倫對霹靂雷火般罪惡的讚頌，以自己為惡魔對上帝的反抗挑戰，以及為善為惡皆出於己而無出於人的強力意志，深深地引起了尼采的共鳴，以致尼采在其自傳《瞧！這個人》中，說人們一定會把他與拜倫的曼弗雷特聯繫在一起，甚至說有誰敢在拜倫的《曼弗

〔註4〕羅素《西方哲學史》下冊299頁，商務印書館，1982年。

雷特》前妄談什麼歌德的《浮士德》，誰就只能得到蔑視！拜倫那種你說我惡
我就更惡的個性，深深吸引了尼采。當英國上流社會稱拜倫是惡魔的時候，
拜倫並沒有辯解，反而以惡人自居。英國人說他與同父異母的姐姐奧古斯塔
通姦，他就在《該隱》中描繪亞當與夏娃的兒女結婚是正常而必然的。他甚
至計劃寫一本書，說他殺了許多男人，奸了許多女人，以回擊英國社會對他
的種種傳言。勃蘭兌斯說，拜倫在威尼斯的性放蕩，在很大程度上是他以爲
這會在英國社會造成轟動一時的醜聞。所以當《海盜》發表之後，「有即以海
賊字裴倫者，裴倫聞之竊喜」。

　　但是拜倫畢竟不是尼采。魯迅在《摩羅詩力說》中也看到了拜倫與尼采
的差異：尼采說因爲強者勝弱者，弱者就將強者稱爲「惡」，所以「惡」實際
上是強者的代稱；而拜倫則說自己力弱，才被強者稱爲「惡」，如果自強彼弱，
那麼善惡就會變換。其實尼采與拜倫的差異，在於尼采爲了培植強者、超人
不惜犧牲粗製濫造的弱者、末人，而拜倫力抗強者卻對下層的弱者表示同情。
拜倫是作爲撒旦與上帝抗戰的，而尼采則說上帝死了。拜倫僅僅是在痛苦中
試練自己的意志，而尼采則將意志上昇爲本體，甚至不惜肯定戰爭來磨練意
志。在所有這些方面，尼采比拜倫走得更遠，也更極端。所以，儘管魯迅更
推崇尼采，但是他的文化選擇無疑更接近拜倫。他爲拜倫的惡性辯護的時候，
也顯得極爲眞誠：「即一切人，若去其面具，誠心以思，有純稟世所謂善性而
無惡分者，果幾何人？遍觀眾生，必幾無有，則裴倫雖負摩羅之號，亦人而
已，夫何詫焉。」甚至魯迅看取拜倫筆下的惡魔而爲現代中國建立的啓蒙結
構，都是從《摩羅詩力說》介紹拜倫的文字中生發出來的。

　　魯迅將拜倫《該隱》等詩中的上帝看成是中國傳統文化與現實統治者的
象徵，將亞當等看成是愚昧不覺悟的群眾，而自己則化做魔鬼對該隱進行反
抗上帝的啓蒙。他「自尊而憐人之爲奴，制人而援人之獨立」，重獨立而愛
自由，「苟奴隸立其前，必衷悲而疾視，衷悲所以哀其不幸，疾視所以怒其
不爭」。那麼，對於亞當等愚昧群眾，惡魔撒旦爲什麼要怒而制之？因爲他
們和上帝是一個共同敵視撒旦的統一體，換句話說，是亞當之後人類忍從的
奴性，以及跟從上帝對撒旦的排斥，造就了上帝的淫威。撒旦給人類帶來了
知識卻遭人類的詛咒，「以撒但之意觀之，其爲頑愚陋劣，如何可言？將曉
之歟，則音聲未宣，眾已疾走，內容何若，不省察也。將任之歟，則非撒但
之心矣，故復以權力現於世。」這就是爲什麼撒旦要「上則以力抗天帝，下

則以力制眾生」。他制眾生，是爲了眾生起來共同反抗上帝，「倘其眾生同抗，更何制之云？」在這裡。魯迅通過對拜倫作品的介紹，基本上建立了自己改造國民性的啓蒙結構，對傳統以及承擔傳統的現實統治者要「反抗挑戰」，對奴隸群眾要「哀其不幸，怒其不爭」，他本人以及一切覺醒的知識分子，則應該是惡魔一般的「精神界之戰士」，「所遇常抗，所向必動，貴力而尚強，尊己而好戰……如狂濤如厲風，舉一切僞飾陋習，悉與蕩滌，瞻顧前後，素所不知，精神鬱勃，莫可抑制」，「不克厥敵，戰則不止」。

　　一個值得注意的現象是，雪萊雖然也被稱作惡魔，但卻是冤枉的，正如勃蘭兌斯在《十九世紀文學主流》中指出的：「雪萊之與拜倫，正如善守護神之與惡守護神」。雪萊的單純、靜思與拜倫的複雜、絕望形成了鮮明的對比。雪萊對社會的陳規陋習也有否定的惡的一面，但是，更多的是對愛與美、正義與善的肯定。這一點與拜倫至爲不同，拜倫往往否定一切，他的無邊無際的痛苦頹廢與悲觀絕望，就是由這種否定一切而導致的。雪萊宣揚「無神論的必然性」，但是他對於美與善的本體之神卻是深信不移，他在《伊斯蘭的起義》的《序言》中也說，被譴責的僅僅是對上帝所抱的謬誤卑下觀念，而不是上帝本身，在《詩辯》中則要依據原存於造物主心靈中的人性的不變形態創造詩歌。因此，筆者在《魯迅與英國文學》一書中，通過大量的論證，表明英國人以及後來的文學研究者，是被雪萊所戴的兇神惡煞的面具給欺騙了，透過雪萊惡魔的面具會看到一個善的精魂。事實上，雪萊的善良、和諧理想，尤其是他對敵人的博愛精神，與托爾斯泰主義倒是不無相似之處。但是，魯迅爲了張揚惡的文學，不僅沒有修正對雪萊的種種傳統誤讀，反而更加誇大雪萊的惡魔性，甚至在某些地方不惜與事實有出入。當然，魯迅對雪萊的改寫總體上來說是巧妙的，就是根據已有的材料，凸出雪萊的惡魔性而不計其溫和柔弱的善良精魂。所以《摩羅詩力說》中的雪萊與其說是像雪萊，倒不如說是像拜倫，也有點像尼采。〔註5〕

　　魯迅認爲，拜倫與雪萊的惡魔派詩歌「力如巨濤，直薄舊社會之柱石」，而且其惡魔精神流衍廣播，進入俄羅斯起「國民詩人」普希金，進入波蘭起復仇詩人密斯凱維支和斯洛伐斯基，進入匈牙利起愛國詩人裴多菲……那麼，進入中國，則起魯迅。在《摩羅詩力說》中，魯迅就是以拜倫惡魔精神

〔註5〕詳見拙著《魯迅與英國文學》第二章《魯迅與雪萊》，陝西人民教育出版社，
　　　　1996。

的倡導者或者說中國的「精神界之戰士」自任的。他要以尼采惡的文化哲學、拜倫的惡魔詩力，喚醒寧靜的東方，沉睡的中國。不過，不能將魯迅簡單地與拜倫相提並論，因爲在經過了尼采、克爾凱戈爾、叔本華等現代文化的開路人的洗禮之後，使魯迅這一後起的惡魔身上的浪漫主義精神黯淡，而現代主義精神變濃。所以，魯迅在日本時喜歡的小說家，大都與現代主義有千絲萬縷的聯繫。譬如魯迅喜歡的安特萊夫，就具有象徵主義的文學特徵，並且在作品中律動著一種惡魔的美。魯迅不僅爲《域外小說集》翻譯了他兩篇小說，而且後來也不斷提到他。周作人甚至不理解魯迅爲什麼喜歡帶有病態的安特萊夫，他甚至推測魯迅喜歡安特萊夫與他喜歡李賀有關。後來魯迅在介紹安特萊夫的時候，說安特萊夫認爲世界是非理性的，絕望是有大威力的。魯迅稍後接觸到的阿爾志跋綏夫，也具有頹廢主義的現代特徵，他的《工人綏惠略夫》中的主人公射殺一切人，向一切人復仇的精神，顯然是惡魔精神的再現。

　　魯迅不僅與拜倫有所差異，而且與尼采也不盡相同。魯迅雖然張揚惡的文化哲學與惡魔詩力，然而幾乎同時，魯迅對托爾斯泰主義的認同，使善之精魂對魯迅所張揚的惡魔精神有所制衡。托爾斯泰張揚善性，反對戰爭，提倡勿以暴力抗惡，有點人打你左臉你要把右臉也轉過去的意味。他爲了善，甚至主張犧牲生命的樂趣，提倡禁欲主義。正因爲對尼采、拜倫的惡魔精神的張揚與對托爾斯泰主義道德自我完善的認同，造成了魯迅心中一種不可調和的矛盾，所以在剛剛寫出《摩羅詩力說》之後，魯迅又寫了一篇《破惡聲論》的文章，在宣揚托爾斯泰反諸己的良心的同時，反對「破迷信」、「崇侵略」等惡聲。

　　魯迅在扶桑栽培的僅僅是「惡蓓蕾」，甚至如果不是魯迅後來盛開的「惡之花」，他的發表在日本的中國留學生刊物《河南》上的《文化偏至論》與《摩羅詩力說》等文章，也許早就被歷史的塵沙給掩埋了。

第三節　絕望奮戰的悲觀啓蒙：北京盛開的「惡之花」

　　1918 年的北京，是魯迅這朵詩性的「惡之花」眞正在中國文壇綻放的地方。也許，對於在 1915 年創辦，在 1917 年就發起了一場文學運動的《新青年》而言，這朵「惡之花」開放得遲了一些，但是對於中國傳統文化乃至善

良老實的國民而言，這是一朵眞正有毒的「惡之花」。這並不是說，五四時期魯迅翻譯過《惡之花》的作者波德萊爾的作品，因而就被稱爲詩性的「惡之花」。徐志摩也翻譯過波德萊爾的作品，卻受到了魯迅的嘲弄。因爲魯迅厭棄徐志摩作品輕飄飄的溫柔，而呼喚富有強力色彩的惡魔詩力。所以，惡魔的品格滲透在魯迅五四時期絕大部分作品中，構成了魯迅之爲魯迅的主要特徵。換句話說，魯迅在留日時期理論倡導的惡的蓓蕾，在五四時期才眞正在創作上得以綻放。

從蓓蕾到花朵，是順理成章的發展，因此，任何強調魯迅五四時期偏離乃至背叛留日時期的論調，都是對魯迅有意無意的誤讀。魯迅自己也說，他的小說創作是年輕時代不能忘卻的夢的結果，又說在作小說前靠的是讀了百來篇外國小說和一點醫學的知識，而魯迅的學醫以及所讀的小說，大都是在日本留學時所爲。而且將留日時期的魯迅稱爲「惡蓓蕾」，還蘊含著這樣的意思，就是魯迅在日本對惡的文學的理論倡導與翻譯活動，幾乎是在默默無聞與無人理睬中進行的，用魯迅的話說，就是奔馳在無人贊成也無人反對的沙漠中。但是，魯迅的理論研討與翻譯活動卻成爲後來一個文學大師的產生的基因。到了 1918 年的北京，潛伏在魯迅心中的惡魔之火才眞正在中國文壇上燃燒起來。

在《文化偏至論》與《摩羅詩力說》中，魯迅是呼喚中國出現反抗挑戰、驚世駭俗、意向峻絕、絕望奮戰的惡魔——「精神界之戰士」，而到了 1918 年之後的北京，魯迅就變成了「這樣的戰士」，向著微溫、中道、陰柔、妥協、老實、本分、善良的國民擲出了投槍。魯迅以狂人式的「個人的自大」反對阿 Q 式的「合群的自大」，〔註6〕極爲推崇易卜生的「世界上最強有力的人，就是那最孤獨的人」，以獨異的自我「向庸眾宣戰」。魯迅就是這樣露出了「毒牙」，既向固有的文化傳統挑戰，又與善良的「合群者」衝突。這種卓而不群的「孤獨者」，從合群的善良的「庸眾」看來，就是「惡人」。

在魯迅看來，自由與惡性總是相聯繫的。但是，在儒家善的倫理教化下，中國人不但排斥惡，而且也喪失了自由，變成了只求在「太平盛世」做奴隸的老實、忠厚、本分、穩妥的國民。「亂離人，不及太平犬」這句格言，表明中國人爲了苟活性命，寧願做老實本分聽話的奴才。因此，魯迅爲了搗毀中國這個絕無窗戶並且萬難毀壞的「鐵屋子」，就呼喚一種自由的惡性。羊是一

〔註6〕魯迅《熱風・三十八》。

種善良的動物，然而羊的善良，正在於它是在牧人的馴化下喪失了自由。那些自稱爲中國的「智識階級」的人說：「羊總是羊，不成了一長串順從地走，還有什麼別的法子呢？君不見夫豬乎？拖延著，逃著，喊著，奔突著，終於也還是被捉到非去不可的地方，那些暴動，不過是空費力氣而已矣」。於是，魯迅把中國的「智識階級」比作一群爲胡羊領路的「聰明」的山羊，把胡羊比作奴隸群眾，把牧人比作統治者。只要牧人看上了聰明的山羊，「人們，尤其是青年，就都循規蹈矩，既不囂張，也不浮動，一心向著『正路』前進了」。魯迅說：「這計劃當然是很妥帖，大可佩服的，然而，君不見夫野豬乎？它以兩個牙，使老獵人也不免於退避，這牙，只要擺脫了牧豕奴所造的豬圈，走入山野，不久就會長出來。」〔註7〕有人說，「人 + 獸性 = 西洋人」，但魯迅卻另有看法：「野牛成爲家牛，野豬成爲家豬，狼成爲狗，野性是消失了，但只是使牧人喜歡，於本身並無好處。……倘不得已，我以爲還不如帶些獸性，如果合於下列的算式倒是不很有趣的，人 + 家畜性 = 某一種人」。〔註8〕

　　如果將魯迅對於野牛與家牛、野豬與家豬、狼與狗的理論邏輯推理到人類社會來，那麼對於個人來說，馴良與善性僅僅是對於作爲牧人的統治者有利，對於個人卻並無好處。那麼，在推崇個人自由的五四時代，魯迅對惡性與野性的肯定也就不難理解了。於是，魯迅真正成了「上以力抗天帝，下以力制眾生」的惡魔。所謂「制」眾生，是因爲眾生馴良得與天帝一體，所以魯迅才像拜倫一樣對他們「哀其不幸，怒其不爭」，才像撒旦一樣對他們進行啓蒙。而魯迅撒旦式的啓蒙，正是要讓每個個人具有撒旦式的惡魔性。

　　在魯迅看來，中國的奴隸國民馴良、善良、老實，卻又聰明、世故、圓滑。當暴政臨頭的時候，他們不僅會忍從，而且對於暴政的冰霜降臨到自己除外的別人的頭上，麻木不仁；如果反抗暴政的人遭殃，他們甚至會怪他不會明哲保身而自鳴得意。而且一個人的反抗縱使換來了對於其他人的寬容，但是首先吃虧的卻是自己，因爲「槍打出頭鳥」。在一個不相信理性超脫於感性、靈魂超脫於肉體的民族，還有什麼比感性的肉體更重要呢？所以不管暴政不暴政，首先保住的是自己的性命：「名與身孰親？身與貨孰多？」〔註9〕這才是保身的「明哲」，這才是聰明人的心術。於是，中國人對於有權勢

〔註7〕魯迅《華蓋集・一點比喻》。
〔註8〕魯迅《而已集・略說中國人的臉》。
〔註9〕《老子》第44章。

的腐敗分子不是去揭發，去挑戰，去抗爭，而是去「捧」，去巴結，去送禮，於是在群起而捧之而後，不捧不送禮者自然倒楣。魯迅在《華蓋集》中的《這個與那個》等文中，深刻剖析了這種國民心理。假如人人不是去巴結，而是露出惡性的「毒牙」以報復對自己的欺侮，誰敢欺侮人呢？假如人人不是去「捧」，而是去「挖」，不「捧」者又怎麼會倒楣呢？魯迅指出，君不見黃河，「捧」的大堤越高，泛濫起來的時候就越是傷人無數？因此，正是中國人的卑怯助長了貪暴，善良助長了邪惡，老實助長了強權，軟弱助長了專制……如果說貪暴與邪惡、強權與專制該受到譴責，那麼，促成這暴惡與專制的奴性就不該受到譴責了嗎？更可怕的是，許多人反對貪暴與邪惡、強權與專制，卻又稀裏糊塗地向這卑怯、善良、老實、軟弱的國民認同，甚至加以贊許，這不是從反面助長貪暴與專制嗎？所以魯迅說：「現在常常有人罵議員，說他們收賄，無特操，趨炎附勢，自私自利，但大多數的國民，豈非正是如此的嗎？這類的議員，其實確是國民的代表。」〔註10〕這就是魯迅為什麼說暴君的臣民比暴君還暴，厭惡「叭兒」式的學人不下於軍閥，討厭奴才不下於主子。

魯迅在進行撒旦式的搗毀「鐵屋子」的啓蒙的時候，與拜倫一樣悲觀絕望。所以，魯迅與五四時期其他啓蒙者不同的惡魔之性，就在於他認為他的啓蒙為啓蒙對象帶來的不是精神上的快樂，而是覺醒後的痛苦。魯迅在《吶喊》的《自序》中，既說了自己因為絕望而遲遲不肯介入新文化運動，又說了自己對於啓蒙並不抱什麼希望，當錢玄同說希望在於將來的時候，魯迅還說不能以自己的「必無」去折服他的「必有」。而且魯迅還說，喚醒他們是讓他們來同嘗苦果。在《娜拉走後怎樣》中，魯迅說做夢的人是幸福的，人生最可怕的是夢醒了無路可走。在《兩地書》致許廣平的信中，魯迅又說人一走出麻木境界，便即增加痛苦，而且無法可想。從喜歡歡樂的善男信女們的眼光看來，給他們帶來痛苦的魯迅不是「狂人」便是「惡人」。然而，這卻是魯迅創作的一個動力。在提到印刷《墳》的理由的時候，魯迅是這樣說的：「自然因為還有人要看，但尤其是因為又有人憎惡我的文章。說話說到有人厭惡，比起毫無動靜來，還是一種幸福。天下不舒服的人們多著，而有些人們卻一心一意在造專給他們舒服的世界。這是不能如此便宜的，也給他們放一點可惡的東西在眼前，使他有時小不舒服，知道原來自己的世界也不容易十分美

〔註10〕魯迅《華蓋集・通訊》。

滿。蒼蠅的飛鳴，是不知道人們在憎惡他的；我卻明知道，然而只要能飛鳴就偏要飛鳴。我的可惡有時自己也覺得，即如我的戒酒，吃魚肝油，以望延長我的生命，倒不盡是為了我的愛人，大大半乃是為了我的敵人，——給他們說得體面些，就是敵人罷——要在他的好世界上多留一些缺陷。」〔註11〕當然，惡魔並非針對敵人的時候才是惡魔，對於朋友，魯迅也意識到了他的作品的黑暗面：「發表一點，酷愛溫暖的人物已經覺得冷酷了，如果全露出我的血肉來，末路正不知要到怎樣。」〔註12〕

當然，我們並不是說，魯迅五四時期的思想是留日時期的翻版，因為誰也不會將蓓蕾與花朵混同。如果說留日時期魯迅偏於「立」，「立」一種「精神界之戰士」的理想人格，所以無論是理論或翻譯活動都是偏於倡導，那麼，經過了近十年的沉默之後，五四時期魯迅則偏於「破」，他在悲觀絕望中進行搗毀「鐵屋子」的慘烈的戰鬥。所以，五四時期魯迅對於任何理想的「黃金世界」，都表示深深的懷疑，他甚至說在將來的黃金世界裏，也會將叛徒處死。他對於新俄的主義表示「冷淡，懷疑」，對於周作人的「新村主義」不感興趣，對於錢玄同相邀討論世界語也沒有熱心，而是集中全力搗毀傳統的「鐵屋子」。他似乎已經擯棄了留日時期慣於倡導的特徵，讓他給青年指路，他說自己都無路可走，怎麼能為別人指路。「如果說陳獨秀、李大釗偏於哲學、政治並急於給中國找到一條光明的出路，胡適偏於形式主義的文學改良……那麼，魯迅則偏於反傳統與改造國民性。」〔註13〕而這正是魯迅惡魔的否定性的表現。

留日時期魯迅推崇拜倫的絕望奮戰，但是從《文化偏至論》與《摩羅詩力說》等文章的行文來看，魯迅當時還是洋溢著樂觀之情的：「二十世紀之新精神，殆將立狂風怒浪之間，恃意力而闢生路者也。」像這種文筆，在留日時期的魯迅的文章中是經常見到的，但是在五四之後的文章中則是罕見的。換句話說，魯迅在留學日本期間對於絕望、悲觀的拜倫與將生命看成是悲劇的尼采的讚美，僅僅是理論上的。而在經過了近十年的沉默之後，這種絕望與悲劇精神才真正為魯迅深深地體味到。特別是在五四新文化運動退潮之後，魯迅對留日時期就張揚的尼采、克爾凱戈爾等存在主義先驅者的接受，

〔註11〕魯迅《墳‧題記》。
〔註12〕魯迅《墳‧寫在〈墳〉後面》。
〔註13〕詳見拙著《文化偉人與文化衝突》第48～49頁。

才真正內在於魯迅的精神。

從 1918 年的北京，到 1927 年的廣州，是魯迅以惡魔詩力撼動中國以性善為主導的文化傳統的最有力的十年。魯迅聲望所繫的大部分作品，都是在這十年中創作的。如果沒有魯迅這十年的創作，那麼，中國的文學史與文化史恐怕都要改寫。而且僅僅以文學創作而論，在這十年中魯迅在小說、散文詩、散文與雜文等領域都取得了輝煌的成就，使魯迅的惡魔性得到了充分的展示。

第四節　多疑與刻毒：魯迅與眾不同的人格精神

現在，非議魯迅者往往在魯迅的性格上找藉口，什麼「多疑」、「尖刻」、「刻毒」，一句話，就是對人不寬厚。他們能夠容忍自稱炸藥以挑戰別人為看得起別人的尼采，卻不能容忍魯迅。他們最大的誤區，就是用崇神的善人的標準去要求一個文化惡魔。而他們本身卻又往往以惡魔的面目出現，這是多麼荒謬的邏輯。

事實上，他們眼中魯迅性格上的弱點，正是魯迅惡魔性的表現。「多疑」，就是對現存的道德秩序都劃一個批判的問號，無論它以多麼堂皇的面目出現，披著何種漂亮的綢紗。「尖刻」，就是透過表面現象，一針見血地看穿其真面目。而「刻毒」，則是對於一切披著漂亮外套的病體，毫不留情地予以揭露。因此，「看透了造化的把戲」的魯迅，就「刻毒」地撕下了「寬讓大度」的真實面目，而露出其顧惜生命而缺乏勇氣的實質：他並不否認寬恕是一種美德，但他「立刻也疑心這話是怯漢所發明，因為他沒有報復的勇氣，或者倒是卑怯的壞人所創造，因為他貽害了人而怕人來報復，便騙以寬恕的美名」。魯迅很善於知人論世，他反覆說，自稱強盜的無須防，自稱正人君子的必須防。按照這一邏輯推理，自稱惡魔的無須防，自稱神人與善人的必須防，因為他行善為神就需要你付出犧牲去報答他。而對於那些為了自己利益而損害別人的人，魯迅也不主張縱容。「不打落水狗，反被狗咬了」，以善去面對惡只能助長惡。有人說忠厚是一種美德，但是魯迅卻認為，說忠厚是無用的別名雖嫌刻薄，然而細細想來也並非唆人作惡之談，乃是歸納了許多苦楚的經歷之後的警句。〔註14〕

魯迅的「刻毒」不僅僅是針對別人的，而且也針對自己的主體。在五四

〔註14〕魯迅《墳·論「費厄潑賴」應該緩行》。

文壇上，很少有作家像魯迅那樣真誠地正視自己心中律動的遊蛇，袒露自己的「毒氣」與「鬼氣」。正是這個「黑暗與虛無」、「毒氣與鬼氣」的自由主體，透視出一種反抗絕望的強力意志。魯迅說，他承受不了別人太多的施捨，因為他會由於感激而妨害了自己的自由主體，在面對羔羊的時候無法自由地露出狼牙，而且太多的善意會使他沒有袒露自己內心陰暗的勇氣。而社會的冷落、人群的惡意與「流言」的中傷，會使他的筆變得格外犀利，自由地相打相罵。在與正人君子鬥的時候，那些體面的正人君子也會感到很冤枉，因為他們確實是誠心地勸魯迅也體面些。他們錯就錯在他們面對的是一個不要體面的惡魔，這個惡魔不僅撕碎了他們在「公理」與「正義」等漂亮綢紗遮蓋下的自私嘴臉，而且將自己內在的惡性也袒露無遺。魯迅說，只有在正人君子不再裝腔作勢，臭架子打得粉碎的時候，才有與他對話的資格。因此，魯迅給正人君子「圓滿」的好世界，留下了深深的缺陷。淚水是軟弱的表現，魯迅推崇「無淚的人」，他以血贈答，「但又各各拒絕別人的血」。「殺了無淚的人，一定連血也不見：愛人與仇人無可悲歡，「這是他的報恩與復仇」。〔註15〕然而在更多的時候，魯迅強力的惡性遇到的往往是沙漠般的沉靜，使他感到無可措手的寂寞。魯迅後來還說：「我先前的攻擊社會，其實也是無聊的……我之所以偷生者，因為他們大多數不識字，不知道」，「否則，幾條雜感，就可以送命的，民眾的罰惡之心，並不下於學者和軍閥」。〔註16〕

　　除了「多疑」、「刻毒」與冷峻，高傲無疑也是魯迅的一個性格特徵。不少人從這個角度非議魯迅，而始作俑者當推夏志清，他在《中國現代小說史》中說：「魯迅的狂傲使他根本無法承認錯誤。」但這卻與他在評論《故鄉》時發現魯迅作品中「屢見的坦誠」，矛盾而不能並存。從某種意義上說，魯迅的高傲正是他作為文化惡魔的一種思想性格。從留日時期對「剛愎主己，無所顧及」的拜倫、尼采的讚美，到五四時期倡導「個人的自大」，魯迅的確是推崇高傲的。在現實生活中，魯迅很少向壓力或輿論低頭，具有你這麼說我偏要那麼做的高傲個性。當然，這種高傲不是說魯迅瞧不起人，而是說在荒漠般的語境中，一個自由的主體要伸張自己的個性而不隨波逐流，就必須具有高傲的強力意志。在人群中，人們一向以謙虛為美德，反對驕傲與一意孤行。但是魯迅卻另有看法：「假如是一個腐敗的社會，則從他所發生的當然只有腐

〔註15〕魯迅《華蓋集·雜感》。
〔註16〕魯迅《而已集·答有恒先生》。

敗的輿論，如果引以爲鑒，來改正自己，則其結果，即非同流合污，也必變成圓滑。據我的意見，公正的世評使人謙遜，而不公正或流言式的世評，則使人傲慢或冷嘲，否則，他一定要憤死或被逼死的。」〔註17〕

　　魯迅在《而已集》中的《「意表之外」》一文中承認「天下以我爲可惡者多」，但他又決不想以其不可惡而博得人們的好感：「我所憎惡的太多了，應該自己也得到憎惡，這才有點像活在人間，如果得到的乃是相反的布施，於我倒是一個冷嘲，使我對於自己也要大加侮蔑。」〔註18〕所以，魯迅對於從正面來的「青年叛徒的領袖」並不在意，對於「青年的導師」更是不敢領受，因爲他自己也苦於無路可走；但是對於從反面來的「土匪」、「學匪」卻津津樂道，並自稱「學匪」，稱自己的書房爲「綠林書屋」，稱自己的一篇雜文爲《匪筆三篇》。而且既然被稱爲「土匪」，那麼「倘遇見老實人，也許奪他食物來充饑」。〔註19〕儘管如此，魯迅還「自慚究竟不及白人之毒辣勇猛」。〔註20〕在魯迅的性格中，是很有一點拜倫與尼采式的你說我惡、我就惡一點給你看的個性的。自稱「土匪」且不說，成仿吾說他「閒暇，閒暇，第三個閒暇」，魯迅就給自己的雜感集取名爲《三閒集》，郭沫若說魯迅是「封建餘孽」，魯迅就屢次用「豐餘」或「豐之餘」的筆名發表雜感。

　　「毒」與「惡」相伴而生，而稱「惡毒」。魯迅思想性格中既充滿惡性，那麼就不會沒有毒性。魯迅說自己的思想中有「毒氣」與「鬼氣」，便是強有力的明證。而且對於覺醒的青年，也希望其有點「毒性」。在寫給許廣平的信中，魯迅嫌女性的文章「只有小毒而無劇毒」。在寫給新潮社的信中，魯迅說：「從三皇五帝時代的眼光看來，講科學和發議論都是蛇，無非前者是青梢蛇，後者是蝮蛇罷了；一旦有了棍子，就都要打死的。既然如此，自然還是毒重的好。」〔註21〕

　　魯迅的惡魔性格，使他成爲一種非正統非正宗非常識的文化類型。周啓明說：「魯迅對於古來文化有一個特別的看法，凡是『正宗』『正統』的東西，他都不看重，卻是另外去找出有價值的作品來看」。〔註22〕這種非正統意識表

〔註17〕《魯迅全集》第10卷第277頁，人民文學出版社，1981年。
〔註18〕魯迅《華蓋集・我的「籍」和「系」》。
〔註19〕魯迅《兩地書・三》。
〔註20〕魯迅《華蓋集續編・我還不能「帶住」》。
〔註21〕魯迅《集外集拾遺・對於〈新潮〉一部分的意見》。
〔註22〕周啓明《魯迅的青年時代》第55～567頁。

現在文化上，使他喜歡野史而批判正史，遠離神仙而表同情於孤魂野鬼；表現在政治立場上，就是厭惡臺上的國民黨，而同情臺下的共產黨；表現在哲學選擇上，就是厭惡孔孟程朱的正統而私愛老莊、韓非以及「非湯武而薄周孔」的魏晉人物，遠離康德、黑格爾的正宗理性哲學而更喜歡非理性非正統的尼采、叔本華的哲學；表現在文學選擇上，就是愛《楚辭》而冷淡《詩經》，對現實主義較爲冷淡而更喜歡浪漫主義與現代主義。在浪漫主義之中，他遠離與正統較近的司各特、湖畔派詩人而更喜歡以非正統的撒旦自居的拜倫。從這個意義上說，任何人想把魯迅扶上正宗與正統的位置，都是對魯迅的一種反諷。

第五節　直面慘淡的人生：魯迅惡的文學觀

　　人們對魯迅美學與文藝思想的研究，總是強調其「善」的一面，然而，具有諷刺意味的是，魯迅在第一篇美學與文學論文《摩羅詩力說》中，就否定了「無邪之說」而推崇「惡魔詩力」。五四時期，魯迅批判中國傳統善的文學觀而倡導惡的文學觀，幾乎在作家論、創作論與鑒賞論等方面全面開花。因此，討論魯迅的文學觀而絕對不能忽略其中惡的成分，因為這是魯迅之爲魯迅文學觀的特色所在。

　　魯迅認爲，惡的作家首先應當具有一種對傳統與現實不妥協的懷疑精神、批判精神和否定精神。因為對事物肯定的善，往往會導致保守與因循守舊，而對事物否定的惡，才會導致對現狀的超越而使歷史進步。也正是從這個意義上，黑格爾認爲「惡是歷史發展的動力藉以表現出來的形式」。然而，中國的傳統文學在「性本善」或「善即美」的旗幟下，卻向來以肯定性特徵爲主流。孔子就推崇「盡善盡美」，讓人們「述而不作，信而好古」，認爲《詩經》可以用「無邪」來概括。孟子在「盡心」、「知性」，進而「知天」的邏輯之下，更讓人們發揮主體內在的善性，而無求乎外。雖然從司馬遷到李卓吾，其「發憤而作」的理論具有否定性的惡的成分，然而，這並沒有擋住「怨而不怒，哀而不傷」的文學主潮。在敘事文學中，善意的否定最終被淹沒在千篇一律的肯定之中，這就是結局的大團圓。所以魯迅認爲，具有否定性和破壞性的悲劇和喜劇不會在中國產生，因為中國人有一種求全求美求善求肯定的「十景病」。魯迅對大團圓和十景病進行了激烈的批判，呼喚中國出現具有

否定批判精神的惡魔式的「軌道破壞者」：「中國如十景病尚存，則不但盧梭他們似的瘋子決不產生，並且也決不產生一個悲劇作家或諷刺詩人」。〔註23〕重要的是，魯迅讓作家建立一種反思批判的精神。他說：「不論中外，誠然都有偶像，但外國是破壞偶像的人多，那影響所及，便成功了宗教革命，法國革命，舊像愈破壞，人類便愈進步」。〔註24〕魯迅甚至認為，外國人對中國舊文明的讚賞，其實是讓中國人保持現狀而不求改革，使中國成為他們恣意享樂的樂土，所以他深深「憎惡那些讚賞」。〔註25〕魯迅認為，作家作為「國民精神的前途」的引導者，就更不應該滿足現狀，而應該成為叛逆的猛士，成為「衝破一切傳統思想和手法的闖將」，否則，「中國是不會有真的新文藝的。」〔註26〕

批判與否定根源於不滿，然而，在張揚肯定性與善的文化的中國，知足卻成了美德。老子說：「禍莫大於不知足，咎莫大於欲得，故知足之足，常足矣。」〔註27〕於是，「知止不殆」、「知足常樂」就成為中國人的做人準則。但是，魯迅否定善的文學而推崇惡的文學，也使他否定知足而而推崇不滿。在魯迅看來，「不滿是向上的車輪」，「多有不自滿的人的種族，永遠前進，永遠有希望」。〔註28〕因為滿足於現狀，「無問題，無缺陷，無不平，也就無解決，無改革，無反抗。」只有那些不滿於現存秩序的作家，才會創作出於社會進步有益的作品來。魯迅特別強調作家是感覺靈敏的先覺者，較之一般人對現狀的不滿應該有更強烈的感受。魯迅認為，十九世紀之後不滿於現狀的文學才興盛起來，作家「對於社會現狀不滿意，這樣批評，那樣批評，弄得社會上個個都自己覺得，都不安起來」。等到迫害他的社會在後來承認了作家的先知，作家又對新的現狀不滿。所以魯迅說：文學與革命倒有不安於現狀的同一，「世間那有滿足現狀的革命文學？除了吃麻醉藥！」〔註29〕

既然「知足者常樂」，那麼不知足者就要常悲苦。魯迅對不滿的推崇，使他像尼采一樣肯定人生的痛苦。在魯迅看來，越是覺醒的人就越感到痛苦：「苦

〔註23〕 魯迅《墳·再論雷峰塔的倒掉》。
〔註24〕 魯迅《熱風·四十六》。
〔註25〕 魯迅《譯文序跋集·〈出了象牙之塔〉後記》。
〔註26〕 魯迅《墳·論睜了眼看》。
〔註27〕 《老子》第四十六章。
〔註28〕 魯迅《熱風·六十一不滿》。
〔註29〕 魯迅《集外集·文藝與政治的歧途》。

痛總是與人生聯帶的，但也有離開的時候，就是當熟睡之際。」〔註30〕所以魯迅推崇外國文學的「活人的頹唐和厭世」，而批判中國文學「僵屍的樂觀」。〔註31〕中國小說與戲曲中的大團圓結局，的確像有些人說的，是一種善良的願望與理想。而魯迅對大團圓與十景病的批判正是要打破這個願望與理想之夢，睜了眼看取人生的苦痛，不能以願望取代現實。所以在善男信女們眼裏善良的願望，在魯迅這個惡魔眼裏卻是「自欺欺人的癮太大」，「定須閉眼胡說一通而後快」。魯迅說，在中國，「文人究竟是敏感人物，從他們的作品上看來，有些人確也早已感到不滿，可是快要顯露缺陷的危機一發之際，他們總即刻連說『並無其事』，同時便閉上眼睛。這閉著的眼睛便看見一切圓滿……」〔註32〕因此，魯迅讓中國作家取下假面，不再自欺，「敢於直面慘淡的人生，敢於正視淋漓的鮮血」。固然，這可能使作家極為痛苦，但是魯迅認為，詩人是苦惱的夜鶯，藝術是苦悶的象徵。

　　當然，中國的傳統文學理論也講「詩可以怨」，「詩必窮而後工」。沿著這個路線，可以闡發出中國文學的悲劇精神。但是，「和」是中國文化的一個最根本的觀念，在幾乎承認哀傷的感情比歡樂的感情更能打動人，在肯定詩人可以發泄不滿的同時，又強調這種感情的發抒要有一個度，而這個度就是對不能對現存的社會倫理秩序有破壞性。《中庸》認為，「喜怒哀樂之未發，謂之中；發而皆中節，謂之和」。因此，所謂「中和之美」，就是「以禮制情」，「以道制欲」，就是「發乎情，止乎禮儀」。所以魯迅認為，在中國文學中，即使反世俗懷疑天的屈原，其放言無憚誠然「為前人所不敢言」，但是他並沒有以反抗挑戰的惡魔雄聲打破中國的中和之美。如果說中國傳統文學的悲愁哀傷對於社會僅僅是一種「善意」的批評或諷諫，而缺乏破壞性，那麼，魯迅所呼喚的惡的文學則要具有破壞性，無論作家是多麼頹唐絕望。

　　魯迅認為，中國傳統文學的善並非出自人的自由本性，自由的文學必然帶有惡的成分。因此，具有惡魔性的作家必須有一種自由精神，一種指責時蔽無所顧及的精神。而這就要衝破暴君與愚民的雙重專制，既是暴君的叛逆，又是良民的叛逆。因為「暴君的專制使人們變成冷嘲，愚民的專制使人們變成死相」；「世上如果還有真要活下去的人們，就應該敢說，敢笑，敢哭，敢

〔註30〕魯迅《兩地書‧三》。
〔註31〕魯迅《華蓋集‧青年必讀書》。
〔註32〕魯迅《墳‧論睜了眼看》。

想，敢罵，敢打，在這可詛咒的地方擊退了可詛咒的時代！」〔註33〕裴多菲的詩歌曾將自由看得比生命和愛情都高，魯迅則將自由看得比他從事的藝術還高。當有人以研究室與藝術之宮的尊號對學壇和文壇加以束縛的時候，魯迅就指出了這種尊號束縛的是自由。他的《青年必讀書》發表後收到很多信，贊成者大都坦白沒有恭維，而開首稱他「學者」「文學家」的，下面一定是漫罵。「我才明白這等稱號，乃是他們所公設的巧計，是精神的枷鎖，故意將你定為『與眾不同』，又藉此來束縛你的言動，使你於他們的老生活上失去危險性的。不料有許多人，卻囚在什麼室什麼宮裏，豈不可惜。只要擲去了這種尊號，搖身一變，化為潑皮，相罵相打」，刊物就會辦好。〔註34〕當然，魯迅在作雜文的過程中，不斷有人勸他多作小說，少寫雜文，而且許多人還是出於好意。但是下面這段話集中代表了魯迅的自由比藝術還高的文學觀：

> 有人勸我不要做這樣的短評。那好意，我是很感激的，而且也並非不知道創作之可貴。然而要做這樣的東西的時候，恐怕也還要做這樣的東西。我以為如果藝術之宮裏有這麼多麻煩的禁令，倒不如不進去；還是站在沙漠上，看看飛沙走石，樂則大笑，悲則大叫，憤則大罵，即使被沙礫打得遍身粗糙，頭破血流，而時時撫摩自己的凝血，覺得若有花紋，也未必不及跟著中國的文士去陪莎士比亞吃黃油麵包之有趣。〔註35〕

魯迅不僅是這麼說的，在創作實際中也是這麼做的。《吶喊》中就有幾篇不大像小說，《野草》是散文詩，但是郁達夫在編《中國新文學大系》的時候卻將之編入了「散文卷」，《朝花夕拾》是散文，但又像自傳體小說，至於魯迅的雜文，更是難于歸類的文體。換句話說，魯迅努力讓自己的主體自由地驅使語言，而不是讓語言借他來說話。

古代的善的文學為什麼是囚禁人的主體自由的文學呢？無論那種宗教，幾乎都具有禁欲主義的特徵，因為欲與惡是鄰居，宗教提倡善，便要禁欲，由此也囚禁了人的自由。儒家雖然不像中古基督教那樣厭棄人欲，但是到了理學，也要「存天理，滅人欲」。所以在中國，「綽號似的造成許多惡名，都給文人負擔，尤其是抒情詩人」。然而在魯迅看來，人類要進步，就需要打破

〔註33〕魯迅《華蓋集・忽然想到・五》。
〔註34〕魯迅《華蓋集・通訊》。
〔註35〕魯迅《華蓋集・題記》。

束縛人的自然欲求的枷鎖。西方自近代以來，隨著魔鬼向神的權威的挑戰，便愈來愈除去束縛人的欲求的枷鎖。於是，魯迅批判中國的節烈觀，讓人自由地大叫：「是黃鶯便黃鶯般叫，是鴟梟便鴟梟般叫。」當時胡夢華批評汪靜之的愛情詩「輕薄墮落」，並以「一步一回頭，瞟我意中人」而科以《金瓶梅》一樣的罪。魯迅嘲諷他說：若是按照這樣的穿鑿法，「便是一部《禮記》，也即等於《金瓶梅》了。」〔註36〕魯迅認為：「從我們的外行人看起來，詩歌本是發抒自己的感情……縱使稍稍帶點雜念，即所謂意在撩撥愛人或是『出風頭』之類，也並非大悖人情」。〔註37〕

作家的自由是張大個性的自由，而不是泯滅個性的「精神自由」——「精神勝利法」。魯迅贊許易卜生的名言「世界上最強有力的人，就是那最孤獨的人」，並主張以「個人的自大」反對「合群的自大」，以獨異的自我「向庸眾宣戰」。用他描繪拜倫的話說，就是「意力所如，非達不已，乃以是漸與社會生衝突」。個性與社會這種分離以至於對立，必然會使作家帶有一身惡性。魯迅並不否認自己身上的惡性——「毒氣」和「鬼氣」。換句話說，一個作家在自由的大海上要想不隨波逐流，便需要主觀上的強力意志。魯迅一直推崇自我擴張、多力善鬥的個性戰士，以為「非無天馬行空似的大精神即無大藝術的產生」。從這個意義上說，「絕對之主我」的個性精神是惡魔作家所應該具備的，而且若無孤獨個人的深切自覺，便不會產生惡的文學。

魯迅認為，惡的作家在創作過程中，要撕破一切偽善的面紗，露出真實的面孔來，無論這副面孔是多麼醜惡。在魯迅看來，人的嘴臉在人前和人後，在臺上和臺下，在白天和夜晚往往會顯得兩樣，因此正視人生講真話就並不容易。而在中國，人性本善的文化主潮使中國文學對現實人生的種種罪惡，始終未能一刀切入而進行深刻的剖析。中國文學為了一種倫理目的（善），寧可忽視真，甚至抹煞真。這就使得中國傳統文學具有極大的粉飾性。所以，魯迅就呼喚新文學的大暴雨蕩滌盡中國文學的粉飾性，而露出真實的面目來。魯迅說：「中國人向來不敢正視人生，只好瞞和騙，由此也生出瞞和騙的文藝來。由這文藝，更令中國人更深地陷入瞞和騙的大澤中，甚而至於已經自己不覺得。世界日日改變，我們的作家取下假面，真誠地，深入地，看取人生並且寫出他的血和肉來的時候早到了；早就應該有一片嶄新的文場，早

〔註36〕魯迅《熱風·反對「含淚」的批評家》。
〔註37〕魯迅《集外集拾遺·詩歌之敵》。

就應該有幾個兇猛的闖將！」〔註38〕魯迅揭露「社會一分子」的陳源等正人君子的時候就說：「用紳士服將『醜』層層包裹，裝著好面孔，就是教授，就是青年的導師麼？」還不如將這些紳士服撕下來，撕得鮮血淋漓，臭架子打得粉碎。「這時候，即使只值半文錢，卻是真價值，即使醜得要使人『噁心』，卻是真面目。」〔註39〕

所謂正視人生，首先就應該有正視自己惡性的勇氣。魯迅說：「我的確時時解剖別人，然而更多的是更無情地解剖我自己。」〔註40〕在魯迅解剖自己的作品中，時常可以看見惡魔之遊魂的律動，魯迅坦然道：「我自己覺得我的靈魂裏有毒氣和鬼氣，我極憎惡他，想除去他，而不能」；「我也常常想到自殺，也常想殺人，然而都不實行。我大約不是一個勇士。」〔註41〕當然，正視自己與直面社會是密切相連的。魯迅說：「現在有幾位批評家很說寫實主義可厭了，不厭事實而厭寫出，實在是一件萬分古怪的事。人們每因為偶然見『夜茶館的明燈在面前輝煌』便忘卻了雪地上的毒打，這也正是使有血的文人趨向厭世的主我的一種原因。」〔註42〕然而，魯迅並沒有逃入孤獨的自我中，一心一意地解剖惡的無意識，而是以孤獨的惡性的自我向社會做絕望的抗戰，撕破了一切漂亮的面具，使社會的黑暗與醜惡暴露無遺。魯迅非常讚賞勃拉特來取材於第一次世界大戰的畫《秋收時之月》，畫的「上面是一個形如骷髏的月亮，照著荒田；田裏一排一排的都是兵的死屍」。魯迅說：「以為醜就想遮蓋住，殊不知外面遮上了，裏面依然在腐爛，倒不如不論好歹，一齊揭開來，大家看看好。」〔註43〕

惡的作品這種對自我和社會的醜惡的無情暴露，就使得文學中的醜趕走了美——醜與惡是相聯繫的，而美與善則是一體的。於是，在現代文學——具有現代性的文學中，代表美與善的上帝被代表醜與惡的惡魔戰勝了。「恰如冢中的白骨，」「總要以它的永久來傲視少女頰上的輕紅似的。」〔註44〕

魯迅認為，在欣賞惡的文學時，首先給予欣賞者的不是愉悅的快感，而

〔註38〕魯迅《墳·論睜了眼看》。
〔註39〕魯迅《華蓋集續編·我還不能「帶住」》。
〔註40〕魯迅《墳·寫在〈墳〉後面》。
〔註41〕魯迅《書信·240924 致李秉中》。
〔註42〕魯迅《譯文序跋集·〈幸福〉譯者附記》。
〔註43〕魯迅《書信·230612 致孫伏園》。
〔註44〕魯迅《三閒集·怎麼寫》。

是令人不快的痛感；不是靜態的平和感，而是動態的對立感。魯迅在《論照相之類》中說，在他所見的著名藝術家的照片中，尼采一臉凶相，叔本華一臉苦相，王爾德穿上他那審美的衣服的時候有點呆相，羅曼‧羅蘭似乎有點怪氣，高爾基簡直就像一個流氓。雖說都可以看出悲哀和苦鬥的痕迹來，但都不如梅蘭芳扮演的「天女」好得明明白。魯迅在這裡肯定了外國作家有點醜態的苦鬥精神，而諷刺了「掛在國民的心中」的漂亮而平和的梅蘭芳天女散花的照片。魯迅在《青年必讀書》中勸人少或竟不讀中國書的一個原因，就在於「看中國書時，總覺得就沉靜下去，與實人生離開」。

當然，在魯迅看來，給人痛感的對立動態的文學在西方也是十九世紀之後才興起來：「十九世紀以後的文藝，與十八世紀以前的文藝大不相同。十八世紀的英國小說，它的目的就在供給太太小姐們的消遣，所講的都是愉快風趣的話。十九世紀的後半世紀，完全變成和人生問題發生密切關係。我們看了，總覺得十二分不舒服，可是我們還得氣也不透地看下去。」〔註45〕魯迅又說：「現在的文藝，是往往給人不舒服的，沒有法子。要不然，只好使自己逃出文藝，或者從文藝推出人生。」〔註46〕

但是在魯迅看來，中國人太容易滿足了，太容易變著花樣粉飾太平了。而中國缺乏的就是打破團圓的美夢而不得不動的，不得不在痛感中反省與批判個人、社會以及民族文化的惡聲。魯迅說：「現在，氣象似乎一變，到處聽不見歌吟花月的聲音了，代之而起的是鐵和血的讚頌。然而倘以欺瞞的心，用欺瞞的嘴，則無論說 A 和 O，或 Y 和 Z，一樣是虛假的；只可以嚇啞了先前鄙薄花月的所謂批評家的嘴，滿足地以為中國就要中興。可憐他在『愛國』的大帽子下又閉上了眼睛——或者本來就閉著。」〔註47〕所以魯迅吶喊：

「只要一叫而人們大抵震悚的怪鴟的真的惡聲在那裡！？」〔註48〕

第六節 狂人即惡人：魯迅小說的惡魔風骨

魯迅的文學創作是對他的惡魔文學觀的藝術實踐。在以上的討論中，我們具體引證的幾乎都是魯迅的雜文，在下面的分析中，我們將把眼光轉向魯

〔註45〕魯迅《集外集‧文藝與政治的歧途》。
〔註46〕魯迅《而已集‧「塵影」題辭》。
〔註47〕魯迅《墳‧論睜了眼看》。
〔註48〕魯迅《集外集‧「音樂」？》

迅的小說與散文詩等純文學創作。魯迅小說中的惡魔之聲，可以分爲兩個方面。在偏於藝術再現的作品中，魯迅深刻揭露了傳統文化與現實社會的罪惡；在偏於藝術表現的作品中，魯迅並不掩飾創作主體的惡性。而且魯迅小說裏的人物，基本上可以分爲兩類，一類是愚昧的傳統世界的老中國的兒女，一類是已經受過新文化洗禮的覺醒者，這兩類人物與前兩個方面基本一致。當然，在偏於再現的敘述老中國兒女的故事中，魯迅以特有的反語與諷刺等技巧，在使對象變形的過程中也表現了主體的惡性；在偏於表現創作主體的作品中，也表現了老中國兒女的愚昧與傳統文化的罪惡。

但是，這裡有一個邏輯上的問題需要澄清：既然傳統文化是惡的，那麼這不正與魯迅倡導的惡的文學相吻合？換句話說，魯迅既然在小說中表現了自我的惡性，那麼還有什麼權利指責傳統文化與現實社會的罪惡？事實上，傳統倫理道德一向以善爲核心，而現代的自然人性論是肯定人的惡性的，但是當作家以現代眼光審視傳統的時候，必然會剝開其僞善的面紗，揭露出罪惡的隱情。以魯迅的《肥皂》爲例，魯迅深刻地揭露了這個滿口仁義道德的僞君子，他表面上推崇孝女，但是暗地裏卻在孝女身上做貪淫的白日夢。但是，這絲毫不能說明魯迅是個禁欲主義者。恰恰相反，魯迅對於人的情慾是持肯定態度的，他採用弗洛伊德的學說創作歷史小說，反對胡夢華對汪靜之的情詩的否定，對於《金瓶梅》也給予很高的文學地位。另一方面，現代的惡的文化精神與古代的僞善包裝的惡本身也不一樣。古代的僞善包裝的惡，多是假借著整體旗幟或者道德美稱謀取個人的私利；而現代意義上的惡，從文化的角度是一種否定性的改革力量，從個人的角度講，則是對個人自由與個人利益的爭取。

魯迅的第一篇白話小說《狂人日記》，就是惡魔的吶喊。整篇小說是狂人覺醒到勸轉吃人的人不再吃人的過程，也是狂人越來越被整個社會看成是瘋子的過程。魯迅深刻揭露了狂人所在的社會是一個有四千年罪惡的社會，這個社會標榜的「仁義道德」其實是吃人的道德，甚至整部歷史都是吃人的歷史。這些吃人的人，不分貧富貴賤卻都在吃人場上吃人、被吃，不僅趙貴翁吃人，下層的人也在吃，他們之中「也有給知縣打枷過的，也有給紳士掌過嘴的，也有衙役佔了他妻子的，也有老子娘被債主逼死的」。他們吃了人，還要有漂亮的仁義道德做僞裝，而且不允許別人道破隱情。因爲他們吃人吃習慣了，所以即使覺得吃人不對的人，也已經不以爲非。如果有誰來妨害他們

的吃人，那麼就會被悠久的歷史與全社會的數目迫害致狂。

在社會群體的眼中，狂人就是惡人。這一點狂人自己開始還不敢斷定：「照我自己想，雖然不是惡人，自從踹了古家的簿子，可就難說了。……況且他們一翻臉，便說人是惡人。我還記得大哥教我做論，無論怎樣好人，翻他幾句，他便打上幾個圈；原諒壞人幾句，他便說『翻天妙手，與眾不同』。」但是稍後，當整個社會將他看成瘋子的時候，他才覺悟到他在全社會人們的眼中就是惡人：他們已經布置妥帖，「預備下一個瘋子的名目罩上我。將來吃了，不但太平無事，怕還會有人見情。佃戶說的大家吃了一個惡人，正是這方法。這是他們的老譜！」然而，只有狂人才是眞正的覺醒者，他道破了這個社會在倫理道德掩蓋下吃人的隱情，他看出了歷史與數目力量的荒謬，他以孤獨的自我向全社會挑戰，與整個文化傳統對立。狂人向著現實與四千年的傳統說：「從來如此，便對麼？」

《阿Q正傳》是魯迅以惡魔之筆對傳統中國老兒女的藝術審視。在這個傳統的世界中，每個人都吃人、被吃。阿Q是屬於被吃的一類，他只有以精神的勝利逃避在現實中越來越深重的災難。但是，如果阿Q得勢的話，他也照樣去吃趙太爺、錢太爺以及王胡、小D。屬於這個傳統世界的老兒女很多，有單四嫂子、閏土、祥林嫂以及形形色色的眾數，但是他們都邁不出吃人與被吃的門檻。魯迅通過阿Q多方面的變換，深刻揭露了傳統文化的罪惡。讀魯迅這些描繪傳統老兒女的小說，經常會發現，小說中的主人公固然是愚昧的，有時是邪惡的，但是圍繞著他的文化語境卻更其邪惡。孔乙己是個窮酸文人，他迂闊，偷書，在窮困潦倒之時行竊，但是從他與孩子的關係看，也並非沒有可愛之處。孔乙己是傳統制度的受害者這一點，早就有人指出，而魯迅的深刻性就在於，他對邪惡的揭露並沒有到此爲止。整個社會對孔乙己奚落、冷落乃至對其生死漠不關心的態度，加劇了他的自我毀滅。柳媽的話對於祥林嫂具有致命的打擊，但是如果二人易位，祥林嫂對柳媽也會如此。祥林嫂的兒子被狼吃掉，人們開始是同情的，然而造化總爲眾數設計，以時間的流失洗滌舊迹，僅使留下淡紅的血色和微末的悲哀，而況不久連這樣的悲哀也消失了，於是祥林嫂的訴苦就變成了閒人茶餘飯後的談資與笑料。阿Q像壓在大石底下的草一樣，愚昧得連自意識也沒有，他被作爲盜賊抓進監獄受「革命黨」審判，卻自以爲是自己想做「革命黨」而被捕；他企求圓滿想畫得很圓的圓圈，正是殺他的符號。阿Q也有「毒毒」的念頭，有一旦掌權

將殺掉小 D 和趙太爺的惡念，但是圍繞著阿 Q 的文化語境就更其荒謬。當阿 Q 被綁縛刑場的時候，眾數對他的冤案沒有絲毫的同情，而是成爲他們鑒賞一種風景或熱鬧的對象，眾數甚至還責怪阿 Q，怪他沒有唱一段戲以使他們的鑒賞更加盡興。所以魯迅在《示眾》中，就專門「示」這些以「罪犯」爲鑒賞樂趣的人的「眾」。

　　在偏於主體表現的作品中，魯迅以正視人生的藝術之筆表現了創作主體的惡性。弗洛伊德的精神分析是基於人的惡性的一種學說，在一切倡善的倫理與宗教看來是惡的東西，在弗洛伊德描繪爲人的根底的潛意識與「本我」（id）中幾乎都有。這就是性的唯樂原則、亂倫、破壞欲與攻擊欲。他的學說行世後，文學中寫性的或通過夢來顯示人的根底的作品就多了起來。魯迅不但接受了弗洛伊德學說，而且還在小說創作中加以實踐。《補天》的開頭，女媧就是在肉紅色的天空感到不足與多餘的性衝動中造人的。《弟兄》中的張沛君與靖甫是弟兄倆，那種親密無間的兄弟怡怡的感情，令張沛君所在的公益局的同事無不讚美。正好局裏秦益堂的兩個兒子爲了財產打架，從堂房打到門口，鬧得老秦整天心緒不寧。這就更加反襯了張沛君與靖甫的兄弟怡怡是多麼難得。張沛君本人也以此爲榮，他對老秦的兒子爲錢爭吵感到不能理解：「我們就是不計較，彼此都一樣。我們就將錢財兩字不放在心上。這麼一來，什麼事也沒有了。有誰鬧著要分的，我總是將我們的情形告訴他，勸他們不要計較。」他的同事汪月生是這麼稱讚他的：「像你們的弟兄，實在是少有的；我沒有遇見過。你們簡直是誰也沒有一點自私自利的心思」。當靖甫發燒鬧病的時候，張沛君連班都顧不得上而爲弟兄請醫生診病，尤其是當他懷疑兄弟是患猩紅熱的時候，就更加著急，甚至平時不信中醫而且還攻擊過中醫的他，在西醫遲遲不到的情況下都有點有病亂投醫地請中醫來診病。但是在張沛君的夢裏，卻將他的「本我」暴露出來：因爲經濟原因，他讓自己的孩子上學，而不讓兄弟的孩子上學，他兄弟的孩子哭鬧，他居然以大手掌鐵鑄似的向自己兄弟孩子的臉上批過去，而對外人卻說不要聽孩子的謊話，他不會昧了良心。這個夢撕破了兄弟怡怡的面紗，露出了張沛君下意識中內在的惡性。據周作人回憶，《弟兄》故事的原型是周作人的孩子病了，魯迅去看望。考慮到魯迅當時攻擊中醫是有意無意的騙子，而且與周作人曾經兄弟怡怡，彼此不分，甚至寫文章都可以署對方的名，那麼，將《弟兄》看成是魯迅對自己下意識的無情解剖，不會是一點影子沒有罷。因爲魯迅說過，他解剖自己比解

剖別人更無情。

　　《吶喊》中的《頭髮的故事》中的 N 先生與《彷徨》中的《孤獨者》中的魏連殳，有魯迅本人的影子，也有范愛農等人的影子。N 先生出國留學不久就剪去了辮子，幾年之後，因為家境的問題不得不回國謀事，卻受盡了沒有辮子的苦，走在路上到處是奚落和笑罵，他就掄起手杖拼命地打。而魏連殳居然被看成異類，當作外國人，他似乎走了一條從「怪人」到「惡人」的路。所謂怪人，是魏連殳與眾不同的個性，他學的是生物教的卻是歷史，對人愛理不理卻愛管人的閒事，說家庭應該破壞卻定時給祖母寄錢。他心理陰暗，自尋煩惱，將人看得很壞；卻將希望寄託在小孩子身上，認為大人的壞脾氣在孩子是沒有的，後來的壞是環境造成的。但是，當他變得一無所有的時候，他平時熱愛的孩子馬上與他變臉，連他的東西都不要，訪問他的那些才子也不來了。他還在掙扎沉浮，然而，連願意他活幾天的同志也被敵人誘殺了，他就覺得無所顧及了。「我自己也覺得不配活下去；別人呢？也不配的。同時，我自己又覺得偏要為不願意我活下去的人們而活下去；好在願意我好好活下去的已經沒有了」。於是，魏連殳轉而變成「惡人」向社會復仇，向庸眾復仇。他當上了杜師長的顧問，叫大良的祖母「老傢夥」，叫大良二良裝狗叫、磕響頭，甚至吐血而死後還以冰冷的微笑，冷笑著自己的死屍。《孤獨者》所表現的魏連殳的情感方式，顯然帶有魯迅深受其影響的拜倫、尼采的惡性精神，這在小說中反覆出現的一句話中也表現得很明顯：「隱約像是長吼，像一匹受傷的狼，當暗夜在曠野裏嗥叫，慘傷裏夾雜著憤怒和悲哀。」

　　《傷逝》是魯迅作品中比較溫情的一篇，但是並非不含惡性。如果換一個傳統倫理觀念較強的作家來處理這個故事，那麼，他可能會以子君的不幸來反襯始亂終棄的涓生的邪惡。但是《傷逝》以第一人稱（涓生）的懺悔口吻來處理這個故事，似乎就減緩了傳統觀念較強的人們對涓生的譴責。不過，涓生的惡性並非就消失了。他曾經愛過子君，但是愛是一種變換很快的感情，婚前與婚後人們的感情也在發生著微妙的變化。婚前以為瞭解的一切，婚後卻變成了隔膜。愛的新鮮已過，背公式似的復習也令人生厭。涓生明明知道子君對自己是很愛的，而且知道自己吐露對她不愛的話語，對於子君是一種「毒氣」。但是自己的不愛是一種事實，如果連這種真實都不能正視而苟安於虛偽，那麼自我的個性也是虛假的：「我在苦惱中常常想，說真實自然須有極

大的勇氣的；假如沒有這勇氣，而苟安於虛偽，那也便是不能開闢新的生路的人。不獨不是這個，連這人也未嘗有！」在厭膩子君的衝動下，涓生嚮往著自由：「深山大海，廣廈高樓，戰場，摩托車，洋場，公館，晴明的鬧市，黑暗的夜……」於是，渴望自由的涓生終於用真實的「毒氣」薰死了子君，雖然子君死後涓生又對「真實」發生了懷疑，他想像子君在被他遺棄後的境況：「負著虛空的重擔，在嚴威和冷眼中走著所謂人生的路，這是多麼可怕的事呵！而況這路的盡頭，又不過是——連墓碑也沒有的墳墓。」

《鑄劍》是一曲惡魔復仇的歌。一個國王專制殘暴，不高興就殺人，他讓眉間尺的父親———一個有名的鑄劍師鑄劍，但是眉間尺的父親在鑄出兩把劍之後，自知死期已到。因為兇暴多疑的國王不願世上再有更好的劍，肯定會以鑄劍者作為試劍的第一人，所以眉間尺的父親只將雌劍交給了國王，而將雄劍留給了妻子，希望妻子肚子裏面的孩子長成後，用雄劍為自己報仇。小說一開始，母親就對眉間尺能否報仇表示疑慮，因為眉間尺雖然折磨老鼠並最終一腳踩死了老鼠，但是在折磨的過程中他屢屢表現出一種同情心。而小說的主人公黑色人宴之敖者則不同，他好像來歷不明，沒有職業，行為詭秘，但他卻具有不可抑制的復仇心理，他將同情與仗義拋掉，而僅僅執著於復仇。他對眉間尺說的話也充滿惡性：「你還不知道麼，我怎麼地善於報仇……我的魂靈上是有這麼多的，人我所加的傷，我已經憎惡了我自己！」在眉間尺因為軟弱而不能完成復仇任務的時候，黑色人挺身而出，要了眉間尺的頭和雄劍，進宮向暴君復仇。他的到來使宮裏王后與弄臣都很高興，他們疑慮國王因不高興又要殺人並且殺的是自己還是別人根本猜不出。黑色人的玩意是要一個金鼎，當下面的火使金鼎的水沸騰的時候，他將眉間尺的頭拋了進去，並且趁國王前來觀看的時候，用雄劍將國王的頭砍入水中。但是軟弱與幼稚的眉間尺的頭根本不是國王的頭的對手，黑色人自削己頭進水，幾口就咬得國王沒有回口之力。最終，三個頭都在金鼎中融化。黑色人的復仇壯舉不僅刺中了暴君，也刺中了良民，這些良民除了好圍觀與鑒賞打鬥之外，有的還頗為國王的頭居然與其他兩個頭混在一起出殯而憤慨。因此，黑色人宴之敖者不僅是暴君的叛逆，也是良民的叛逆。在這裡，我們立刻又聯想起在魯迅的啟蒙結構中，精神界之戰士應該是上制天帝與下制民眾的惡魔。

第七節　惡性動物與鬼魂：魯迅喜愛的老鼠、狼、蛇　　　　與無常、女弔

　　《朝花夕拾》可以看成是散文，也可以看成是自傳體小說。《朝花夕拾》中的《阿長與〈山海經〉》、《父親的病》、《藤野先生》與《范愛農》等篇，比起《吶喊》中的《兔和貓》、《鴨的喜劇》、《頭髮的故事》等也許更像小說。而魯迅在《吶喊》與《彷徨》中不乏對自己經歷的描述，在《朝花夕拾》中也不乏對自己經歷的虛構。《朝花夕拾》描述的是魯迅從小到辛亥革命的經歷，從文本中可以看出，魯迅在很小的時候，就背叛傳統，嚮往自由。但是，從其他渠道的材料來看，魯迅小時候是很刻苦用功的，遲到一點就在課桌上刻一個「早」字以警示自己，留學之前所寫的舊詩與傳統詩歌也沒有任何差異，而且到南京之後還回鄉參加了一次科舉考試。從這個意義上說，《朝花夕拾》僅僅是魯迅用成人與現代的眼光對自己過去歷史的重構而已。

　　《朝花夕拾》描繪了一個惡魔的成長歷程，其中充滿了對傳統的顛覆與對自由的嚮往。在中國，「百事孝為先」，孔子也認為孝為道的根本。但是，魯迅通過對《二十四孝圖》的解讀，嘲諷與批判了儒家的孝道。他說，「老萊娛親」讓一個七十歲的老頭拿著個「搖咕咚」娛親，是拿肉麻當有趣，「哭竹生筍」很可疑，不過哭不出竹子只不過拋臉而已，「一到『臥冰求鯉』，可就有性命之虞了」。尤其是「郭巨埋兒」，就更令小魯迅害怕：「家境正在壞下去，常聽到父母愁柴米；祖母又老了，倘使我的父親竟學了郭巨，那麼，該埋的不正是我麼？」這些念頭，是頗不合於孝道之善的。小魯迅嚮往的是自由，從周玉田讀《鑑略》的時候，魯迅著迷的是《山海經》；從壽鏡吾在三味書屋讀書的時候，魯迅念念不忘的是他的百草園，他的蟋蟀們、覆盆子們和木蓮們……

　　在《朝花夕拾》中，最具有惡的意味的，一個是魯迅喜歡的動物，一個是魯迅喜歡的鬼魂。《朝花夕拾》的第一篇就是《狗·貓·鼠》，如果我們能夠與《吶喊》中的《兔和貓》以及魯迅其他作品中的動物聯繫起來看，那麼，就會發現魯迅喜歡的動物系統也是具有反傳統的惡的意味的。

　　魯迅喜歡兇猛爽直的動物，不喜歡狡猾偽裝的動物。在《華蓋集》的《夏三蟲》中，他說若是有人讓他說出在跳蚤、蚊子與蒼蠅中喜歡那一個，那麼他會毫不憂鬱地說跳蚤。跳蚤雖然咬人，但是咬得何等乾脆直接，既不像蒼蠅繞幾個圈子拉一點蠅屎，也不像蚊子那樣咬了人之後還要發一篇大議論。

他在《狗·貓·鼠》中說：「鷙禽猛獸以較弱的動物為餌，不妨說是兇殘罷，但它們從來就沒有豎過『公理』『正義』的旗子，使犧牲者直到被吃的時候為止，還是一味佩服讚歎它們。」在這方面，人比動物是何等慚愧。魯迅甚至說，他死了以後，寧肯餵猛虎，也一點不給癩皮狗。將來猛虎死後做成標本放在展覽館裏，是多麼令人心火神旺。在中國，兇猛的動物一向是比做人的兇殘與政治的暴虐的，但是魯迅卻反其道而行之，看取兇猛動物的直接爽快與強力意志。

中國以善為本而且急功近利的文化，集中表現在對於一些害蟲的貶低上，中國人的喜歡貓而仇視老鼠便是最好的例證。老鼠吃人的東西，從功利主義的角度是應該被排斥的，所以中國人圍繞著老鼠的成語幾乎沒有一個不是貶義的。什麼無名鼠輩、鼠頭鼠腦、鼠目寸光、膽小如鼠、抱頭鼠竄、鼠竊狗盜、老鼠過街人人喊打……但是，從審美的角度看，老鼠卻自有其可愛之處，西方拍的藝術片如《唐老鴨和米老鼠》、《貓和老鼠》等等往往是讚美老鼠的機靈可愛，並且捉弄老貓。尼采也討厭貓，他借查拉圖斯特拉的嘴說：「我不愛它，這屋檐下的貓。」魯迅似乎從小就是仇貓而喜歡老鼠的。貓不僅一臉媚態，專會巴結主子，那家主子富有就往那家跑，而且捉住小動物也不肯就吃，要戲弄再三才肯吃下去。魯迅小時候的仇貓，是因為貓吃了他養的隱鼠，於是，他追趕、襲擊，能飛石擊中貓的頭，或誘入空房間裏打得它垂頭喪氣。後來魯迅到了北京，又因為它傷害了兔的兒女們，而且性交時吵得別人不得安寧，便新仇舊恨加一起，對它使出了更辣的辣手。老鼠雖然是作惡吧，然而是自由的作惡，而不是聽某某主子的使喚。魯迅特別喜歡他的小隱鼠，當他的床前貼了一張民間的「老鼠成親」的畫時，他高興極了，因為它們迎娶新娘的儀式令魯迅特別神往。

中國傳統雖然對狗評價較低，然而僅僅是鄙視，但是對狼評價更低，而且性質都變了：如果說人與狗的關係是內部矛盾，那麼人與狼的關係就是敵我矛盾。什麼狼心狗肺、狼子野心、狼狽為奸、狼奔豕突，打敵人可以簡稱「打豺狼」；而且中山狼的故事告訴人們，狼的邪惡本性是沒法改變的。但是，魯迅卻喜歡狼而討厭狗，甚至主張對落水狗也要痛打，因為狗性是難以改變的，他總是對闊人搖尾咬窮人，不打落水狗反被狗咬了，是一種慘痛的教訓。魯迅尤其討厭叭兒狗，它雖然是狗，卻很像貓，折中，公允，調和，平正之狀可掬，悠悠然擺出別個無不偏激，惟獨自己得了「中庸之道」似的臉來。

因此也就為闊人，太監，太太，小姐們所鍾愛，種子綿綿不絕。而狼卻是自由的，不為那個主子服務的。狼縱然是作惡，也是為了自己的生存作惡。所以魯迅在《孤獨者》中比喻他的帶有自己影子的主人公魏連殳時，說他「像一匹受傷的狼，當暗夜在曠野裏嗥叫，慘傷裏夾雜著憤怒和悲哀」！當有人自稱是狼的時候，魯迅看出了他的狗性，並諷刺說，狼和狗是本家，鬧不好就會變成狗。魯迅又說，狼變成狗對人是好的，但是對它本身卻並無好處。在倡導個性自由的時候，魯迅為什麼推崇狼也就不言而喻了。

龍和蛇相近，但是中國傳統卻將龍捧上了天，而把蛇貶下了地。在中國，有毒的東西似乎總與蛇相近，所謂「毒如蛇蠍」。在西方傳統中，蛇是惡魔的使者，撒旦的化身，所以尼采喜歡蛇，查拉圖斯特拉走到那裡，他的鷹和蛇就跟到那裡。魯迅雖然並沒有攻擊龍這個虛構的動物，但是卻很推崇蛇。他在寫給《新潮》雜誌的意見中，說講科學與發議論都是蛇，講科學是青梢蛇，發議論是蝮蛇，所以魯迅讓他們毒重一點。在《頭髮的故事》中，N先生激憤地說：「你們的嘴裏既然並無毒牙，何以偏要在額上帖起『蝮蛇』兩個大字，引乞丐來打殺？」在這裡，N先生顯然希望有毒牙的蝮蛇出現。《墓碣文》一文是魯迅自我解剖的名篇，而這種自我解剖又與蛇糾纏在一起：「有一遊魂，化為長蛇，口有毒牙。不以齧人，自齧其身，終以殞顛。……」與拜倫、尼采相似，蛇在魯迅這裡，也是顛覆傳統的靈物。

與喜歡老鼠、狼、蛇等惡性動物類似，魯迅在一個理性啟蒙與反對迷信的文化運動中，卻始終沒有忘記一些陰間的鬼魂，並且還有點喜歡「無常」與「女弔」這兩個陰間惡鬼。《朝花夕拾》中的《無常》一篇，考究了書上關於無常的記載，回憶了他小時候進入「陰司間」對他滿帶恐懼的探望，描述了紹興民間的迎神賽會上無常的表演。一般而言，無常作為閻羅王的勾魂使者，要拿著鎖人的鐵索，還有清算人一生善惡的算盤。但是，在迎神賽會的戲臺上出現時，他粉面朱唇，眉黑如漆，雪白的一條莽漢，而且也不拿鐵索和算盤，一出場就要打108個噴嚏，同時放108個屁。他雖然是陰間的惡鬼，卻富有同情心。他勾隔壁癩子魂魄的時候，因為阿嫂哭得悲傷，就放他還陽半刻。閻羅以為他徇私舞弊，就將他捆打四十。無常在責罰中變得越加公正：「那怕你，銅牆鐵壁！那怕你，皇親國舅！」魯迅對此迷戀不已，他在《門外文談》中還讚美無常的這段唱：「何等有人情，又何等知過，何等守法，又何等果決，我們的文學家做得出來嗎？」

　　魯迅臨終前，寫過一篇《女弔》。可以說，在魯迅快要看見死亡的時間，他又想起了陰間的惡鬼。在紹興的民間做「大戲」或「木連戲」的時候，魯迅就曾扮過鬼卒，疾馳到野外的荒墳中，環繞三匝，下馬大叫，將鋼叉用力地連連刺在墳墓上，馳回上臺，再大叫一聲，將鋼叉一擲釘在臺板上。於是，種種孤魂厲鬼，就會跟來一同看戲。戲開演之後，人事之中雜以厲鬼，火燒鬼、淹死鬼、科場鬼、虎傷鬼……在男弔出現之後，女弔——女性的弔死鬼就出場了。因爲古來弔死的人中以女性居多，所以，當女弔在悲涼的喇叭聲中穿著大紅衫子蓬鬆著長髮出場的時候，是最令人緊張的。而且這女性的弔死鬼還是復仇的鬼，除非她爲自己找到一個替身，但那樣就又得有一個活著的女人弔死。

　　魯迅在敘述這些陰間厲鬼的時候，很少議論，但是，這些題目確實異乎尋常地吸引著魯迅的想像力。而且魯迅還不僅僅是津津樂道，在瀏覽其它文獻的時候也給予格外的關注。夏濟安認爲，魯迅對於這些鬼魂有一種隱秘的愛憐，因爲「很少有作家能以這樣大的熱忱來討論這些令人毛骨悚然的主題」，使他區別於他的同時代人的，正是他承認這種神秘，從不否認它的威力，他同情那些脫離了他們的社會環境而處於孤獨時刻的個人。魯迅在這裡也超越了關於文化啓蒙與社會改革的層次，探視「死的美和恐怖，透過濃厚的白粉和胭脂的假面，窺探著生命的奧秘」。〔註49〕

第八節　《野草》：「怪鴟的眞的惡聲」

　　在魯迅的作品中，除了《狂人日記》等作品，眞正與尼采的惡聲與情感方式相似的，是《野草》。也就是說，《野草》是魯迅發出的強有力的惡魔之聲，代表著魯迅惡的文學的最高成就。《野草》的深刻性，在於對主體惡性的深刻剖析，所以有七八篇之多都是以「我夢見」開頭的，而夢指向的是人深在的自我。存在主義認爲，只有面對死亡，才能體認存在；而在《野草》的《題辭》中，魯迅對於死亡有大歡喜，因爲他藉此知道他還非虛空。在《一覺》中，他說在目睹死的襲來的時候，才深深感到生的存在。《野草》中有《墓碣文》、《死火》、《死後》等六七篇散文詩都與死亡有關。

　　魯迅在《希望》一篇中說：「我的心也曾充滿過血腥的歌聲：血和鐵，火

〔註49〕夏濟安《魯迅作品的黑暗面》，樂黛雲編《國外魯迅研究論集》，北京大學出版社，1981 年。

焰和毒，恢復和報仇。而忽而這些都虛空了，但有時故意地填以沒奈何的自欺的希望。希望，希望，用這希望的盾，抗拒那空虛中暗夜的襲來，雖然盾後面也依然是虛空中的暗夜。」這就是說，魯迅的心裏曾經有過恢復中華的「血腥的歌聲」，並想以惡魔之聲驚醒國民，但是換來的卻僅僅是絕望，而在自欺的希望中，他又意向峻絕地向絕望抗戰了，雖然他知道結果也不過是更大的絕望和虛空。在《野草》中，魯迅掙扎在絕望與希望之間的作品不少。《影的告別》中的「影」作爲魯迅在明與暗、希望與絕望之間的選擇，就突出表現了魯迅的矛盾：黑暗會吞沒我，光明又會使我消失，「影」只得彷徨於無地。《死火》中的「死火」面臨著的是與「影」同樣的命運，冰山使火凍成了死火，溫度太低死火不久將凍死，溫暖的到來雖然驚醒了死火，但是活過來的死火又將燒完。在這種難以選擇的矛盾中，「影」想獨自前行，「只有我被黑暗沉沒，那世界全屬於我自己」；而「死火」寧可燒完也想躍出冰谷。而正是在絕望與矛盾中，魯迅那惡魔般的挑戰之聲依稀可聞。

《秋夜》中的棗樹以一無所有的竿子，默默地鐵似的直刺著奇怪而高的天空，就是惡魔對無邊的黑暗進行的絕望抗戰。因爲天空奇怪而高，彷彿要離開人間，使人們仰面不再看到，而且還將繁霜撒在園裏的野花草上。人生是慘淡的，弱小者、善良者、投機者都在各自做著自己的夢，只有飽經滄桑樹葉落盡的棗樹，奮起抗戰，一心要制黑暗的天空的死命，不管星星各式各樣地閃著許多蠱惑的眼睛。當時魯迅雖然已經與周作人鬧翻，但是在社會上與文化上還保持著一致，甚至在後來的女子師大的風潮中二人也都厭惡正人君子。從這個意義上說，魯迅所說的「在我的後園」有兩株棗樹，是否可以看成是向舊勢力抗戰的周氏兄弟呢？

《淡淡的血痕中》最具有尼采式的惡魔的情感方式。文中說，目前的造物主還是一個怯弱者，暗暗地使天變地異，卻不敢毀滅一個這地球；暗暗地使生物衰亡，卻不敢長存一切屍體；暗暗地使人類流血，卻不敢使血色永遠鮮濃。他只爲人類中的他的怯弱同類著想，用廢墟荒墳來襯托華屋，用時光來沖淡苦痛和血痕，日日斟出一杯微甘的苦酒，使飲者也如醉也如醒，若有知若無知，也欲死也欲生，人們都在其間咀嚼著人我渺茫的悲哀。這都是造物主的良民。而看透了造化把戲的叛逆的猛士，不僅是造物主的叛逆，也是良民的叛逆。他洞見一切已改和現有的廢墟和荒墳，記得一切深廣和久遠的苦痛，正視一切重疊淤積的凝血；「他將起來使人類蘇生，或者使人類滅盡，

這些造物主的良民們。」用魯迅評價拜倫的話來說，善良平和的讀者讀到這種文字，能不感到恐懼嗎？

但是，剛勁直率的叛逆的惡魔，對於中國柔軟的國民有時是無可奈何的。在這個善於以靜制動、以弱勝強、以退為進、以柔克剛的文化中，他們會不理你，甚至會反過來讚美你，令你無可措手。所以，當《這樣的戰士》中的猛士走進戰陣的時候，「所遇見的都對他一式點頭。」但猛士畢竟看透了造化的把戲：「他知道這些點頭就是敵人的武器，是殺人不見血的武器，許多戰士都在此滅亡，正如炮彈一般，使猛士無所用其力。」而且他的對手都是良善之人，不是慈善家、長者，就是雅人、君子，「但他舉起了投槍。」他刺中的僅僅是一件外套，當無物之物已經逃走，他就成了殘害慈善家的罪人，「但他舉起了投槍。」「在這樣的境地裏，誰也不聞戰叫：太平。太平……但他舉起了投槍！」在這裡，我們似乎聽到了尼采的「我是炸藥，我是根本的破壞者」的聲音。

魯迅的想像力，在敘述勾魂的無常、復仇的女弔的時候格外動人。《野草》中有一篇《失掉的好地獄》，就是描繪地獄、鬼眾與魔鬼的。當然，這裡的魔鬼不同於魯迅在《摩羅詩力說》中推崇的撒旦，他僅僅要取得地獄的統治權。但是，魔鬼的統治顯然比人類的統治更得鬼魂們的擁戴。鬼魂們是在魔鬼的取勝中才得以醒來的，醒來後才有了反獄的絕叫，人類與鬼魂們一起同魔鬼戰鬥，趕走了魔鬼。結果鬼魂們在人類的統治下一樣呻吟，甚至在懷念失掉的好地獄。魔鬼最後對「我」說：這是人類的成功，是鬼魂的不幸，「我且去尋野獸與惡鬼……」。

《野草》中也出現過上帝，因為按照聖父、聖子、聖靈三位一體的理論，耶穌是上帝耶和華的道成肉身。但是，在《復仇（其二）》中，魯迅僅僅是將福音書進行了稍稍的改寫，就將耶穌置換成了魯迅心目中的啟蒙惡魔。耶穌來到世上是救世人的，是廢掉了摩西的舊約而進行革新的，但是世人卻將他釘十字架，四面都是敵意，庸眾們都來辱罵他，戲弄他，甚至連與他同釘的強盜也譏諷他。於是耶穌對於世人，就「永久地悲憫他們的前途，然而仇恨他們的現在。」他們居然把拯救他們的人當作敵人嘲弄、釘死，耶穌玩味著庸眾們的顛倒是非，對於庸眾們將不得拯救而感到一種復仇的快樂。所以，當碎骨的大痛楚透到心髓的時候，耶穌就「沉酣在大歡喜和大悲憫中」。

這種憤世嫉俗的惡魔性，在《復仇》中表現得更加充分。魯迅設定兩個人，裸著全身，捏著利刃，在廣漠的曠野上將要擁抱，或將要殺戮。於是，《藤

野先生》中幻燈片上觀看中國人給俄國人做偵探而被日本人抓起來的看客，《藥》中夏瑜被殺時的看客，《阿Ｑ正傳》中阿Ｑ被綁縛刑場時的看客，《示眾》中圍觀「罪犯」的看客，都紛紛趕到了，並且伸長頸子要鑒賞這擁抱或殺戮。然而，他們倆既不擁抱也不殺戮，也沒有擁抱或殺戮之意，而是這樣站到永久，站到身體乾枯，也不見有擁抱或殺戮之意。無聊從看客的毛孔中鑽出，爬滿曠野，又鑽進別人的毛孔中，看客們覺得乾枯到失了生趣。他們倆則「以死人似的眼光，鑒賞這路人的乾枯，無血的大戮，而永遠沉浸在生命的飛揚的極致的大歡喜中」。

這種憤世嫉俗在《立論》、《聰明人和傻子和奴才》等篇中，也有表現。《立論》中的那位說實話的惡人，只有碰壁的份，而圓滑的人則得到感謝與恭維，造化在逼人變成「哈哈黨」。在《聰明人和傻子和奴才》中，奴才只不過是訴苦，聰明人的只說不幹、投機取巧和順水推舟，使他永遠立於不敗之地，而傻子為奴才的訴苦所動而進行的顛覆活動，不僅惹惱了主子，也氣壞了奴才。最後受恭維的是聰明人而受苦的卻是傻子。所以魯迅說，聰明人決不能支持這世界，尤其是中國的聰明人。

當然，《野草》中對於生命主體進行自剖的篇章也不少。在魯迅的作品中，經常提到「死」以及與死相聯繫的墳墓，《墓碣文》一篇，就是魯迅面對死亡體認存在的傑作。墓碣陰面的文句正是魯迅深刻自剖的寫照：「抉心自食，欲知本味。創痛酷烈，本味何由知？」這意味著，當魯迅深深體悟人的本體的時候，由於此刻當下的自我是一個創痛酷烈的對象，是無法觀照的。正如《死火》中所說的息息變幻永無定形的快艦激起的浪花、洪爐噴出的烈焰，雖然凝視又凝視，總不留下規定性的迹象，何況現在面對的是創痛酷烈的主體？「痛定之後，徐徐食之。然其心已陳舊，本味又何由知？」魯迅曾經幻想過死火，但是死火尚能復燃，過去的生命已隨著流失的時光死去了，即使可以加以觀照，也難見生命的本體。存在主義所揭示的生命主體的流變及其不可重複性，魯迅在這裡也體悟到了。魯迅的自剖是無情的，他的自剖就像自齧其身的口有毒牙的長蛇。

魯迅主體的惡性在《過客》中，表現得也很充分。《過客》的抽象性，使文本可以有多種闡釋的可能。這是一個向西方尋求真理的故事。主人公是一個永不停息的追求者，而老翁曾經追求過，但是在魯迅的時代，他已經成為停止不前的康有為們。這同時又是一個孤獨的主體面對死亡試煉自我的強力

意志的故事。人生有許多可走的路，但是路的盡頭卻是墳墓。小孩的樂觀是建立在路的前面是鮮花的基礎上的，老翁雖然認識到了路的前面是墳墓，但卻沒有反抗絕望的勇氣而停頓下來。只有過客還在面對著墳墓永不停息地走著，而這就需要支撐自我的強力意志。伴隨著這種強力意志的是主體的惡性。魯迅後來幾乎是注釋《過客》似地說：「這種反抗，每容易蹉跎在『愛』——感激也在內——裏，所以那過客得了一女孩的一片破布的布施也幾乎不能前進了。」〔註50〕所以魯迅在《野草》的另一篇《求乞》中就說：「我不布施，我無布施心，我但居布施者之上，給與煩膩，疑心，憎惡。」而《過客》對魯迅這種主體的惡性表現得更強烈：「倘使我得到了誰的布施，我就要像兀鷹看見死屍一樣，在四近徘徊，祝願她的滅亡，給我親自看見；或者詛咒她以外的一切全都滅亡，連我自己，因爲我就應該得到詛咒。」這就表現了魯迅在意識深層對於親人妨害他的個性自由的厭惡，以至於要祝願她的滅亡。當時魯迅最親近的是他的母親，而魯迅在論感激的時候所舉的例子的恰恰就是他的母親：無論從那一方面說，感激「總算是美德罷。但我總覺得這是束縛人的。譬如，我有時很想冒險，破壞，幾乎忍不住，而我有一個母親，還有些愛我，願我平安，我因爲感激他的愛，只能不照自己所願意做的做，而在北京尋一點糊口的小生計，度灰色的生涯」。〔註51〕

《野草》的感性趣味，可以在最後一篇《一覺》中看出來。魯迅在編校青年人的文稿，那些不肯塗脂抹粉的痛苦粗暴的魂靈便裸露在他的面前：

魂靈被風沙打得粗暴，因爲這是人的魂靈，我愛這樣的魂靈；我願意在無形無色的鮮血淋漓的粗暴上接吻。漂渺的名園中，奇花盛開著，紅顏的靜女正在超然無事地逍遙，鶴唳一聲，白雲鬱然而起……。這自然使人神往的罷，然而我總記得我活在人間。

《野草》是魯迅的全部作品中現代性最強的，也是最具有惡的意味的文本。從這個意義上講，惡之花正是現代文學的一個審美特徵。

第九節　春溫代秋肅：上海殘留的「惡之果」

魯迅的思路在廣州轟毀，但是到了上海之後才漸漸發生了變化。而本小

〔註50〕魯迅《書信・250417・致趙其文》。
〔註51〕魯迅《書信・240924・致李秉中》。

節的標題顯示出，魯迅在上海的最後的日子裏，也並沒有完全放棄從留日時期就看取的惡魔性的文化和文學。我們上面對於魯迅文學觀、小說、散文詩等方面的分析，雖然基本上都是以 1918 年的北京到 1927 年的廣州的魯迅文本爲依據的，但是偶而也涉及到留日時期和到上海之後的文本，譬如在研究魯迅喜歡的動物的時候，說他寧可喂猛獸也一點不給癩皮狗，就出自魯迅逝世前的《半夏小集》；又如在講魯迅喜歡的惡鬼的時候涉及到的《女弔》，也是魯迅去世前留下的作品。魯迅定居上海的日子，其惡魔性至少還有以下幾個方面的表現。

第一，對於從《文化偏至論》與《摩羅詩力說》發表以來所從事的文化與文學事業，魯迅從來沒有眞正地加以否定，而認爲這是「曾驚秋肅臨天下」的壯舉。甚至對於最具有惡魔文學精神的《野草》，魯迅也沒有否定的意思。1931 年他在《〈野草〉英文譯本序》中不無留戀地說，處在變化的時代，已不許再有這樣的文章，甚至這種感想存在。魯迅受尼采影響很大，但是有一點他自始至終與尼采不同，就是尼采是個誇大狂，他將自己比做神，比做耶穌，將自己的文章說得太好；而魯迅即使在推崇天馬行空的大精神的前期，提到自己的時候也總是很謙虛。然而，1934 年魯迅在致蕭軍的信中，雖說《野草》情緒太頹唐，又說技術並不壞。這種對自己作品的誇讚在魯迅那裡是較少出現的。事實上，魯迅不但沒有否定惡魔性很強的前期文本，而且還借著自己在左翼文壇上的崇高地位加以傳播。這一點與郭沫若等一大批左翼作家極爲不同，他們向左轉之後，往往就把自己過去的作品說得極低，甚至以革命思想去改動過去的文本。

第二，在上面的論述中，我們曾經說過，惡的文學是個性自覺與個性擴張的文學。魯迅後期，並沒有簡單地像一些革命文學家那樣否定人的個性發展，他反覆告誡一些「給你點顏色看看」的革命文學家，革命不是讓人死，而是讓人活。魯迅不否定人的個性發展，從他後期不斷地批判屈原上也能看得出來，否則他的批判就沒有出發點。儘管魯迅一生都很喜歡屈原的作品，他早期與後期的舊詩經常借用《離騷》，五四時期雖然他沒有作舊詩，但是他在《彷徨》的扉頁上就大段地徵引《離騷》，作爲自己追求眞理的動力。但是，屈原畢竟是古代的偉大詩人，他雖然憤世嫉俗，然而卻並沒有將自己看成獨立自足的立於社會中的大樹，所以當國王不用他時，他就只能哀怨發牢騷。而且《離騷》中的香草美人，成爲後來一種對於國君帶有依附性的文學原型。

正是從這個意義上，魯迅說屈原的《離騷》是不得幫忙的不平。

第三，惡的文學是否定性的文學，魯迅後期的文本仍然具有強烈的否定性與批判性。概括起來看，魯迅後期的批判是指向兩個方面的，即對社會政治的批判和對文化傳統的批判。用《準風月談》中《夜頌》一篇的話說，魯迅對於現實社會是想揭開人肉醬缸上的金蓋，滌盡鬼臉上的雪花膏。魯迅後期的文化批判除了繼續他前期的國民性批判之外，還在「刨壞種的祖墳」——在《故事新編》以及其它雜文中，對孔子、老子、莊子等人展開了批判。當然，魯迅的批判否定在前期與後期是有差異的。如果說魯迅前期側重於國民性的文化批判，那麼後期則側重於社會批判，尤其是在前期較少出現的政治批判。《偽自由書》中的雜文，幾乎快成為政治時評了。只是到了《且介亭雜文》以及二集和末編，魯迅才又冷靜一點，筆鋒也像前期雜文一樣指向文化的底蘊。但是，魯迅作為惡魔的批判精神卻是一致的。這正如他後期在政治上厭惡在臺上的國民黨，同情在臺下的共產黨，是與他永遠站在正統的反面的一貫的惡魔精神相吻合的。

第四，魯迅培養了胡風、蕭紅、蕭軍等一批略有惡魔精神的作家。這些作家與「左聯」中的左派偏於否定五四文學不同，而是偏於繼承五四文學傳統——敢於正視國民麻木的魂靈，張揚人的個性精神，將社會批判與文化批判結合起來。沒有魯迅的支持和扶持，他們當時即使存在，也不可能得到左翼文壇的認可。而胡風的理論在很大意義上是對魯迅小說、散文詩等前期創作的理論總結。關於這一點，我們在後面闡發魯迅文學傳統時還要詳細論述。從這個意義上說，魯迅為中國惡的文學保留了珍貴的火種。

現在一些學人一提起魯迅後期來，就以為與前期迥然不同，其實是對魯迅的一種誤讀。換句話說，魯迅前後一致的東西是主要的，思想的聯繫是主要的。這一點，使夏志清在他的《中國現代小說史》中都有點左右為難。夏志清的觀點後來有所變化，但是在他寫作小說史的時候卻是旗幟鮮明的反共者。魯迅後期與共產黨走得比較近，而且逝世之後受到包括毛澤東在內的共產黨領袖的崇高評價。所以他就站在反共的立場，想打破魯迅的神話。他大力肯定魯迅前期的作品，卻極力否定魯迅後期的作品，包括主要是後期作品的《故事新編》，還有魯迅後期的雜文。夏志清說，這些作品基本上都是囉囉嗦嗦，搬弄是非，是創作力消失了之後的一種無奈。但是，這種評價，卻與夏志清在小說史的另一個處所對魯迅雜文前後一致、差異不大的評論矛盾而

不能共存：「他在一九二九年向共產陣營投降後所寫的散文，除了一些表面上的馬克思辯證法的點綴外，與他早期作品中的論點和偏見差異甚少。」〔註52〕

　　然而不可否認的是，與前期相比，魯迅後期的惡魔性明顯減少了。在《文化偏至論》中，魯迅爲了「任個人而排眾數」，歷數群眾的趨炎附勢無特操，並以莎士比亞的歷史劇《裘力斯・愷撒》中第三幕第二場的故事說：「布魯多既殺該撒，昭告市人，其詞秩然有條，名分大義，炳如觀火；而眾之受感，乃不如安多尼指血衣之數言。於是方群推爲愛國之偉人，忽見逐於域外。夫譽之者眾數也，逐之者又眾數也，一瞬息中，變易反覆，其無特操不俟言；即觀現象，已足知不祥之消息矣。故是非不可公於眾，公之則果不誠」。而杜衡在三十年代的話就彷彿是對《文化偏至論》的解說：「在許多地方，莎氏是永不忘記把群眾表現爲一個力量的；不過，這力量只是一種盲目的暴力。他們沒有理性，他們沒有明確的利害觀念；他們的感情是完全被幾個煽動家所控制著，所操縱著。」而且爲了防止「左聯」的抨擊，杜衡在語氣上比《文化偏至論》要緩和得多。他不無顧及地說：《愷撒》所表現得雖不一定是群眾的本質，但莎士比亞是這樣表現的，「至於我」，「不敢贊一詞」。儘管如此，這並未避免魯迅對他的激烈抨擊〔註53〕，當然這也是魯迅對過去的自己的抨擊。

　　《野草》是中國現代文學的奇迹。甚至那些對魯迅說三道四的人，也不敢藐視《野草》。魯迅後期，雖然並未否定《野草》，甚至還有較高的評價，但是像《野草》那樣吐露內心深在的苦悶、陰暗等惡魔性的作品，幾乎已經絕迹。換句話說，魯迅雖然還在揭露傳統的罪惡與現實社會的邪惡，但卻較少正視主體內在的惡魔性。而且即使對於傳統邪惡的揭露，較之《墳》等雜文集以及《狂人日記》、《阿 Q 正傳》等小說，也並沒有新的拓展。儘管魯迅後期雜文的技巧更爲嫻熟，但沒有那個雜文集的分量能夠比《墳》更重。當然，從藝術風格上說，魯迅五四時期的作品與後期作品確實有「秋肅」與「春溫」之別。在《理水》與《非攻》中，魯迅描繪出一種閃耀著民族光彩的中國脊梁式人物，他們爲了大眾的生存埋頭苦幹、拼命硬幹，一掃《吶喊》、《彷徨》與《野草》中的悲觀絕望。儘管在兩篇作品的結尾，魯迅都以反諷的筆調而竭力避免流入大團圓，但是同樣也避免了《彷徨》與《野草》式的讓人

〔註52〕夏志清《中國現代小說史》第 43 頁，香港友聯出版社，1979 年。
〔註53〕見《且介亭雜文》中《「以眼還眼」》，《花邊文學》中《又是「莎士比亞」》。

透不過氣來的陰暗與沉鬱。但是，藝術不是生活，它不以寫光明與寫黑暗來判定價值，而且從文學史來看，悲劇往往比喜劇更打動人，正如魯迅曾經說過的，詩人是苦惱的夜鶯，藝術是苦悶的象徵。王朔以解構主義標榜，卻否定《吶喊》、《彷徨》而肯定《故事新編》，當然很滑稽，因為《故事新編》中的《理水》與《非攻》有建構的意味，與五四時期的作品致力於惡魔性的顛覆與解構是略有不同的。

而且，即使是前期，魯迅與不遺餘力地張大意志露出「毒牙」的尼采等人也不同，就是通過肯定勿以暴力抗惡的托爾斯泰主義，可以向傳統的善認同，從而對惡有一種抑製作用，《吶喊》中的《一件小事》就是托爾斯泰主義的結果。尼采反對同情，他說弱者沒有承受痛苦的能力，既容易同情他人而侵害他人的個性，也希望在痛苦之時得到他人的同情。但是，魯迅在五四時期就不反對同情，他對於筆下受苦受難的下層人民就一直是「哀其不幸」，這尤其表現在《故鄉》等小說中。

正是這種思想基礎，加以從孟子、宋明理學以來形成的人性本善的文化傳統的潛在影響，使得魯迅後期對惡的文學甚至發生過懷疑。就以對陀思妥耶夫斯基作品的欣賞為例，魯迅前期說：「高興的讀者不能看完他的全篇」，「軟弱無力的讀者」稱他為「殘酷的天才」，魯迅後期雖然推崇他太偉大了，「但我自己，卻常常想廢書不觀」。〔註54〕魯迅留日時期、五四時期對尼采推崇備至，但後來卻說尼采終於不是太陽，他發了瘋。魯迅五四時期歡呼精神分析學說進入中國，說是將一切正人君子的假面都撕下來了，但是後來卻以小孩先要飯吃為例，表明這一學說的偏至。魯迅前期對暴君的臣民的指責超過暴君，以為暴君的臣民比暴君還暴，但是後期他雖然仍然在揭批國民性，卻將矛頭更多地指向了統治者，說是小民的像沙是統治階級的治績。尤其是他評論蘇聯的進步作家的時候，這種懷疑就表現得尤為明顯：「我所見到的幾位新俄作家的書」，都令人「感到一種不足。就是：欠深刻」。「但我又想，所謂『深刻』者，莫非真是『世紀末』的一種時症麼？倘使社會淳樸篤厚，當然不會有隱情，便也不至於有深刻。如果我的所想並不錯，則這些『幼稚』的作品，或者倒是走向『新生』的正路的開步罷。」〔註55〕

〔註54〕見《集外集·〈窮人〉小引》、《且介亭雜文二集·陀思妥耶夫斯基的事》、《譯文序跋集·〈瘋姑娘〉譯者附記》。
〔註55〕魯迅《譯文序跋集·〈信州雜記〉譯者附記》。

第十節　吐呐東西：文學惡魔的文化淵源

　　魯迅在第一篇文學論文《摩羅詩力說》中，就置古不道，「別求新聲於異邦」。所以其惡魔性的文化淵源主要來自西方，應該是沒有疑問的。魯迅在《文化偏至論》與《摩羅詩力說》中所介紹的哲學家和詩人，尤其是尼采與拜倫，應該是魯迅的文本惡魔性的主要來源，也是沒有疑問的。但是，對於魯迅惡魔品格的塑造，還有其他一些方面。

　　達爾文的進化論對於魯迅惡魔品格的塑造就不可小視。從孔孟到老莊，其歷史哲學都是復古的退化論，而達爾文的進化論經過魯迅改造之後，就變成了一種不斷前進的歷史進化論。在退化論看來，越是固有的東西就越是應該肯定；而在進化論看來，歷史要前進就必須批判否定固有的東西。在老莊心目中，「自然」就是一個萬禍不作、花草叢生的寧靜樂園；然而在達爾文筆下，「自然」卻變成了一個生物之間相互競爭、掠奪、撕殺與侵吞的角鬥場，甚至「人的早期的祖先，像所有其他的動物一樣……一定也曾不時地面臨和身受為生存而進行的競爭，和受到由此而活躍起來的自然選擇法則的刻板而無情的制裁」。〔註56〕在《摩羅詩力說》中，魯迅就運用這種帶有惡性的生存競爭與淘汰的世界觀看問題：「人類既出而後，無時無物，不稟殺機」，「其強謂之平和者，不過戰爭方已或未始之時，外狀若寧，暗流仍伏，時劫一會，動作始矣。」魯迅甚至說，即使兩個人在一間房裏，也會發生氧氣的競爭，誰的肺強誰就致勝。所以人的一生與殺機相伴，「平和之名，等於無有。」

　　劉東在《西方的醜學》一書中說，「寫下了《惡之花》的波德萊爾，有資格來做醜藝術的眞正的宗師。」波德萊爾以撒旦為美，從惡中發掘美，使文學對人的惡性的表現達到了令人顫慄的地步。魯迅從日文和德文不僅閱讀過波德萊爾的作品，而且還翻譯過他的詩，將惡的花朵採摘到中國來。陀思妥耶夫斯基雖然是作家，但他與魯迅在《文化偏至論》中推崇的克爾凱戈爾、尼采一同被看作存在主義的先驅。出於對理性主義的幻滅，他揭去了宇宙所戴的規律的假面，而露出了個人在非理性乃至荒謬的宇宙面前的大悲哀。魯迅寫過兩篇介紹陀思妥耶夫斯基的專門文章，來分析這位「惡毒的天才」。魯迅說：陀思妥耶夫斯基既是「罪孽深重的罪人，同時也是殘酷的拷問官」。「他把小說中的男男女女，放在萬難忍受的境地裏，來試練他們，不但剝去

〔註56〕達爾文《人類的由來》中譯本上冊第64頁，商務印書館，1986年。

了表面的潔白，拷問出藏在底下的罪惡，而且還要拷問出藏在那罪惡之下的真正的潔白來」，也就是「用了精神的苦刑，送他們到那犯罪、癡呆、酗酒、發狂、自殺的道路上去。」「對於愛好溫暖或微涼的人們，卻還是沒有什麼慈悲的氣息的。」「因此有些軟弱無力的讀者，便往往將他只看作『殘酷的天才』。」〔註 57〕

比波德萊爾、陀思妥耶夫斯基對於魯迅的小說創作影響更大的，是安特萊夫和阿爾志跋綏夫。安特萊夫以象徵手法對人之惡性的深刻發掘，使其作品具有抽象性的「玄學的恐怖」。特別是在斯托雷平時代，他熱衷於描寫獸性戰勝人性，黑暗戰勝光明。在魯迅翻譯的安特萊夫的作品中，《黯澹的煙靄裏》描寫的是人信念的喪失與精神個性的毀滅。而《謾》寫的是一個追求眞誠的人最終發現欺騙和謊言彌漫了整個宇宙：「大氣阿屯，無不含謾。」在魯迅看來，安特萊夫思想的根底是：「人生是可怕的」，「理想是虛妄的」，「黑暗是有大威力的」，由此構成了他在人生觀與道德觀上的全面悲觀絕望。〔註 58〕而魯迅喜愛的另一位俄國作家，則是於絕望中反抗破壞的阿爾志跋綏夫。阿爾志跋綏夫筆下的綏惠略夫就是一個悲觀絕望而又充滿惡性的破壞者。他敵視托爾斯泰的善的和平主義，認爲基督教以及人類一切價值標準都是虛僞的自我欺騙。「他先是爲社會做事，社會倒迫害他，甚至於要殺害他，他於是一變而爲向社會復仇了，一切是仇仇，一切都破壞。」於是，綏惠略夫「確乎顯出尼采式的強者的色彩來」。而魯迅翻譯《工人綏惠略夫》的動機，在他看來是由於在辛亥革命前後乃至現在，未來，中國許多改革者「境遇和綏惠略夫很相像」。〔註 59〕

對魯迅惡的文學觀影響較大的，還有文學史家勃蘭兌斯。在 19 世紀 80 年代，勃蘭兌斯激進的反基督教和個人主義，以及對此種文學的推崇，對魯迅造成了很大的影響。而通過學識淵博的勃蘭兌斯的文學史大門，魯迅可以廣泛地選擇西方文學，特別是破壞舊軌道的惡的文學。勃蘭兌斯早年深受存在主義的鼻祖克爾凱戈爾的影響，並著有《卓倫·克爾凱戈爾》、《現代的開路人》、《尼采》等專著。他不僅很推崇易卜生，而且發現了處於四面碰壁之

〔註57〕 見魯迅《集外集·〈窮人〉小引》、《且介亭雜文二集·陀思妥耶夫斯基的事》、《譯文序跋集·〈瘋姑娘〉譯者附記》等。

〔註58〕 魯迅《書信·250930 致許銘文》。

〔註59〕 參見《華蓋集續編·記談話》、《譯文序跋集·譯了〈工人綏惠略夫〉之後》。

中的尼采，他的《十九世紀文學主流》更是一部宏大的里程碑式的文學史巨著。在《摩羅詩力說》中，魯迅在介紹普希金和萊蒙托夫的時候就參照了勃蘭兌斯的《俄國印象記》，而介紹密茨凱維支、斯洛伐斯基的材料，幾乎全部來自《俄國印象記》。

　　在文學理論方面，對魯迅惡的文學觀影響很大的是廚川白村。20年代，魯迅翻譯了廚川白村的《苦悶的象徵》與《出了象牙之塔》等論著，並將前者用作大學的文學理論教材。廚川白村為魯迅所看中的，是反虛偽而求實，反停滯而求動，反習俗而求變，反奴性而求「天馬行空之大精神」的個性，反對膚淺的樂觀主義而正視苦悶的人生的精神。而廚川白村的文學理論來源之一，就是弗洛伊德的精神分析學說。弗洛伊德雖然反對基督教，但卻遵循基督教人性本惡（原罪）的傳統，揭示了意識的不重要，而無意識中的本我（id）卻是一個充滿著原始的情慾和暴力的惡的世界。魯迅接受精神分析學說較早，並看出了這一學說的「偏執」，然而魯迅不但不否認其合理性，在《補天》等小說中運用了這一學說，而且還運用這一學說去揭破做假者的面具：「偏執的弗羅特先生宣傳了『精神分析』之後，許多正人君子的外套都被撕破了。」「他的分析精神，竟一律看待，不准誰站在超人間的上帝的地位上。」〔註60〕

　　魯迅作為一個文學惡魔，雖然其主導的文化淵源來自西方，但是這並不是說沒有民族文化的淵源。孔子之後，儒家在向著兩個不同的方向發展，與孟子張揚人的內在的善性不同，荀子主張人性是惡的，因而就更強調外在的規範，沿著這個路線，荀子的學生韓非就順理成章地走向了法家。荀子認為：「人之性，惡；其善者，偽也。」〔註61〕惡性是人與生俱來的，只是在後天禮教的教化之下，才會去惡就善。但是，真正以性本惡說「看透世人真面目」的，卻是法家韓非。在韓非看來，所謂禮教道德只不過是一堆毫無用處的漂亮言詞，或者是試圖巧取豪奪的掩飾之辭。在社會的冷酷無情的戰場上，充滿著的其實都是為了個人的利益而發生的殘酷爭鬥和撕殺：「輿人成輿則欲人之富貴，匠人成棺則欲人之夭死也，非輿人仁而匠人賊也」；因為對匠人來說，「人不死則棺不買」，「利在人之死也」。這種毫無諱飾的筆鋒，確乎是揭去了「人肉醬缸上的金蓋」。而莊周如果說對魯迅的惡的文學觀有

〔註60〕魯迅《華蓋集·「碰壁」之餘》。
〔註61〕《荀子·性惡》。

影響的話，則不在其倫理取向，而在其對「禮教吃人」的憤怒控訴。魯迅自己就承認，他在「思想上，也何嘗不中些莊周韓非的毒，時而很隨便，時而很峻急。」〔註62〕

〔註62〕魯迅《墳·寫在〈墳〉後面》。

第三章　魯迅與尼采：惡魔的反叛及其界限

在《魯迅與英國文學》一書中，筆者曾以「魯迅與拜倫：東西方的惡魔」為題描繪了二人的成長，並詳盡探究了魯迅所受拜倫顯形與深層的影響。在這裡，我們將不再討論拜倫與魯迅的關係，而是從惡魔對傳統的反叛的角度探討一下魯迅與尼采的關係。但是，任何對傳統的反叛都是植根於傳統的反叛，傳統已經為這種反叛設定了界限。正如 T.S.艾略特所說，只有基督教文化才會產生伏爾泰和尼采；在本書中也能看到，只有中國文化，才會產生魯迅。

第一節　尼采：從哲學王國走來的詩人

近代以來，隨著「知識」的「爆炸」，人類的分科越來越細，然而這種分科一遇到尼采，立刻就顯得蒼白。尼采是什麼？他似乎是個先知，但又成了瘋子。法西斯利用他的哲學使他一時間名譽掃地，存在主義尊他為先驅又使他名聲大振。他最為推崇的酒神精神本應該使他成為音樂家，他對藝術最為推崇的也是音樂精神，但尼采卻成了哲學家。而他的哲學又是詩，是「詩意的思」，是「思的詩化」。尼采與康德、黑格爾這類哲學家不同，他受到了拜倫等文學家、瓦格納等藝術家的很大影響，而根據羅素的說法，尼采的哲學在專門哲學家中影響很小而在有文學藝術修養的人中影響很大。而且尼采哲學的最終歸宿是生命意志高揚的審美狀態，他的哲學的運思方式也是一種對存在的直覺洞見，而不是什麼邏輯分析。他最得意的哲學代表作《查拉圖斯

特拉如是說》後來被譜成交響樂在世界哲學大會上演奏，就更表明了那是一首長詩。正是從這個意義上，我們說尼采是從哲學王國走來的詩人。

在某種意義上，惡魔派詩歌的首領拜倫是尼采的精神導師。拜倫是惡魔，其作品更多地表現了拜倫主體的惡性以及對社會道德、現存秩序的否定，而尼采公然否定善而肯定惡。拜倫化為撒旦與上帝戰鬥，尼采則說「上帝死了」──如果有上帝，我在那兒？拜倫的《曼弗雷德》等詩，顯示了一種頑強不屈的強力意志，而強力意志則成為尼采學說一個重要的組成部分。拜倫自比撒旦，在伊甸園中撒旦是誘人犯罪的蛇；而尼采喜愛的就是蛇，查拉圖斯特拉走到那裡，都要帶著他的鷹和蛇。拜倫厭惡女性的時候會否定愛，他說女人可怕的地方就在於，你不能與她們共同生活，又不能離開她們而活著；而尼采則更進一步說，愛的基礎是交戰，是兩性間不共戴天的仇恨。由此可見，尼采出自拜倫，但幾乎在那一個方面都比拜倫走得更遠。

魯迅既喜歡拜倫，又喜歡尼采，是很合乎邏輯的。尼采對魯迅的影響是全方位的，從思想性格、情感方式、思維特徵、藝術技巧，一直到個人的好惡。魯迅信奉的進化論，與其說是達爾文的生物進化論，倒不如說是尼采式的人文進化論，就是讓人自強奮進，由「末人」向「超人」邁進。儘管尼采並不同意達爾文的生存競爭理論，但是魯迅在《破惡聲論》中，明確地認為尼采學說是從達爾文的進化論中脫胎出來的。正是從這個角度，進化論才會成為魯迅堅信將有較圓滿的人出現的一種理想。不僅如此，尼采那種激進、極端、狂人式的情感方式，剛毅不撓、多力善鬥的強力意志，對魯迅的個性生成也產生了重大的影響，使得自信與孤傲成為魯迅性格的重要組成部分。魯迅說尼采絕望於現實中的「眾數」，「聊可望者，獨苗裔耳」；而魯迅在《狂人日記》中正是基於對現實中「眾數」的絕望，才發出了「救救孩子」的吶喊。尼采說：「大恩惠並不使人感謝，而使人生報復之心」；〔註1〕魯迅說：「倘使我得到了誰的布施，我就要像兀鷹看見死屍一樣，在四近徘徊，祝願她的滅亡，給我親自看見」。〔註2〕尼采說：「弟子們，我獨自前進了」，「離開我，……也許他騙了你們呢」；〔註3〕魯迅說：「我不妨大步走去，向著我自以為可以走去的路……然而向青年說話可就難了，如果盲人瞎馬，引入危

〔註1〕尼采《查拉斯圖拉如是說》第 103 頁，文化藝術出版社，1987 年。
〔註2〕魯迅《野草‧過客》。
〔註3〕尼采《查拉斯圖拉如是說》第 91 頁。

途，我就該得謀殺許多人命的罪孽。」〔註 4〕尼采討厭貓，「我不愛它，這屋檐下的貓」，〔註 5〕討厭羊，說「善人」是奴隸的領頭羊；魯迅也討厭「媚態的貓」，討厭羊，尤其是那領頭的山羊……。

　　如果說尼采是從哲學王國走來的詩人，那麼，魯迅就是從文學王國走來的哲人，在現代中國文學中，還沒有那位作家的哲理深度與文化內涵超過魯迅。尼采的作品，除了早期的《悲劇的誕生》之外，其餘大都是「從山峰到山峰」的格言、警句、隨想，即使是《悲劇的誕生》，也不是嚴格的邏輯論證的論著。魯迅的作品，除了早期的《科學史教篇》與《文化偏至論》之外，也沒有嚴格的邏輯分析的論文，以至於有人不得要領地說魯迅「不能持論」。尼采和魯迅都說他們的文章攻擊個人，意不在個人而在一種文化類型。魯迅說尼采的文章「太好」，並用文言與白話先後兩次翻譯了《查拉圖斯特拉如是說》的《序言》。在思維方式上，尼采是以直覺體悟來反理性的，具有一種明顯的非常識性，甚至是全面反常識的，他的觀點也往往以逆理悖論的方式發表。這對魯迅的影響是很大的，正如《墓碣文》中所說，「於浩歌狂熱之際中寒；於天上看見深淵。於一切眼中看見無所有；於無所希望中得救」——任何事物都是它的反面，所以魯迅從「仁義道德」中看出了「吃人」，從孔子的中庸中看出了其非中庸，從嵇康與阮籍的毀壞禮教中看出了其「太相信禮教」……這就是魯迅的推背法：自稱強盜的無須防，自稱正人君子的必須防。

　　尼采曾在《快樂的智慧》一書中寫過一個瘋子，大白天提著燈籠到大街上尋找上帝，然後驚呼上帝死了，而悲哀世人沒有意識到上帝死了對於他們意味著巨大的價值真空。後來，推崇狂人的尼采自己也發了瘋，這不會對魯迅的《狂人日記》的構思沒有啓迪作用。魯迅自己在談到《狂人日記》的時候也談到尼采，儘管他是從尼采式的人文進化論的角度去談的。而《查拉圖斯特拉如是說》對魯迅《野草》的藝術表現方式也有很大的影響。《查拉圖斯特拉》中的《卜者》一篇，敘述查拉圖斯特拉的夢：

　　　　我夢到我整個地拋棄了我的生命。我在死神之堡的孤獨的山上，成了守夜者與守墳者。

　　　　在那裡我守著死神的棺木：黑暗的甬道里充滿了它的勝利的錦標。消失了的生命穿過玻璃棺望著我。

〔註 4〕魯迅《華蓋集・北京通信》。
〔註 5〕尼采《查拉斯圖拉如是說》第 145 頁。

我吸著永恒之雜著灰的氣息：我的多塵的靈魂被壓著……

這個夢與《野草》中的作品篇幅相同，夢的結尾是，黑棺自己裂碎了……

我怕極了：我被推到在地上。我駭呼了，我從不曾那樣駭呼過。

但是我自己的呼聲驚醒了我：——我恢復了知覺。

這個夢與《野草》中的《墓碣文》、《死後》等篇，在構思上有異曲同工之妙。據章衣萍回憶，魯迅曾說他的哲學都在《野草》中，尼采自己就說，《查拉圖斯特拉如是說》集中表現了他的哲學。而且他們的哲學表現方式也是非常相似的，就是不以抽象的概念、邏輯的推演，而是以象徵、隱喻、暗示等技巧，將他們深深體悟到的存在的深度揭示出來。

個性主義是近代以來人的解放的結果，但尼采卻把個性主義推向了極端，他特別強調主體的強力、意志的擴張以及個人獨戰多數，所以魯迅在《文化偏至論》中說尼采是個人主義的雄傑。尼采也清醒地看到，「多數」像蒼蠅一樣遍地都是，許多堅強者為之毀滅：「這些小對象與可憐蟲是無數的，許多高聳的大廈，曾被雨點與惡草所傾毀。你不是石塊，可是許多雨點已經滴穿了你。還有許多雨點將會砍分了你，粉碎了你。」〔註6〕在善於「以柔克剛」與「滴水穿石」的中國，尼采的話就不能不引起魯迅的強烈共鳴。因此，魯迅的個性主義就不僅要求從傳統的倫理整體中解放出來，而且要人「多力善鬥」，不管眾數是「一式的點頭」，還是以「無物之陣」對付你，你都要意志堅強地「舉起投槍」。魯迅曾說，中國人對於壓不下去的東西，就將之捧上去，當你被捧得感覺很好的時候，就讓你遷就他，從而將你「克」了。所以在《這樣的戰士》中，魯迅提醒自由的個性戰士，有許多戰士就是在一片讚美聲中倒下去了，而具有強力意志的人應該看透這種把戲，不停地舉起投槍。在精神實質上，尼采的強力意志深深地影響了魯迅《野草》中的《復仇》、《這樣的戰士》與《淡淡的血痕中》等名篇。

第二節　魯迅與尼采：作為叛逆的惡魔

從某種意義上說，魯迅在中國文化史上地位與尼采在西方文化史上的地位是相似的。正如在尼采之前，沒有人那麼猛烈地攻擊基督教的價值觀念，

〔註6〕尼采《查拉斯圖拉如是說》第58頁。

那麼強烈地感受到「上帝死了」所將留給西方人的巨大的價值危機；在魯迅之前，也沒有人那麼猛烈地攻擊儒教的價值觀念，以及在儒教的價值觀念崩潰之後深感存在的孤獨與荒誕。因此，尼采對魯迅影響最大的，是那種對固有文化傳統的全盤懷疑、猛烈抨擊與整體掃蕩的叛逆精神，也就是「重新估定一切價值」，從而實現「價值翻轉」。

　　現代社會學對「奇理斯瑪」（Charisma）權威的研究表明，一個人的思想和行為總要有所根據的東西，如果在已有的文化中沒有一種「奇理斯瑪」權威作為示範，那麼人的內心就會非常貧乏。尼采對基督教文化的整體掃蕩和全盤重估在西方文化的長河中，就並非無源之水，這就是前蘇格拉底的希臘精神，特別是狄俄尼索斯精神。所以尼采認為，能向希臘人學習本身就是一種榮耀。尼采又說，他筆下的查拉圖斯特拉充分表現了狄俄尼索斯的本質。然而與尼采相比，魯迅對儒道文化傳統的整體反叛與全面重估，卻難以在傳統文化內部找到活水源頭。就此而言，魯迅作為一個反叛傳統的惡魔，其「奇理斯瑪」權威，就不是來自傳統文化內部，而是來自尼采等西方文化的「軌道破壞者」。如果沒有尼采那種對西方文化整體掃蕩和全面重估的叛逆精神起著示範作用，那麼，對於吃著傳統文化的乳汁長大的魯迅來說，那種對幾千年來一以貫之的文化傳統的徹底的不妥協的重估和否定，簡直是不可想像的。尼采的徹底反傳統，對於魯迅除了示範作用之外，還可以撫慰魯迅反傳統時的民族自尊心：既然西方人都義無返顧地反叛自己的文化傳統，我們為什麼還要抱殘守缺呢？

　　且看尼采與魯迅對各自文化傳統的反叛。

　　在尼采看來，西方人對工具理性、技術和物質文明的迷信，已經使人喪失了真實的自我和內在的靈性，使西方文化出現了日暮途窮的墮落和衰退。基督教文化已經走向沒落，已經到了該動換血的大手術的時候了。更為嚴重的是，「上帝死了」，這幾乎是許多人已經知道並且承認的事，然而，這些人卻不知道「上帝死了」對於西方人意味著什麼：「雷電需要時間，星光需要時間，大事也需要時間，即使在人們耳聞目睹之後亦然，而這件大事比星辰距人們還要遙遠——雖然他們已經目睹！」〔註7〕於是，上帝雖然已經死亡，但是上帝的影子——基督教的道德，卻仍然籠罩著西方，作為人們的價值依託。然而上帝已死，人們所信奉的道德就不能不是一個莫大的虛偽。因此，尼采

〔註7〕尼采《快樂的科學・一二六・瘋子》，中國和平出版社，1986年。

就想掃蕩基督教，連同他那虛僞的道德。尼采說：「這長期的黃昏不久就要降臨到人間了。唉，我將如何救助我的光明，度過這漫漫的黃昏呢！」〔註8〕

與尼采相似，魯迅認爲中國文化也在走向墮落，享樂太久，就出現了零落的迹象，沒有壓力和挑戰，就喪失了進取心。而且中國人已經爲自己背上的悠久的文明所壓跨，甚至「漫誇耀以自悅，則長夜之始，即在此時」。魯迅在《文化偏至論》中認爲，在尼采等叛逆者的身上，才是新世紀的未來，是「舊弊之藥石」與「新生之津梁」。不過，留日時期的魯迅雖然已經具有明顯的反傳統色彩，但是卻並非中國文化傳統的整體重估者與否定者。這雖然與中國文化的危機不像五四時期那樣深重以及章太炎的影響、反清排滿光復舊物的民族革命有關，但也表明，要走出這一步是相當艱難的。魯迅回國後，面對著的是辛亥革命的失敗、袁世凱稱帝、張勳復辟以及尊孔讀經浪潮，還有「市場之蠅」對魯迅的叮咬。因此，五四時期尼采對魯迅的影響不是減弱了，而是增強了，這就是那種對於傳統的徹底的不妥協的叛逆精神，對傳統的全盤重估和批判精神。

我們先看尼采對基督教文化傳統的攻擊。尼采似乎對基督教充滿了不共戴天的刻骨仇恨，他不但認爲肯定人生的狄俄尼索斯與阿波羅比基督教偉大得多，而且認爲，即使否定人生的死亡宗教佛教，也比基督教好得多。尼采認爲，爲了避免把佛教與基督教那種最卑劣的東西相混，我們最好把佛陀的宗教稱爲「攝生學」。基督教是頹廢的、墮落的、虛無的，充滿了腐朽的糞便一樣的成分，其職能就是培養低下的、退化的奴隸道德，推動粗製濫造者對於高貴的人的反抗。尼采說：「我否定普遍承認所謂道德本身的那種道德——即頹廢的道德，或者用更不好聽的名詞來說，基督教的道德」。因爲「基督教道德是一種最有害的虛僞意志，是使人類腐化的眞正巫婆」。〔註9〕尼采特別仇視基督教之爲基督教的《新約》，他認爲如果說《舊約》還有一點原始的力度的話，那麼，《新約》就是十分卑鄙的一類人的福音。尼采說，「上帝」這個概念，也就是生命的敵對概念，它把一切有害的與惡毒的敵對生命的東西容納其中。「來世」、「本體世界」等概念，是爲了貶低鮮活的生命價值，想從現實世界掃除一切。「靈魂」、「精神」，尤其是「不朽靈魂」等概念，是被發明用來蔑視肉體，使肉體變爲病弱的，而所謂「靈魂的拯救」，就是在懺悔的

〔註8〕尼采《查拉斯圖拉如是說》第161頁。
〔註9〕尼采《瞧！這個人》114頁，中國和平出版社，1986年。

心理震動與贖罪的歇斯底里之間的循環精神錯亂。在「無我」、「自我否定」等概念中，頹廢的徵象就顯露出來了。最後，在一切中最可怕的「善良者」這個概念中，漸漸容納了一切應該消滅的柔弱、病態和自苦的東西。因此，基督教的目的不是在生理上腐化人類的話，還有什麼意義呢？正是從這個意義上，尼采認為基督教是一種令人「自殺」或「慢性自殺」的宗教。〔註 10〕因此，尼采就像摧枯拉朽的大風暴，要掃蕩基督教這株已死的大樹上所有的枯枝殘葉。尼采說：「能夠使我與其他人類不同的東西，乃是下述的事實，就是我撕下了基督教道德的面具」。「就個人而論，我是第一個最反對基督教的人」，因此，「我是根本的破壞者」。〔註 11〕

魯迅也不示弱。他對儒教和孔子進行了猛烈的抨擊，勢不兩立。他激烈地抨擊儒家以孝為本的集倫理、道德、政治、禮俗等等於一身的禮教，將其罪惡概括為「吃人」。在魯迅看來，儒家的節烈、孝道，特別是所謂的「二十四孝」，純粹是對生命的摧殘與謀殺。儒家所設計的政治秩序，就是讓人做侍奉主子的材料，苦下去，苦下去，所以他說「中國的文化，都是侍奉主子的文化」。〔註 12〕而中國的禮俗，「能用歷史和數目的力量，擠死不合意的人」，卻又無理可講。因此，魯迅對中國文化傳統的攻擊與否定是整體性的，全方位的，既不像胡適那樣經常與傳統妥協，也不像吳虞那樣以道反儒，而是對儒道構成的文化整體予以全面的排斥。魯迅說：「所謂中國的文明者，其實不過是安排給闊人享用的人肉的筵宴。所謂中國者，其實不過是安排這人肉的筵宴的廚房。不知道而讚頌者是可恕的，否則，此輩當得永遠的詛咒！」「先儒」之所謂「一治一亂」的中國歷史，其實是「想做奴隸而不得的時代」與「暫時做穩了奴隸的時代」的循環。因為「中國人向來沒有爭到『人』的價格，至多不過是奴隸。到現在還如此，然而下於奴隸的時候，卻是數見不鮮的」。〔註 13〕更為嚴重的是，孔子與老子的「古訓」已經使中國人日漸退化，墮落。魯迅說：「中國人的不敢正視各方面，用瞞和騙，造出奇妙的逃路來，而自以為正路。在這路上，就證明著國民性的怯弱，懶惰，而又巧滑。一天一天的滿足著，即一天一天的墮落著，但卻又覺得日見其光

〔註 10〕尼采《快樂的科學‧一三○‧基督教與自殺》。
〔註 11〕尼采《瞧！這個人》第 113 頁，13 頁。
〔註 12〕魯迅《集外集拾遺‧老調子已經唱完》。
〔註 13〕魯迅《墳‧燈下漫筆》。

榮。」〔註 14〕因此，當有人提倡「保存國粹」的時候，魯迅說：「譬如一個人，臉上長了一個瘤，額上腫出一顆瘡，的確是與眾不同，顯出他特別的樣子，可以算他的『粹』，然而據我看來，還不如將這『粹』割去了，同別人一樣的好。」〔註 15〕當有人主張「整理國故」的時候，魯迅勸青年少或者竟不看中國書，多看外國書。當有人倡導「尊孔讀經」的時候，魯迅又說：「古書實在太多，倘不是苯牛，讀一點就可以知道，怎樣敷衍，偷生，獻媚，弄權，自私，然而能夠假借大義，竊取美名」。「所以要中國好，或者倒不如不識字罷，一識字，就有近乎讀經的病根了。」〔註 16〕魯迅讓人「將華夏傳統的所有的小巧的玩藝兒全都放掉，倒去屈尊學學槍擊我們的洋鬼子，這才可望有新的希望的萌芽」。〔註 17〕於是，魯迅作為一個叛逆的猛士，無論對他點頭的繡出「各式好花樣，學問，道德，國粹，民意，公義，東方文明……。但他舉起了投槍。」

但是，破壞與反傳統都不是目的，破壞是為了更好地建設，反傳統是向傳統挑戰，看看傳統還有沒有迎戰的能力和更新的生機，如果沒有，就應該創造新價值或者向外吸取新價值。尼采說：「真的，誰不得不創造善惡，便不得不先破壞，先打碎價值。所以，最大的惡也是最大的善的一部分：但是這是創造性的善」。魯迅說：「無破壞即無新建設，大致是的；但是有破壞卻未必有新建設——中國傳統的「奴才式的破壞」與「寇盜式的破壞」，「結果只能留下一片瓦礫，與建設無關。」〔註 18〕而尼采等人的軌道破壞，「不單是破壞，而且是掃除，是大呼猛進，將礙腳的舊軌道不論整條或碎片，一掃而空，並非想挖一塊廢鐵古磚挾回家，預備賣給舊貨店。」所以魯迅呼喚尼采式的革新的破壞者，因為他們的心裏有理想的光芒。

尼采作為一個革新的破壞者，其特點就是「重估一切價值」，實現其「價值翻轉」。他說：善與惡是人類自製的，「人類為著自存，給萬物以價值。——他們創造了萬物之意義，一個人類的意義。所以他們自稱為『人』，換言之，估價者。估價便是創造。」「價值的變換，——那便是創造者的變換。」尼采為了表明價值的相對性，或者說價值不是上帝賦予的，還比較了幾個不同民

〔註 14〕 魯迅《墳·論睜了眼看》。
〔註 15〕 魯迅《熱風·三十五》。
〔註 16〕 魯迅《華蓋集·十四年的「讀經」》。
〔註 17〕 魯迅《華蓋集·忽然想到十》。
〔註 18〕 魯迅《墳·再論雷峰塔的倒掉》。

族的價值觀。尼采說：「到目前為止，謊言是被稱為眞理的。對一切價值重新估價：那就是我對於人類最高的自我肯定活動的公式。」〔註19〕用傳統的眼光看，上帝對人類是有大愛的，基督教最大的誡命就是「愛上帝」和「愛鄰人」；但在尼采看來，「基督教的起源是來自憎恨心理」，「它主要是一種反抗運動，反抗受高貴價值的支配」。用傳統的眼光看，基督教是一種拯救人類的宗教，上帝派他的獨生子耶穌來就是爲了拯救人類的；但在尼采看來，基督教卻是一種否定生命意志的使人退化墮落的宗教，由於它的教化，已經使人類變成了病弱的、殘廢的半人、劣人、畸形人，而與之對立的爲尼采稱道的，是狄俄尼索斯的對痛苦、罪惡以及人生一切可疑而陌生的東西毫無保留的肯定，也就是對生命意志的肯定。用傳統的眼光看，基督教宣揚的同情、寬恕、良心等等，都是人的美德；但在尼采看來，「良心」是一種「殘忍本能，當這種殘忍本能不能再向外發泄時，便回過來對自己發泄」，「同情」是一種弱者的心理，弱者缺乏承受痛苦的能力。既容易同情別人也希望別人同情，而一個堅強的人是勇於承受痛苦的，他怕被別人同情以傷自尊，也不願同情別人以傷他人的尊嚴。用傳統的眼光看，棄惡揚善，是不易之定理；但在尼采看來，棄善揚惡，人類才能進步：「高估善良和仁慈的價值是頹廢的結果，是柔弱的象徵，是不適於高揚而肯定生命的」。尼采猛烈抨擊基督教所造成的「奴隸道德」，而張揚他那孤獨、自強、眞誠、敢於承受痛苦、富有生命本能、強力意志和首創精神的「主人道德」。

尼采的「價值翻轉」對魯迅的影響是巨大的。魯迅以尼采的「主人道德」，對中國的「奴隸道德」進行了深刻的剖析和猛烈的抨擊。魯迅猛烈攻擊儒道的禮讓、雌退、馴良、虛偽等道德價值，而推崇剛直、眞誠、敢於競爭和冒險的道德價值。用傳統的眼光看，「合群」是一種美德，但魯迅卻「任個人而排眾數」，他說：「『個人的自大』，就是獨異，是對庸眾宣戰……但一切新思想，多從他們出來，政治上宗教上道德上的改革，也從他們發端。」相反，合群的人「毫無特別才能，可以誇示眾於人」，於是就黨同伐異，「對少數的天才宣戰。」〔註20〕用傳統的眼光看，「知足常樂」是一種美德，但在魯迅看來，這正是墮落而惡進取的表現，只能產生尼采所斥責的「末人」。魯迅並不否認知足者會常樂，不滿者會痛苦，但魯迅與尼采一樣，毅然肯定人生

〔註19〕尼采《瞧！這個人》第107頁。
〔註20〕魯迅《熱風·三十八》。

的痛苦，所以魯迅批判「大團圓」、「十景病」，讓人「睜了眼看」：「記得一切深廣和久遠的苦痛，正視一切重疊淤積的凝血」。在許多地方，魯迅也如尼采，說他喜歡惡而不是善，這在上面「魯迅惡的文學觀」等章節中已經詳述。

　　魯迅的「價值翻轉」，充分表現在《吶喊》、《彷徨》等作品中兩種對立的價值觀的激烈衝突上，而《狂人日記》則是魯迅「重估一切價值」的集大成者。從某種意義上說，《狂人日記》在中國文化史上地位，可以與《查拉圖斯特拉如是說》在西方文化史上的地位相提並論。我們說過，尼采式的進化論、《瘋子》乃至尼采行文中狂人性格，最後尼采的發瘋等等，對魯迅的《狂人日記》都有影響，但是，對《狂人日記》影響最大的，還是尼采的「重估一切價值」。換句話說，《狂人日記》就是一篇重估傳統價值的小說。傳統的「仁義道德」在狂人看來就是「吃人」，傳統的承擔者「話中全是毒，笑中全是刀」，「就是吃人的傢夥」。而一個想勸轉眾人不再吃人的覺醒者，在傳統的承擔者那裡卻只能以「狂人」的面目出現，而且他越是清醒，在眾人眼裏就越是瘋狂。所以，好與壞、善與惡等價值，在《狂人日記》都完全顛倒了。魯迅以新的價值觀對歷史（反傳統）與現實（改造國民性）的全面審視，使天地在魯迅這位叛逆的猛士眼中「於是變色」。

第三節　孫悟空與如來佛：惡魔反叛的界限

　　尼采對基督教文化的無情掃蕩與魯迅對儒道文化的激烈批判，我們已經加以討論。但是，反傳統無論是整體性的，全盤的，還是局部性的，部分的，都難以使自己的文化主張完全擺脫傳統。因此，儘管尼采在抨擊基督教的時候，肯定前蘇格拉底的希臘文化，特別是狄俄尼索斯精神；魯迅在批判儒道文化傳統的時候，向女媧、刑天、精衛等神話人物以及墨子、大禹等認同，但是，尼采、魯迅卻是基督教與儒教的真正產兒。

　　尼采把耶穌與基督二分，認為歷史上只有一個基督徒，就是已經釘死在十字架上的耶穌。那麼，第二個基督徒是誰呢？按照尼采的基督徒標準，似乎就是尼采本人。尼采曾斷言，人類歷史將因他而分成兩個部分，他將取代耶穌成為新的紀元的依據。原始基督教本來是帶有濃重的猶太民族主義色彩的，但是在後來的發展演變中，卻是面對整個人類的。在基督徒的心目中，

耶穌是在人類的罪惡災難中，以救世主的身份降臨人世教訓人的，並且只給予而不索取；而尼采是在人類（西方）面臨著一場巨大的價值危機的前夜，以類似救世主（查拉圖斯特拉）的身份下山教訓人的，並且也自稱是太陽，只給予而不索取。尼采的自傳《瞧！這個人》，就是將自己比成受難的耶穌。尼采發瘋時，寄給勃蘭兌斯一封信，署名是「釘在十字架上的人」。他的朋友去接他，他又唱又舞，說自己是死去的上帝的繼承人。我們應該怎樣理解尼采激烈的掃蕩基督教卻又自比耶穌呢？傳統的基督徒只能跪倒在耶穌的面前懺悔，與耶穌那種有權柄的大口氣迥然相異，只有在上帝死了的時候，尼采式的基督徒才敢於自比拯救人類的耶穌。

　　毛澤東說：「孔夫子是封建社會的聖人，魯迅則是現代中國的聖人。」〔註21〕孔子本來就是歷史上的一個文化學派的最大的教師，而不像耶穌是現在還活著（已經復活）的上主，所以魯迅對於孔子就不是大呼孔子死了而去取代的問題，而是二者的精神聯繫。孔子是在春秋亂世，東周王權衰落，諸侯起而爭雄的時代，以拯救家國——治國平天下為己任，總想在大亂的時代造福華夏，以此讚美與他的道德理想大相徑庭然而卻已造福華夏的管仲為「仁」。所以，研究孔子的學者就稱孔子有一種「實踐理性精神」或者「實用理性」。魯迅是在清末亂世、列國虎視中華的時代，將畢生精力獻給了救國救民的大業。而魯迅反傳統的傳統機制、動因和內驅力，正是一種以天下為己任的使命感與憂患意識，一種「實踐理性精神」或者說「實用理性」。魯迅在反傳統的時候有一句名言：「要我們保存國粹，也須國粹能保存我們。保存我們，的確是第一義。只要問他有無保存我們的力量，不管他是否國粹。」〔註22〕因此，留日時期，魯迅所以能兼容激烈對立不相容的「托、尼學說」，正是從民族自救的角度進行文化選擇的——不肯定尼采，就無以圖強；不肯定托爾斯泰，就無法反對帝國主義對中國的侵略。五四時期，魯迅對共產主義學說還不感興趣，對蘇聯表示「懷疑，冷淡」，但是隨著蘇聯建設的成功和資本主義世界1929～1933年的經濟大危機，魯迅在某種程度上又拋棄了「托、尼學說」，轉向左翼文化陣營。因此，不但魯迅的留日時期、五四時期以及後期的思想變化很大，而且同一時期的思想也充滿了矛盾對立。然

〔註21〕毛澤東《論魯迅》，《六十年來魯迅研究論文選》上冊，中國社會科學出版社，1982年。
〔註22〕魯迅《熱風・三十五》。

而，這種種的矛盾對立，卻在感時憂國一點上統一了起來。換句話說，魯迅正是為了家國的復興，才甘心情願地使自己的思想隨時而變。魯迅後期很少創作純文學作品，而專操雜文這種攻擊時弊的利器，正是中國儒家傳統的以感時憂國為情感內驅力的實用理性的典型表現。

尼采的個性主義對魯迅影響很大，使魯迅的個性主義具有鮮明的尼采特徵，即強調主體的強力、意志的擴張以及獨戰多數。儘管如此，魯迅的個性主義與尼采的仍具有顯著的差異，而這種差異正是由於儒教與基督教兩種文化背景的不同使然。

基督教的神是個體人的神，「上帝乃是被當作個體的類之概念，是類之概念或本質」。這個本質，一方面是類的「普遍本質」，是一切「完善性之總和」；一方面「同時又是個體性的、個別的存在者」。換句話說，上帝能夠使人「直觀到類跟個體性的直接統一」。〔註23〕也就是說，基督教的個人不必一定合群就可以通過「神」的概念使自己達到道德與宗教上的完善，正如托馬斯·阿奎那所說的，即使是單獨一個靈魂，即使它沒有一個親鄰，只要他自為地享受到上帝，那就還是福樂的。因此，個性主義正是基督教文化的產物；其悖謬之處在於，只有在上帝死了以後，尼采式的充分強化個體主體性的個性主義才會脫穎而出。雖然基督教的個人可以撇開類不管而直接對上帝負責，但是對上帝負責就要接受上帝的約束；只有在上帝死了以後，尼采式的個人才能只對自己負責而得以完全自由。他不但不必跪到在上帝面前進行罪人的懺悔，而且可以取代上帝成為「超人」。

與此相反，如果說基督教「撇開類不管，只著眼個體」（費爾巴哈語），那麼，儒教則高度重視族類而忽視個體。個體游離家國族類之外是沒有意義的，個體的人再好，也只是棟梁之才，棟梁只有在整體的大廈的建構中才有意義。而中國人生命的極大歡喜，正是將個體生命融入家國族類之中，為生命整體大樹的枝繁葉茂而澆水流汗。因此，在儒教的文化背景下，魯迅的個性主義從來就沒有導向尼采式的為了一個超人的出現可以犧牲千百萬個粗製爛造者，或者像尼采那樣只推崇高貴的人而蔑視眾數。相反，魯迅雖然怒國民之不爭，卻對他們的苦難充滿了同情，而且還要啟蒙國民，改造國民性，希望「國人之自覺至，個性張，沙聚之邦，由是轉為人國」。如果說人的自我實現、張大意志以進向超人在尼采那裡就是目的，那麼，個性主義在魯迅這

〔註23〕費爾巴哈《基督教的本質》第 17 章，商務印書館，1984 年。

裡卻只是救國興邦的手段，國家族類的興旺發達才是目的。手段較目的是次要的，所以魯迅爲了救國興邦就可以輕而易舉地放棄信奉多年的個性主義，轉向集體主義，而這又正是志士仁人以天下爲己任的儒家道統使然。

　　基督教的人既是個體的人，那麼，就不得不以個體去面對死亡；但是，有上帝存在，即使以個體面對死亡，也並不令人恐懼。因爲在基督看來，人的靈魂是屬神的、不朽的，只要人能自我完善，與神溝通，享受到上帝的恩崇，那麼，就會在末日審判之後進入永恒的天國。但是，在「上帝死了」而「靈魂蔑視肉體」成爲歷史之後，尼采式的自由的個人就不得不眞正地以個人去面對死亡。在對死亡的超越上，尼采背叛了基督教的傳統而轉向狄俄尼索斯，也就是以審美的方式，在世界的生成與毀滅中，與大地本體意志合一，從而超越了個體生命的短暫。但是，尼采對基督教傳統的背叛是有限度的。尼采沒有將個體納入整體族類之中，在族類的綿延中超越個體生命的短暫，因爲這樣一來，必然會使得族類整體凌駕於個體之上，妨害了個體生命意志的張揚。尼采與莊子都是以審美的方式超越死亡的，然而二者的巨大差異，正如達爾文眼中競爭撕殺的自然與中國道家眼中寧靜無聲的自然。因此，莊子認爲自然的精髓是一種靜態的混沌，不變動也不分化，「天地有大美而不言」；尼采則認爲不斷的變動與不斷的生成毀滅才是大地本體意志的體現，因而審美就是一種生命的激情狀態。莊子泯滅人的主體性，泯滅個體的意志，讓人向無機靜態的自然靠攏；尼采則強化人的主體性，張大個人的意志，讓人進向超人。從這個意義上看，基督教重視個性的傳統可以說又被尼采發揚光大了。

　　儒家的人既是族類的人，那麼，就遇不到以個體面對死亡的問題。個體的人雖然有生有滅，但是，人作爲一個族類綿延的整體，不是生生不息的嗎？「子子孫孫，無窮匱也」。因此，個體的生命在上孝敬父母與下生育子女（一般老百姓）的傳宗接代中，在上爲往聖繼絕學與下爲來世開太平（士大夫）的繼往開來中，就獲得了不朽。〔註24〕魯迅雖然非孝道反孔子，並且張揚個性，但是魯迅卻沒有讓自由的個性與神結成一類而與眾數抗戰，也沒有向尼采認同，而是承襲了以族類的綿延超越個體的死亡的儒家傳統。魯迅說：「種族的延長——便是生命的延續……所以新的應該歡天喜地的向前走去，這便

〔註24〕詳見拙著《生命之樹與知識之樹》第二章《儒家的生命哲學》，河北人民出版社，1989 年。

是死。」因此，「人類的滅亡是一件大寂寞大悲哀的事，然而若干人們的滅亡，卻並非寂寞悲哀的事。」〔註 25〕這與其說是反傳統，不如說是儒家對於人超越死亡的終極關懷的進化論式的表述。

　　魯迅接受尼采的學說是有中國傳統文化的土壤的。尼采的出現加速了西方文學從史詩向抒情詩的轉折，而中國的文學傳統一向是以抒情詩爲特徵的。我們已經提到過尼采對魯迅的《野草》的巨大影響，爲此閔抗生寫了一本專著加以論述，但是著名的漢學家普實克卻認爲，《野草》是中國抒情詩傳統的產兒。不僅如此，尼采厭惡以靈魂蔑視肉體，要求忠實於大地，也與基督精神相背而與孔子精神相合。但是也應該看到，尼采對基督教文化的背叛是有限度的，與執著於現世今生的孔子相比，尼采更接近超越現世的耶穌。耶穌認爲，人是從原罪的祖宗而來的，現世是墮落的，人必須超越現世才能進向天國；尼采認爲，人是從蟲子、猴子之類的東西變來的，現實是墮落的，人必須跨過繫在獸與超人之間的軟索而進向超人。耶穌是在高處的神，是能夠駕著雲頭下來審判人類的上主；而尼采推崇的就是「高山氣象」，自稱「舞蹈者」，他說：「我是從高處下來的，而這個高處高到連飛鳥也飛不上去」。〔註 26〕因此，尼采正是基督教超越意向的產兒，所以尼采反覆說，人是一個試驗，是一個應該不斷被超越的東西。

　　孔子雖然有復古的意向，然而從根本上說，孔子是一位執著於現世今生並且爲現存的一切進行辯護的思想家。這種對現世今生的執著，使得中國的哲學沒有超越於感性之外的理性，中國的歷史成爲「資治通鑒」，中國的藝術甚少世外之音，中國的科學偏重於實用技術。魯迅受尼采等西哲的影響，批判現實社會，攻擊現存事物，甚至以「令飛」、「迅行」等作爲自己的筆名。但是，總的來看，魯迅還是一個執著於現世的人，正如《頭髮的故事》中的N 先生所說的：「你們將黃金時代的出現豫約給這些人們的子孫了，但有什麼給這些人們自己呢？」儘管魯迅經常批判中國人無主義無信仰，但是在魯迅思想的天平上，國計民生似乎總是比思想主義更重要，換句話說，思想主義只有在促進國計民生的發達時才顯得重要，這從魯迅幾次思想的重大轉折中，從魯迅自身思想矛盾的結構中，都可以看得出來。所以即使在魯迅信奉尼采的時候，也說尼采的超人太渺茫。魯迅說：「現在的地上，應該是執著

〔註25〕魯迅《熱風》中《四十九》《六十六生命的路》。
〔註26〕尼采《瞧！這個人》第 43 頁。

現在，執著地上的人們居住的」。〔註27〕又說：「那切切實實，足踏在地上，
爲著現在中國人的生存而流血奮鬥者，我得引爲同志，是自以爲光榮的。」
〔註28〕

　　孔子、耶穌對中西兩個叛逆惡魔的文化影響，不但表現在思想學說方面，
而且也表現在人格的影響上。耶穌是一個崇高的、具有神性的、光彩奪目的、
神秘而有異能的人，是文化超人；而尼采所自恃的光輝而高貴的人格，所希
冀出現的超人，就與此相類。相比之下，孔子「畏大人」，也愛財，到處找官
做，也有過失，還會賭咒，是一位平平常常的文化聖人。《論語》的第一句話
就是：「學而時習之，不亦樂乎？有朋自遠方來，不亦樂乎？」魯迅則說做皇
帝是無聊的，不如同朋友聊天。事實上，魯迅非常重視傳統的友情，以自己
有一個終生的好友許壽裳而自豪，而許壽裳正是一位頗有儒風的君子。不僅
如此，魯迅對於母親是孝子，對於章太炎、藤野先生又是好學生，而這正是
孔子教誨的一部分。值得注意的是，不但魯瑞與章太炎從思想到人格是偏於
傳統的，而且藤野先生從思想到人格也是東方傳統的。因此，魯迅儘管受莊
子、嵇康以及拜倫、尼采等人的影響，使其思想具有不同凡響的品格，但是，
魯迅與孔子都是平凡的「於細微處見精神」的人格，是文化聖人，而不像尼
采與耶穌是什麼先知先覺的神人與超人。

　　耶穌、尼采之爲文化超人，表現在他們都有一種不同凡俗的超人性格。
凱德伯瑞說：「也許，以新奇、獨到等字眼來形容耶穌的獨到之處，還不如
以激進、熱情、極端來形容更爲精確。」〔註29〕耶穌的確是一個狂熱的激
進分子，有時候簡直就像害了熱病。耶穌的狂熱性格，以及與眾不同的言行，
使耶穌的親屬要「拉住他，因爲他們說他癲狂了」。〔註30〕耶穌的狂熱、激
進、愛走極端以及自誇有大異能等性格，在尼采的身上表現得最充分。從我
們中國人看來，沒有發瘋的尼采就是一個狂人、瘋子。翻開尼采的自傳《瞧！
這個人》，到處是「我爲何如此聰明」、「我爲何能寫出如此優越的書」之類
的文句，他說，「在我之前，根本沒有心理學」、「我是第一個發現眞理的人」，
「一切偉大的心靈的全部精神和良善合起來，也不能創造一篇查拉圖斯特拉

〔註27〕魯迅《華蓋集‧雜感》。
〔註28〕魯迅《且介亭雜文末編‧答托洛斯基派的信》。
〔註29〕卡本特《耶穌》第116～117頁，工人出版社，1985年。
〔註30〕《聖經‧新約‧馬可福音》第3章第21節。

的說教」，「我飛翔在所有向來所謂詩歌的千里之上」……耶穌自稱是神派來的「人子」，而尼采稱他的查拉圖斯特拉的「遭遇只能爲一個神所帶來」。耶穌說：「我就是道路、眞理、生命，若不借著我，沒有人能到父那裡去。」〔註31〕尼采說：「只有我才握有眞理的標準；我是唯一的仲裁者……在我之前，沒有人知道眞正的道路。」〔註32〕

　　與此相反，孔子是一個常識的教師和平平凡凡的人。孔子自己也不避諱這一點：「十室之邑，必有忠信如丘者，不如丘之好學也。」〔註33〕孔子認爲有「生而知之者」，卻說自己是「學而知之者」。孔子熱心追求功名富貴，並說「富貴而可求也，雖執鞭之事，吾亦爲之」。〔註34〕而在中國，求富貴的大道就是做官，所以孔子一生到處找官做，急於有人用他，爲此甚至想到反賊那裡去。他見南子的時候，子路不高興，他就賭咒。孔子說，君子是不應該像他那樣，由於小時候的低賤而會幹許多下等人幹的活的。因此，無論子貢是怎樣把孔子比做光照天地的日月，後儒是怎樣神化孔子，都改變不了孔子平凡的形象。魯迅前期受尼采的影響，也具有狂熱、激進、愛走極端等性格。這集中表現在魯迅早期的《斯巴達之魂》、《文化偏至論》與《摩羅詩力說》等文章中，五四時期，魯迅還提倡「個人的自大」，推崇狂人、瘋子和「叛逆的猛士」，呼喚「天馬行空的大精神」，這都與尼采的影響有關。不過，即使在魯迅前期，行文中也沒有耶穌、尼采式的大口吻，儘管從事實上說，在中國魯迅是第一位現代觀念的提倡者，第一篇現代小說的創造者，第一部中國小說史的撰寫者，但是魯迅在自敘中卻極少誇口，而處處是謙虛的口吻。而且魯迅從來沒有像耶穌、尼采那樣以神明自許，即使在談到他的創作時，他也不以靈感自誇，而是說他的作品是「擠」出來的。魯迅後期的思想性格，就更少偏激和極端，向儒家式的平凡的人格又靠攏了一大步。

　　耶穌、尼采之爲超人，也表現在他們絕不隨順傳統和眾人，而成爲被眾人所棄絕、被家鄉所驅逐、被祖國所殘害的先知。儘管耶穌被聖靈充滿，有神恩在他身上，卻仍然被家鄉的人所厭惡。有一次，耶穌在家鄉訓眾，因其對家鄉的批判，使得家鄉人「都怒氣滿胸，就起來攆他出城（他們的

〔註31〕《聖經·新約·約翰福音》第 14 章第 7 節。
〔註32〕尼采《瞧！這個人》第 97 頁。
〔註33〕《論語·公冶長》。
〔註34〕《論語·述而》。

城造在山上）；他們帶他到山崖，要把他推下去」。耶穌也知道家鄉人不信他、厭惡他，所以他說：「我實在告訴你們，沒有先知在自己家鄉被人悅納的。」〔註35〕因爲象徵意義上的「家鄉」就是先知所處的現實，先知來得太早，眾人不能理解他，他就攻擊家鄉而爲家鄉所棄絕所迫害。因此，耶穌到了耶路撒冷，耶路撒冷又變成了耶穌的家鄉而迫害耶穌。最後，耶穌終於被祖國的同胞釘死在十字架上。在釘十字架的時候，眾人唾棄他，戲弄他，連與他同釘的強盜都譏笑他，使耶穌作爲被家鄉迫害致死的先知的文化原型構建而成。正如耶穌自稱先知，說「天國近了，你們應當改悔」，尼采也自詡爲先知，說他是新世紀的頭生子，並教人做超人的道理。但是，先知注定不爲家鄉所悅納，尼采也知道這一點：「希望在今天就發現有人接受我所宣揚的眞理，那將是徹底的自我矛盾，今天沒有人聽從我，沒有人知道如何接受我要提出的東西」，因爲「我的時代還沒有來到；有些人是出生得太早了」。〔註36〕於是，尼采猛烈地攻擊家鄉，說德國所及之處就腐化了文化。德國本是哲學的故鄉，從萊布尼茲、康德、費希特、謝林、黑格爾到叔本華、馬克思，湧現了一大批世界一流的哲學家，但是尼采卻說德國人根本配不上「哲學家」這一美稱，他們的萊布尼茲和康德不過是「歐洲知識總體上的最大的贅疣」。德國也是音樂的故鄉，貝多芬、勃拉姆斯以及與尼采同時代的瓦格納都是世界一流的音樂家，但尼采卻說，法國是音樂的聖地，「德國人根本不知音樂爲何物」。總之，德國人是一個「罪惡的集團」，「德國人都是賤民」，他們不知道自己有多麼醜惡，有德國人在場尼采連飯都難以下咽，到最後，「德國人」成了尼采最厲害的罵人詞語。尼采說：「德國人想要完全誤解我以使他們自己永垂不朽」，「當德國人正如此對待我時，我的著作已經在彼得堡和巴黎爲人們所研讀了」。尼采在攻擊德國人時，自覺被德國人冷遇、誤解，在精神上遭受德國人的迫害，所以他發瘋時自稱是「釘在十字架上的人」。

與此相反，孔子教化中的一個重要特徵就是「合群性」。個人是無意義的，只有當個人作爲族類之樹上的枝葉、宗族綿延之河裏的水滴的時候，才有意義。而且孔教是以「家教」爲本的，「修身齊家」才能「治國平天下」，是故「君子不出家而成教於國」。因此，「家鄉」對於中國人就不是攻擊的對象，而是崇敬、眷戀的對象。爲「家鄉」所不容是中國人的大恥，離開家鄉

〔註35〕《聖經·新約·路加福音》第 4 章第 24～29 節。
〔註36〕尼采《瞧！這個人》第 38 頁。

的人就是孤苦伶仃的「背井離鄉」者；而脫離群眾的人就會感到異鄉人的孤苦無依和荒誕無比，而且背後也沒有神的幫助。因此在傳統中國，耶穌、尼采式的逆眾者是要被眾人的唾沫淹死的，而中國的古聖賢們也反覆教人要安於家國，隨順傳統和眾人。

　　但是，由於尼采與拜倫等西哲的影響，魯迅也猛烈地攻擊起家鄉來。留日時期，魯迅攻擊中國人缺乏「誠善美」，扼殺天才，唯實利是求，封閉、墮落而惡進取。但是，置身海外的魯迅對家鄉還是充滿眷戀之情，在《破惡聲論》又稱頌「不輕舊鄉」的「邦國家族之制」。魯迅回國之後，面對辛亥革命的失敗和「市場之蠅」的叮咬，就放棄了對家鄉的肯定和歌頌，全面攻擊起家鄉來。魯迅要青年敢於做易卜生式的國民公敵，激烈地批判「合群的愛國的自大」，成為「青年叛徒的領袖」。翻開《墳》，處處都是對國民性的批判，而《熱風》中的雜文有多篇都是以「中國人」如何如何開頭的，都是批判性的。這個時期的魯迅，的確有點尼采氣。在《吶喊》的《自序》中，魯迅描繪出一個為家鄉所不容而又試圖拯救家鄉的自我，是怎樣被家鄉驅逐而「走異路，逃異地，去尋求別樣的人們」，怎樣想喚醒家鄉人卻得不到回應，而使自己寂寞痛苦……

　　然而，即使在五四時期，魯迅與耶穌、尼采式的先知也不同。尼采是在幾乎無人理睬的情況下，獨自攻擊基督教和德國，充分體現了一種獨戰多數的精神。但是，魯迅留日時期對家鄉的攻擊無人響應之後，就「沉入國民中」，「回到古代去」。後來魯迅從古代和國民中走了出來，但那時新文化的洪流已經湧向全國，至少在知識界，反傳統攻擊家鄉成了時髦，而像梁漱溟等固守傳統推崇儒學的人，倒成了「逆天下潮流而動」的少數派。即便如此，魯迅私下也很留戀家鄉的舊物，這不但表現在他整理古籍以及用文言著《中國小說史》等方面，也表現在他反傳統時的痛苦掙扎中。因此，魯迅對家鄉的攻擊就不像尼采那樣激烈，而且在後期的雜文中這種攻擊就逐步減弱。雖然魯迅仍有揭露國民性的文章，但肯定傳統和國民性的文章也時有發表。魯迅對家鄉的態度變得溫和了，而家鄉也尊他為文藝界的「主將」、「旗手」。當我們讀到魯迅批判托派的用語：「你們的所為有背於中國人現在為人的道德」，不受大眾歡迎等等，不就感到魯迅走出尼采而回到家鄉了嗎？

　　耶穌、尼采之為文化超人，還在於他們是以自己的受難來拯救世界的。儘管耶穌被家鄉驅逐和迫害，自己連枕頭大的地方都沒有，連地上的狐狸和

空中的飛鳥都不如；但是，耶穌自願受苦受難，若不承擔苦難就難以拯救人類。因此，耶穌教導門徒也要意志堅強：「你們要爲我的名，被眾人恨惡；惟有忍耐到底的必然得救。」這與尼采推崇的要敢於承受痛苦、經受災難的強力意志又是相似的。尼采說：「我要按照一個意志所能作出的抵抗的量和它所能忍受的痛苦與折磨的量來檢驗它的力量。」耶穌推崇殉道精神，作爲神的獨生子，他明明知道去耶路撒冷要被治死，卻毅然決定去赴死，以自己被釘十字架上的血爲人類贖罪，使人與神得以和好。尼采也推崇殉道精神，他說高貴的人爲了強力意志的實現不惜將生命孤注一擲。他的自傳《瞧！這個人》，就是取自《約翰福音》中彼拉多指著要釘十字架的耶穌所說的話。

　　孔子並不推崇受苦受難，而是稱讚安貧樂道，在可能的條件下享受生命的樂趣。顏回身處陋巷又吃不好，別人「不堪其憂」，顏回卻「不改其樂」，被孔子大加讚賞。魯迅受尼采的影響，也推崇對苦難的承擔，認爲詩人是苦惱的夜鶯，藝術是苦悶的象徵；但是到了後期，魯迅就不贊成這種說法了，其創作也明顯地有了亮色。孔子講「殺身以成仁」，「知其不可而爲之」，孟子講「舍生取義」，但他們都不是那種以自己釘十字架去感化別人的殉道者；所以孔子推崇「天下無道則隱」，「則愚」，孟子說「可以死，可以無死」，「達則兼善天下，窮則獨善其身」，從而表現出極大的靈活性。魯迅執著地爲了民族的生存而奮鬥，但也說尼采式的超人太渺茫，說尼采終於不是太陽而發了瘋。孔子碰壁之餘，對學生說：「道不行，乘桴浮於海」；魯迅「碰頭」之餘，也對學生說：「我們還是隱姓埋名，到什麼村裏去，一聲也不響，大家玩玩吧。」〔註37〕孔子說：「暴虎馮河，死而無悔者，吾不與也。必也臨事而懼，好謀而成者也。」〔註38〕這也就是魯迅推崇的「壕塹戰」──先保存自己，再施化別人。而正是這種精神，使魯迅在教育部工作的時候，面對著袁世凱的祭孔、做皇帝，張勳擁戴皇帝坐龍庭等等，也能夠默默地生活下去。甚至在文風上，孔子、魯迅也不像耶穌「我實在告訴你們……」「天地可以廢去，我的話不能廢去……」或尼采「我教你們做超人的道理……」「我的命運注定了我將是第一個可尊敬的人……」而是平易近人，沒有「狂氣」。他在《吶喊》的《自序》中說：「我的小說和藝術的距離之遠，也就可想而知了，然而到今日還能蒙著小說的名，甚而至於且有成集的機會，無論如何總不能不說是一件僥倖的

〔註37〕魯迅《兩地書·一三五》。

〔註38〕《論語·述而》。

事」。而尼采在《瞧！這個人》中談到《查拉圖斯特拉如是說》的時候，那口氣與魯迅的迥然不同。他剛剛有了一種作此書的靈感，就認為「高於人類和時間六千英尺」，他甚至認為一切偉大心靈的全部精神合起來也不能創造一篇這樣的說教，所以他說這是寫給一切人卻是無人能看的書。

　　魯迅、尼采是對中西文化傳統反叛最激烈的惡魔，然而他們又是各自文化傳統的真正產兒。這表明，反傳統者無論多麼激烈徹底，也不能從文化框架上將已有的文化傳統一掃而光，而只能是在一定程度上對文化傳統進行更新和調整。這就是孫悟空和如來佛之比喻的深層含義。而文化貴在創新，當一個民族的文化處於停滯和衰弊狀態時，吸取異域的營養對於打破陳規陋習是最好的方法；但文化背景又為文化創新劃了一個範圍，超出這個範圍和界限的創新是很難辦到的。而中西文化合璧之後，所產生的是一種既不同於中又不同於西的新文化，也就是魯迅所說的，「取今復古，別立新宗」。因此，魯迅既不是尼采，也不是孔子，而是中西文化合璧之後產生的具有獨立思想品格的文化偉人。

第四章　走向 21 世紀的魯迅

　　在世紀末關於魯迅的論戰中，一些人試圖從解構主義與後殖民主義的批評視角終結魯迅，將魯迅留給 20 世紀，彷彿 21 世紀的天空是屬於他們的，而與魯迅無緣似的。他們將魯迅當成了神，或者說是想像成了神，他們對魯迅的非議似乎也就成了英雄驅神的悲歌。但是，通過我們上面的研究可以看到，魯迅不但不是什麼神明，而且恰恰是顛覆神明的文化惡魔。

　　我想到了普希金。當年俄羅斯的未來主義者，要從現代人的航船上將普希金扔到大海裏去，但是今天的人到了俄羅斯的紅場，想到的不是那些未來主義者，而是普希金。魯迅在《摩羅詩力說》中介紹過普希金，但是魯迅比普希金更具有現代性，更是屬於未來的。

　　我想到了歌德的《浮士德》。惡魔將浮士德誘出了書齋，浮士德在不知饜足地追求之後，便走向了現代性的創造。從某種意義上說，魯迅是浮士德與惡魔的合而為一，是離棄傳統走向現代的象徵。

　　走向現代的人，就要竭力擺脫傳統；正如小雞如果不啄破雞蛋，就永遠不可能成為小雞一樣。但是，當小雞在世界上感到冷酷的時候，眷戀在雞蛋裏的溫暖又是可以理解的。而且這種眷戀僅僅是一種眷戀，小雞永遠不可能再回到雞蛋裏去。從這個意義上說，處於現代化之中的人們，有感於現代化的弊端而懷戀傳統，是完全可以理解的。要求 T. S. 艾略特去反傳統是不現實的，因為基督教傳統已經土崩瓦解，他只好絕望地站在現代化所造成的荒原上等待戈多。但是因此去指責拜倫、尼采的反傳統，似乎也缺乏起碼的歷史意識。

　　問題是，中國現在是已經處於現代化之中，還是正在走向現代化？如果

是前者，對傳統的眷戀的就是一種應有的情懷；如果是後者，那麼魯迅這個文化惡魔仍有著巨大的現實意義。何況在魯迅的文本中，有一部分是對死亡的凝視，是超越時代的。所以，無論是人們情願或者不情願，魯迅恐怕不僅僅是屬於 20 世紀的，他的思想，他的文本，正在走向 21 世紀。

看來，在 21 世紀中國文學的藍天上，「魯迅」兩個大字也仍然是耀人眼目的。

第一節　魯迅何以能走向 21 世紀？

在文化史和文學史上，有一些作家是過眼雲煙，有一些作家會青史留名。魯迅自然屬於會青史留名的一類作家：20 世紀的中國如果說還有文學大師的話，那麼第一人無疑就是魯迅。但是，能夠青史留名是一回事，其作品對於當代有沒有意義則是另一回事。荷馬的兩大史詩無論從文化史還是從文學史的角度，都是最偉大的文本，但是今天的西方人與阿克琉斯、赫克托爾、奧德修斯不會再有什麼共鳴。這一點，將《奧德塞》與詹姆斯‧喬伊斯的《尤利西斯》進行比較，就可以看得出來。人們研讀荷馬史詩，主要還是尋找人類精神史的源頭，或者出於認識希臘文化的動機，或者出於對人類童年的緬懷。所以，能夠青史留名的作家也分兩類，一類是屬於歷史的作家，一類是既屬於歷史又屬於現實的作家。如果魯迅僅僅是屬於歷史的偉大作家，那麼褒貶由人，無須我們多加爭議，然而根據筆者的反思，魯迅並非僅僅是屬於歷史的作家，他的思想，他的文本至少對於 21 世紀的中國，仍然有著巨大的現實意義。這一點，我們可以從文化傳統與文學傳統兩個角度加以考察。

恩格斯說黑格爾在善惡的研究上比費爾巴哈深刻，因為黑格爾肯定了惡對於推動歷史的巨大作用。但是，在中國文化史上，惡幾乎從來都沒有成為一種與善抗衡的力量。我們說過，中國文化中的二元概念中的弱勢概念，如陰與陽中的陰、上與下中的下、乾與坤中的坤、天與地中的地、男與女中的女、夫與婦中的婦、父與子中的子、君與臣中的臣，都不是與強勢概念對立的惡的力量。因此中國文化就推崇和合與中和，而不是對立與衝突。從這個意義上說，中國文化發展緩慢，就與整體文化概念中缺乏惡的觀念有關。不正視惡，不承認惡，就導致了太相信人的善性，太相信人通過自身的道德修養就會處理好家事國事天下事，其結果是約束人的惡性的法就被棄置一邊，

或者是有法不依，從而導致了整個社會的腐敗。我們不妨將東西方文化對於人的假設打個比方：東方人說，人是善的，發揮自性就可以了；西方人說，人是有罪的，是靠不住的，需要上帝與法律從外在加以約束。東方人是先君子，但是因爲沒有外在的約束就容易變成小人；西方人是先小人後君子，因爲外在約束的嚴格使其可能眞成爲君子。但丁就說過，如果人是可靠的話，聖母瑪利亞就不用懷孕了。從歷時性上看，如果說在春秋戰國時代的百花齊放、百家爭鳴的文化語境中，還有惡的學說和文化力量存在的話，那麼自西漢的董仲書獨尊儒術之後，本來就處於邊緣的惡之花就更加凋零。承認人性惡，必然的邏輯就是不依靠人的心性而依靠法，所以荀子主張人性惡，就使他的學生韓非子順理成章地走向了法家。到了宋明理學，就更加相信人的善性，更是大談心性倫理，使得主張人性善的孟子被抬成亞聖，惡魔就被徹底掃地出門了。雖然李卓吾在明代推崇童心的時候，將惡的東西也一併肯定了，從而具有自然人性論的色彩，但是很快就被淹沒在清代的復古浪潮之中，使性善的大旗又高高飄揚。因此，魯迅在《摩羅詩力說》中公開提倡惡的文化與文學，並在五四時期的文學實踐中予以貫徹，就給幾千年以性善爲主導的中國文化極大的震撼，從而確立了魯迅在中國文化史上的崇高地位。文化惡魔對於任何正宗與正統的文化與權力都有一種制衡作用，魯迅後來沒有發揮這種作用，應該不是魯迅本人的錯，而是解釋者的有意或者無意的誤讀。事實上，魯迅作爲文化惡魔的巨大價值，遠遠沒有被發掘出來，而這種價值不但是屬於過去的，尤其是屬於未來的，屬於 21 世紀的中國文化的發展的。

　　簡單地從中國文化傳統的角度討論了魯迅的文化價值之後，我們將用更多的筆墨從文學傳統的角度，討論魯迅文本的文學價值，尤其是這種價值對於 20 世紀中國文學的發展作用，以及對於 21 世紀中國文學的意義。

　　傑出的文學大師是能夠造就一種文學傳統的，譬如中國古代有《詩經》的文學傳統，有屈原的文學傳統，西方古代有荷馬的文學傳統。五四文學革命反叛了中國古代的文學傳統而開闢了新文學的傳統，然而無論是胡適還是陳獨秀，都談不上造就了一種新的文學傳統。陳獨秀對「革命」的熱情與貢獻要高於「文學」，胡適對學術尤其是考據的興趣與貢獻，也要高於「文學」。因此，配合著 20 世紀初《文化偏至論》、《摩羅詩力說》的理論倡導與五四時期文學創作的實績，造就了一種不同於中國傳統文學的新傳統的，是魯迅。從這個意義上說，魯迅文本的現代性特徵是最突出的，他的精神苗裔胡風、

蕭紅、路翎等人在他去世後接續並發展著這一現代性特徵的正脈。其他的新文學作家，甚至是從中國傳統的敘事技巧中吸取生力的錢鍾書、張愛玲等人，也不能說與魯迅的傳統無關，但卻不是這一傳統的正脈。所謂「正脈」，是指魯迅之爲魯迅而非胡適、茅盾、郁達夫的質的規定性的審美特徵。主觀作家的抒情與內省，客觀作家的社會寫實，都會在魯迅的文本中找到豐富自己藝術感性的資源，然而其繼承的卻非魯迅傳統的「正脈」。但是，近讀《胡風評論集》與路翎的《財主底兒女們》等小說，感到魯迅文學傳統的正脈早就中斷了。於是，我尤其不能理解當前那些「反魯迅」的英雄們的顛覆行爲。因爲大凡要反擊什麼，必定是什麼阻礙了當代的發展。魯迅文學傳統的正脈早就中斷，對當代還有什麼阻礙作用呢？而且這種中斷是非常令人可惜的，這也意味著，如果這一文學傳統沒有中斷，現代中國文學將會是另外一種面貌，而且是文學之花異常燦爛的面貌。從這個意義上說，魯迅仍然是一個走向 21世紀的文學課題。

那麼，魯迅造就了一種怎樣的不同於中國傳統文學的新傳統呢？

在 20 世紀初的《文化偏至論》與《摩羅詩力說》中，魯迅從文化形態與審美特質兩個方面爲新文學提供了不同於傳統文學的一些特徵：傳統文學是合群的、不自由的，新文學是個人的、自由的；傳統文學是平和的穩當的，新文學是對立的反抗挑戰的；傳統文學是偏於肯定的善的，新文學更偏於否定性與批判性的惡，所以魯迅倡導惡魔派文學而要打破中國傳統文學的「污濁之平和」。魯迅認爲，新文學家應該是破壞「天帝」與「民眾」這個統一體的「惡魔」，敢於上抗「天帝」下啓「民眾」，敢於獲罪於群體而反抗社會；並且這個「惡魔」還肩負著憂國憂民的傳統使命而不能獨自玩味「惡之花」。而「惡魔」要獨自承擔沉重的自由，從而具有與社會戰鬥、與自我戰鬥的「多力善鬥」的主體性，就必須具有強力意志。敏銳的捷克學者普實克（J.Prusek）從魯迅的文言小說《懷舊》中，就已經發現了在後來的《呐喊》、《彷徨》等小說中都具備的現代小說的形式特徵：「用隨筆、回憶錄和抒情描寫取代了中國和歐洲的傳統純文學形式。」〔註1〕因此，儘管《懷舊》與《聊齋》都是文言短篇小說，但新舊文學的特徵卻是一目了然。如果說普實克看重的是魯迅小說形式上的現代性，那麼，美籍華人學者夏志清則更重視魯迅作品觀念上的現代性。他在《現代中國文學的感時憂國精神》一文中認爲：「魯迅的值得

〔註1〕《普實克中國現代文學論文集》第117頁，湖南文藝出版社，1987年。

重視，並不在於他率先以西洋小說的風格和寫作技巧，從事小說的創作；而在於他的現代觀念，憑著他敏銳的觀察和卓見，把中國社會各階層的腐敗，赤裸裸地表現出來。」〔註2〕

　　人們經常喜歡以現實主義概括魯迅的創作，然而這種概括是不恰當的，至少是不完整的。從五四時期魯迅熱衷於廚川白村的《苦悶的象徵》並以之作爲大學教材來看，與留日時期的文化與文學選擇沒有多大的差異，這就是強調主體意志的強力，推崇生命力的突進與跳躍。這種自由的個人意志的張大，在《狂人日記》《長明燈》《孤獨者》《鑄劍》等小說以及《這樣的戰士》《淡淡的血痕中》等散文詩中，得到了強有力的展現。然而憂國憂民的使命感使魯迅既不會躲進藝術之宮爲藝術而藝術，也不會像里爾克那只具有強力意志的「豹」一樣在鐵欄中昏眩。他要露出惡魔的爪牙，與社會戰鬥，吼醒沉睡的國民；顛覆既有的文化價值，在喜歡圓滿的傳統好世界上留下永久的缺陷，於是而有《阿Q正傳》、《肥皂》、《祝福》、《示眾》等小說以及《復仇》等散文詩。因此，強調主觀意志的強力，使主體敢於和血肉的現實人生搏鬥，以主體的熱風融化現實的冰霜，並在這種搏鬥中使主體內在的眞實與現實社會的眞相以及二者的文化底蘊在更高層次上得以展現，就構成了魯迅作品的重要特徵。但是戰鬥並非僅僅在主體與客體、個人與社會之間進行，而且也在「向死而在」的自由主體之內展開，在自我的理想與現實之間展開，《在酒樓上》、《傷逝》、《弟兄》等小說與《影的告別》、《墓碣文》、《過客》等散文詩便表現了魯迅內心的激烈衝突，以及荒原上的自由個體面對著死亡而進行的對主體生命的深刻洞見與體悟。在魯迅作品的對立衝突面前，中國傳統文學的和諧之美頓然失色！如果說中國傳統文學的審美特徵是主觀與客觀、個人與社會、理想與現實的和諧與統一；那麼，在五四之後的新文學中，主觀與客觀、個人與社會、理想與現實則是分裂了，並處於激烈對立的狀態。如果說在新文學中，郁達夫的小說偏向於主觀與個人，茅盾的小說偏向於客觀的社會寫實，那麼，魯迅則傾向於以強力的主觀去衝擊並戰取客觀，使主觀與客觀、個人與社會、理想與現實在他的作品中發生了激烈的對立衝突。因此，魯迅以其傑出的文學實踐在新文學與中國傳統文學之間樹立了一塊鮮明的界碑。

　　魯迅有許多要好的青年朋友與學生，然而，眞正從學理上捍衛魯迅文學

傳統之正脈的，是胡風。我們使用「捍衛」一詞，是因為在魯迅逝世後，文
壇的主流越來越偏離魯迅的新文學傳統。雖然文壇的主流將去世的魯迅抬上
神壇，然而在現實的文學實踐中又以偏離魯迅的文學傳統為進步的追求。抗
戰之後，西化的五四文學漸漸被民間化與民族化（傳統化）的浪潮所淹沒，
個人的水滴漸漸被集體的大潮所溶解，自由漸漸被紀律的約束所取代，向民
眾的啟蒙漸漸讓位於被民眾啟蒙──向大眾學習。在進步的理論掩蓋之下，
一種新的從民間回歸傳統的團圓主義與和諧之美出現了：大眾是好的，不好
的是地主、壞蛋，一旦革命幹部的星火燃到大眾的野草上，就會燒掉地主壞
蛋，出現和諧團圓的結局。從這個角度看，《小二黑結婚》、《李有才板話》、
《暴風驟雨》、《太陽照在桑乾河上》、《王貴與李香香》等作品其實都出自這
一個模式。另一方面，在國統區文學中，不顯露主體的客觀主義則彌漫文壇。
而胡風逆歷史潮流而動，站在魯迅西化與啟蒙的立場上，反對公式主義與客
觀主義，弘揚自由之主體的強力意志對現實人生的血肉搏鬥；批判文學演變
中的團圓主義與中和之美的民間化與傳統化，推崇魯迅文學傳統的現代性。

　　胡風在魯迅逝世後出版的文學評論集計有《密雲期風習小記》（收 1935
～1938 年文章）、《論民族形式問題》（1940）、《民族戰爭與文藝性格》（收 1937
～1941 年文章）、《在混亂裏面》（收 1941～1943 年文章）、《逆流的日子》（收
1944～1946 年文章）、《為了明天》（收 1946～1948 年文章）。胡風是詩人，抗
戰開始後還主辦了《七月》、《希望》等雜誌以培養文學新人，然而十年間出
版了六七本書集，這在今天的職業批評家那裡也很少如此勤快。促使胡風這
樣勤快地進行文學批評的動因，正是文壇的主流越來越偏離魯迅的傳統乃至
整個五四文學的傳統。胡風以新文學為世界進步文學新拓的支流來矯正文壇
的民間化與傳統化傾向，以「現實主義」來反駁公式主義與客觀主義。不過，
胡風的「現實主義」與西方的在浪漫主義之後現代主義之前的現實主義並非
一個概念。因為現實主義推崇客觀的寫實性，而胡風的現實主義卻是以「主
觀戰鬥精神」為特徵。因此，在胡風的「現實主義」概念中，已經容納了浪
漫主義與現代主義。從某種意義上說，與其說胡風的現實主義是取自西方 19
世紀現實主義的概念，倒不如說是對魯迅文學傳統的一種理論總結；與其將
胡風推崇的路翎的《財主底兒女們》與巴爾扎克、福樓拜等現實主義作品相
提並論，倒不如與萊蒙托夫的《當代英雄》等作品進行比較。當然，同普希
金的《葉甫蓋尼·奧涅金》與萊蒙托夫的《當代英雄》相比，《財主底兒女們》

更多現實性，但同樣不可忽視的是也更多現代性——蔣純祖在抗戰之後的曠野流浪，就具有存在主義意味。胡風的現實主義注重文學的主體性，他之所以推崇「主觀戰鬥精神」，就在於他想在「現實主義」的概念中，保衛五四個性解放的文化遺產。個性的自由以及為了承受這種沉重的自由而需要的主觀強力，是魯迅在《文化偏至論》中進行理論倡導並在五四時期的文學創作中實踐的，如今都融會到胡風「主觀戰鬥精神」的概念中。然而，儘管胡風注重主觀，而且基本上也贊同舒蕪的《論主觀》一文的觀點，但是以「主觀唯心主義」來概括胡風的觀點，確實是冤枉了胡風。胡風對主觀的注重，僅僅是為了創作主體具有堅強的擁抱客觀的力量與正視人生血淚的勇氣，因而他堅決反對逃入主觀獨善其身，或者躲進藝術之宮為藝術而藝術。感時憂國的使命感使他要求作家以堅強而誠實的主觀，去直面現實人生的血痕和淚痕。用胡風的話說，就是要求作家「主觀力量底堅強，堅強到能夠和血肉的對象搏鬥，能夠對血肉的對象批判」；因為人民大眾的「精神要求雖然伸向著解放，但隨時隨地都潛伏著和擴展著幾千年的精神奴役底創傷。作家深入他們，要不被這些感性存在的海洋所淹沒，就得有和他們底生活內容搏鬥的批判的力量。」在這裡，胡風又捍衛了魯迅文學傳統的啟蒙主義。魯迅是以主體與客體、理想與現實以及主體內部的激烈衝突，來衝擊中國傳統文學的和諧之美的；胡風的創作論則集中地體現了這種種衝突：「對於血肉的現實的人生的搏鬥，是體現對象的攝取過程，但也是克服對象的批判過程」——「對於對象的體現過程或克服過程，在作為主體的作家這一面，同時也就是不斷的自我擴張過程，不斷的自我鬥爭過程。」魯迅以「幾乎無事的悲劇」，說明題材並不能左右藝術的價值；但抗戰之後，題材決定論越來越困擾著作家，胡風就反對題材決定論而倡導「哪裏有生活，哪裏就有鬥爭」：「即使在最平凡的生活事件或最停滯的生活角落裏面……也能夠看出真槍實劍的，帶著血痕和淚痕的人生。」〔註3〕

　　我們之所以選擇胡風作為魯迅文學傳統的一個代表作家加以討論，不僅因為胡風對魯迅文學傳統的正脈把握得准確；而且胡風通過《七月》、《希望》等文學雜誌，培養了阿壟、魯藜、綠原、路翎等一大批繼承魯迅文學傳統的詩人和小說家，文學史稱他們為「七月派」。路翎作為「七月派」中最傑出的

〔註 3〕胡風《置身在為民主的鬥爭裏》，《胡風評論集》下冊，人民文學出版社，1985年。

一位作家，將胡風看成是自己的扶助者和導師。而胡風在爲《財主底兒女們》所作的《序》中追溯的正是魯迅的文學傳統，他認爲文壇多的是對魯迅傳統的腐蝕與淹沒的烏煙瘴氣，「爲了堅持並且發展魯迅底傳統，路翎是付出了他底努力的。」如果說胡風在反對主觀公式主義與客觀主義的鬥爭中，對魯迅的文學傳統進行了卓越的理論概括與現實的捍衛，那麼，路翎的小說創作則以傑出的文學實踐接續著魯迅文學傳統的正脈。從 1939 年 16 歲在《七月》發表小說始，在不到十年的時間裏，路翎出版了短篇小說集《青春的祝福》、《求愛》、《在鐵鏈中》，中篇小說《飢餓的郭素娥》、《蝸牛在荊棘上》，僅一部《財主底兒女們》就長達 80 萬字。儘管圍繞著《青春的祝福》正反兩面的批評較多，但是在《財主底兒女們》這部巨著面前，路翎此前的中短篇小說幾乎都可以說是練筆之作，是圍繞在這朵不朽的藝術花朵周圍的青枝綠葉。令人稱奇的是，路翎完成這部小說巨著的時候，年僅 21 歲，比陀斯妥耶夫斯基完成《窮人》的時候稍大一點，但《財主底兒女們》的藝術分量顯然也要比《窮人》更重一些。當然，陀斯妥耶夫斯基作爲藝術大師的立身之本不是靠《窮人》，而是靠《卡拉瑪佐夫兄弟》、《罪與罰》等更偉大的作品；然而路翎這顆天才之星的自由文學生命，基本上在《財主底兒女們》出版之後就令人惋惜地過早結束了，不然，以他驚人的才氣，誰能說他創作不出與《卡拉瑪佐夫兄弟》、《罪與罰》比肩的作品來呢？即使如此，《財主底兒女們》仍然是比巴金的《家》、茅盾的《子夜》等久負盛名的作品更有藝術分量的長篇小說。1987 年在北京的現代文學研究創新會上，筆者曾經表達過自己的這一觀點，今年重讀此書更堅定了這種看法。

學者們在論及《財主底兒女們》時，僅僅注意到了這部巨著史詩性的敘事框架與豐富而深刻的心理描寫，而忽視了其深在的象徵性與寓言性。其實，這部巨著是整個中國社會尤其是知識分子的一個象徵性的現代寓言。小說上卷的歷史背景從一・二八戰爭寫到蘆溝橋事變，下卷從抗戰的全面展開寫到蘇德戰爭的爆發。小說描繪了蘇州大財主蔣捷三的兒子蔣蔚祖、蔣少祖、蔣純祖，兒媳金素痕、陳景惠，女兒蔣淑珍、蔣淑華、蔣淑媛、蔣秀菊，女婿傅蒲生、汪卓倫、王定和、王倫以及王定和的妹妹王桂英、傅蒲生的女兒傅鍾芬等等，在這個歷史背景下波瀾壯闊的人生命運與心理變遷。然而，小說在寫實與抒情中又蘊涵著象徵。蔣捷三的蘇州園林是中國傳統的象徵，然而傳統衰敗了——他的子女不是在民國的首都南京就是在現代化都市上海。二

兒子蔣少祖、大兒媳金素痕是小說上卷著力描寫的主要人物。金素痕在金錢
上對於這位老財主的挑戰，既是現實中愛錢的刁鑽漂亮的不孝兒媳的真實寫
照，又象徵著資本主義對傳統中國的解構與顛覆。蔣少祖追求新文化的離家
出走，雖然時間較晚，但也可以看成是五四一代知識分子反叛傳統的象徵。
傳統的衰敗表現在，蔣捷三已經無法象賈政管束賈寶玉那樣，對蔣少祖或金
素痕進行管束了；儘管在很早的時候他曾經打過縣長一個耳光——並且他是
對的，但面對兒女們的離經叛道，他也只能是「無可奈何花落去」地沒落與
死亡。溫順並且聽話的蔣蔚祖在妻子金素痕的折磨下的發瘋與死亡，就更深
化了傳統衰敗的意象。下卷蔣純祖失去了一切約束的曠野流浪，既是抗戰開
始後，他與大部隊失散而在從南京奔九江的曠野上的身心冒險，又象徵著五
四退潮之後知識分子在自由荒原上的孤獨體驗。蔣純祖加入演劇隊的那段生
活與鬥爭，雖然寫的是抗戰時期的一個左翼藝術組織的鬥爭與解散，但在象
徵的意義上，卻恰好是「左聯」的一個絕妙的寓言。在演劇隊解散之後，蔣
純祖來到鄉場上，試圖與人民大眾結合，最後死在去鄉場上的路上，則象徵
著「左聯」解散之後知識分子在民族革命戰爭中的現實走向。我們不可能對
這部巨著進行詳盡討論，僅從小說接續魯迅文學傳統之正脈的方面，對小說
下卷蔣純祖的性格與心理進行分析。

　　受過新思想洗禮的蔣純祖有著火一般的熱情和旺盛的生命力，然而他的
意志強力卻是在曠野流浪中練就的。蔣純祖熱心的抗戰卻以中國軍隊的全面
崩潰展現在他的面前，他來到潰敗中的南京，卻看見人們為了求生，同胞自
相殘殺，軍車急於逃跑竟至於從人們身上碾過。他繼續奔逃，就來到了中國
軍隊已逃走而日軍還沒有來到的自由的曠野。「在這片曠野上，蔣純祖便不再
遇到人們稱為社會秩序或處世藝術的那些東西了……在荒涼的、或焚燒了的
村落間，人們是可怕地赤裸，超過了這個赤裸著的，感情暴亂的青年，以致
於使這個青年想到了社會秩序和生活裏的道德、尊敬、甚至禮節底必須。」
〔註 4〕於是，要想在這自由的曠野上求生，就只剩下強力意志加上實力的較
量了。與蔣純祖一同奔馳在曠野上的還有朱古良、李榮光。作為曠野中的主
要人物，朱古良在對人生悲苦的體驗之後，具有令人恐懼的強力意志。在與
蔣純祖的意志交戰中，蔣純祖敗下陣來，朱古良贏得了敬畏。而李榮光則像

〔註 4〕路翎《財主底兒女們》第 695～696 頁，人民文學出版社，1985 年，下只標頁
　　　碼。

是尼采筆下的「末人」，作為軍人——潰逃的士兵，對於強硬的對手卑怯、貪生怕死，對於手無寸鐵的老百姓卻無所不用其極。曠野上到處都是潰逃的士兵對老百姓的掠奪、強姦。朱古良以強力意志的眼光逼退了企圖強姦民女的逃兵，而李榮光則乘機劫掠民財。他們後來又與石華貴率領的幾個逃兵同行。石華貴是一個兵痞，喜歡劫掠民財強姦民女，卻具有強盜頭般的權力意志。蔣純祖在慢慢磨練自己的意志，他因不喜歡與石華貴同行而開始反抗朱古良的意志了。而朱古良的強力意志甚至使石華貴也感到畏懼，動搖了他在逃兵中的支配力，加以朱古良對他敲詐蔣純祖財物的干預，他奪到了朱古良的槍並對準了朱古良。「在這個世界上，沒有誰能夠征服我！」〔p.740〕這是朱古良臨終前的話語。蔣純祖為了給朱古良復仇，挑動其他逃兵與石華貴的矛盾，治死了石華貴。

蔣純祖從九江到了漢口，先後與兩個女子發生了戀情，其中一個是自己的外甥女傅鍾芬。他為這種戀情而陷入深深的苦惱之中，在靈與肉、道學的譴責與強烈的青春情慾之間發生了激烈的衝突。為了擺脫這一切，加入到抗戰的浪潮中，他參加了一個左翼的演劇隊。演劇隊從武漢進發到重慶，沿路演出「放下你的鞭子」等街頭劇、活報劇。這個集團有最高的原則、革命的理論與紀律，然而加入到這個集團中的同志，很多都有個人的生命活力與浪漫幻想，並且由於從事的是藝術，青年男女也浪漫地生活著。蔣純祖信仰這個集團的革命理論，卻又想在自己激情澎湃的個性與最高的原則之間達成一種調和。但蔣純祖是一個真誠的個性主義者，「在集團底紀律和他相衝突的時候，他便毫無疑問地無視這個紀律；在遇到批評的時候，他覺得只是他底內心才是最高的命令、最大的光榮、和最善的存在。」〔p.910〕蔣純祖不久就發現，這個集團中還有一個小集團。屬於這個小集團的有演劇隊負責人王穎、劇務負責人、總務負責人、胡林、張正華等人，還有一個不大參加活動卻是帶著痛苦的經驗、具有相當大的獨立性並且受著普遍尊敬的老者沈白靜。小集團的前面數人，幾乎說著一樣的話，而且往往他們說話的時候，別人一到，他們就停止說話，顯得神秘而有權威。他們還會在突然之間對某一個人採取完全一致的言行，「包圍了這個人，說著類似的話，指謫著同樣的缺點，使這個人陷到極大的惶恐裏去。」〔p.915〕蔣純祖雖然在音樂方面取得了成就，成了音樂方面的負責人，卻並不受重視。於是，他嫉妒並厭惡王穎等人對權力的炫耀，厭惡胡林等人在真誠的生命激情喪失之後的投機行為。他與高韻

的戀愛激怒了王穎與胡林，因爲他們也試圖接近過漂亮的高韻而未獲成功。於是，王穎們像慣常那樣召開了一個思想鬥爭的批判會，以批判個人主義爲目標，企圖在思想上一舉擊潰蔣純祖。張正華、胡林等人先後發言，進行了一些自我批評，但目的是爲了最後給蔣純祖以致命的一擊。蔣純祖爲了尊嚴和自由，以其不屈的意志與高傲的姿態向王穎們的小集團反抗了。開始王穎們加給蔣純祖的，只是不符合「普羅列塔利亞」而具有「小布爾喬亞」的個人主義毒素；但隨著蔣純祖的反抗，他被扣上了「可恨的機會主義者」、「取消主義的反動傾向」、「陰謀的領導者」、「反革命」等罪名。不過這並沒有阻擋蔣純祖充滿激情的反抗，他高傲地指責投機取巧甚至以痛哭流涕玩弄群眾感情的胡林不配作他的敵手，他說胡林向別人吹牛同時要搞到兩個女人。他批評王穎從來不關心藝術，不是關心權力就是洋洋得意地打擊別人，「最高的藝術，是從心靈底苦悶產生的，但王穎同志沒有苦悶」，而他那套接近民眾的方式也帶有「乾隆皇帝下江南的味道」。〔p.935〕蔣純祖激情的反叛與驚人的坦誠以及對這個集團腐敗的大膽揭露，顛覆了王穎們的會議預期，也激起了許多參加會議者的共鳴。本來，王穎既批評蔣純祖又批評胡林的總結講話，是可以讓王穎體面地下場了；但是，德高望重的沈白靜又顛覆了王穎的講話，秉持革命事業的公心對王穎、胡林和蔣純祖都進行了批評，蔣純祖認同了這種批評。

演劇隊解散之後，蔣純祖與高韻的戀情日益演化成相互的肉體享受。他在藝術事業上的挫折與高韻在演藝上的逐漸走紅，使他想在更頻繁地佔有高韻上證明自己，但他又厭惡這一切，並引起了深深的苦悶。高韻對他的離棄卻使他清醒了很多，在朋友孫松鶴的邀請下，他離開重慶到了鄉下，在石橋場的一所小學當教師、校長。他來到了民眾中間，卻更多地看到了「毆鬥、姦淫、賭博、壯丁買賣、兇殺、逃亡」。他好鬥的高傲性格，他特有的憂鬱心理，使他在與鄉村出身的女教師萬同華戀愛的過程中，在因循、刻板、善良的萬同華平靜的心海上掀起了狂濤。「萬同華相信既成的一切底支配權，不是因爲需要它們，而是因爲天然地覺得它們是神聖不可侵犯的。」〔p.1168〕蔣純祖愛萬同華甚至佔有她的身體，是他試圖與感性的人民大眾相結合的一種象徵。然而，對蔣純祖來說，這種結合不是以犧牲自己的個性、放棄新文化爲代價；恰好相反，蔣純祖是想把萬同華改造成像他那樣有個性的新人。「他頑強地，冷靜地要求萬同華放棄一切來跟隨他；萬同華頑強地，冷靜地要求

他放棄一點點——對於蔣純祖一點點就是一切——來順從她。於是他們中間起著令人戰慄的鬥爭。」〔p.1169〕蔣純祖在觀察了上層與下層的現實後，更感到個性自由的可貴：「我們中國，也許到了現在，更需要個性解放的吧，但是壓死了，壓死了！生活著，不知不覺地就麻木起來……」小說對地主的揭露是辛辣的，譬如有一個地主有八九個姨太太，曾佔了三個縣做了六個月的皇帝，到晚年又吝嗇得要命，誰要吃他，他就會怒吼著與誰勢不兩立。然而小說對窮人醜陋方面的暴露也毫不留情，譬如蔣純祖所在的小學有一位聰明美麗的女生李秀珍，她的母親要將她的第一夜以兩千元的價格賣給一位少爺。蔣純祖憤怒了，在她的母親到學校來找人的時候，蔣純祖集中了所有學生控訴了事實真相，以至於學生們憤怒地痛打了這位母親。蔣純祖的這種性格使他與他的小學招怨不少，後來地方上的惡勢力與官方相勾結，使得蔣純祖又逃回了重慶。小說結尾，是感到應該與人民大眾相結合的蔣純祖，拖著病體去尋找萬同華，還沒有到達目的地就病死在從重慶到石橋場的路上。

在蔣純祖那裡，主觀與客觀、個人與社會、理想與現實完全處於對立衝突之中，甚至主體自身也處於激烈的交戰狀態。他的主觀強力時時在洞察自己與他人的意志衝突，絕不允許任何人、任何集團將他變成石頭之類的被動之物。即使是在自己尊敬的朋友如朱古良、孫松鶴那裡，他的意志也時時與他們衝突著。因為對任何人、任何集團的盲目崇拜，都可能導致自己自由意志的喪失，在不自覺的情況下甘心為奴。魯迅當年就從一件換鈔票的小事中發現，我們極容易淪為奴隸，並且在淪為奴隸之後還十分高興。在讀《財主底兒女們》的時候，筆者不時地想到存在主義哲學家薩特的自由哲學，儘管那種自由哲學也是在沒有互為主體之我你關係的人與人激烈對立中展開的。此外，小說在寫蔣純祖與人民大眾結合的部分，也繼承了魯迅、胡風的啓蒙主義文學傳統。而這部80萬字的描寫抗戰時期中國人生活的小說，並沒有將筆觸伸向中國人與日寇作戰的場面，甚至一個日本兵也未出現，真正實踐了魯迅「幾乎無事的悲劇」與胡風「到處有生活」的理論主張。因此，路翎以其罕見的才華接續並發展了魯迅文學傳統的正脈。

胡風對《財主底兒女們》有很高的評價。他認為這是自五四新文學以來規模最宏大的「可以堂皇地冠以史詩的名稱的長篇小說」，深刻地表現了「歷史事變下面的精神世界底洶湧的波瀾和它們底來根去向」，「整個現在中國歷史能夠顫動在這部史詩所創造的世界裏面」。胡風還莊重地預言：「時間將會

證明，《財主底兒女們》底出版是中國新文學史上一個重大的事件。」〔註 5〕
然而，《財主底兒女們》雖然完成於 1944 年，但 1948 年才將上下兩部出齊。
一年以後，解放的太陽便將這顆「耀眼的小說之星」照射得無蹤無影。而且
具有「主觀戰鬥精神」的胡風、路翎們在 50 年代消解個性主義的中國文學界，
就注定了其悲劇的命運。《財主底兒女們》中的演劇隊，既是後期「左聯」的
絕妙寓言，又是生活中的蔣純祖——胡風、路翎們的預言。50 年代初，胡風
們就像剛剛加入演劇隊的蔣純祖，想在自己的個性自由與最高的原則之間調
和。胡風以《時間開始了》的長詩，來歌頌中國獨立自由的近代史意義。然
而，五十年代歌功頌德的偏離魯迅文學傳統的作品已成文學主流，即使是胡
風的長詩、路翎的小說與劇本，也開始偏離魯迅文學傳統的正脈。這種偏離
有時是不得已的，他們試圖在自己的作品中多保留一點魯迅傳統的遺風。然
而他們很快就被「王穎們」視爲恃才傲物而應該打擊其囂張氣焰的蔣純祖，
1952 年胡風們就被批評爲「小資產階級的個人主義」，兩年之後路翎的寫朝鮮
戰爭的小說也受到了嚴厲的批評。胡風像蔣純祖那樣反抗了，在上 30 萬言書
中他反駁了此前對他的一切指控，並在文藝界的大會上「指責時蔽」。像蔣純
祖一樣，他的反駁也立即使他贏得了「陰謀的領導者」、「反革命」的罪名。
然而，這時卻再也不是「王穎們」的意氣用事，而是政治上的命名。1955 年
5 月胡風被逮捕，除了主動揭發的舒蕪得到赦免外，胡風扶持與培養的一大批
繼承魯迅文學傳統的作家與詩人，被當做「胡風反革命集團」被一網打盡。
魯迅文學傳統的正脈從此中斷。儘管此後那些正視現實黑暗面的作家還在一
個方面承傳著魯迅某一方面的精神，但是，以主體的熱情去戰取對象，並在
這種戰取中克服主體，使主體與客體在文化的更高層面上得以展現的魯迅文
學傳統，的確並沒有得到延續。

改革開放之後，胡風的冤案得以平反。敏銳的現代文學史家樊駿在 1988
年的《文學評論》第 5 期上，發表了《胡風——尚未結束的話題》。胡風的話
題的確還不是結束的時候，然而沾滿「血痕和淚痕」的現實無情地摧殘了胡
風及其「七月派」詩人，摧殘了路翎這位還沒有飛到藝術高峰的傑出天才。
他們這一代人不可能再對魯迅文學傳統的發展有什麼貢獻了，而後起的一代
作家又從「歌德文學」一躍而走向了「後現代」。「歌德文學」是表面上歌頌
魯迅而在文學實踐中偏離魯迅的傳統，因而其歌頌令人生厭；而「後現代」

〔註 5〕胡風《財主底兒女們·序》，人民文學出版社。1985 年。

作家又以顛覆魯迅爲快事。因此，根據筆者對近 20 年文壇的觀察，在胡風、路翎之後，魯迅文學傳統的正脈並沒有人去接續與發展。甚至胡風當年對《財主底兒女們》崇高文學地位的預言，到今天還沒有得到文學界的認同。在 20 世紀編寫的文學史教科書中，路翎的地位甚至連趙樹理都不如。公心而論，路翎與趙樹理豈是一個層次上的作家？看來，《財主底兒女們》要得到應有的評價，需在 21 世紀了；而魯迅文學傳統的真正得以弘揚，也需在 21 世紀了。

通過上面的分析可以看到，魯迅對中國文化傳統與文學傳統的巨大貢獻，並不僅僅是一個屬於 20 世紀的歷史課題，更是一個屬於 21 世紀的現實與未來的文學課題。當然，魯迅的思想和文學選擇前後並非沒有變化，即使在同一時期也有許多矛盾。但是對於一個思想與文學大師的遺產，我們總要以其最精華的部分作爲立論的依據。魯迅早在《文化偏至論》與《摩羅詩力說》中，就將「文化」與「文學」作爲他的事業起點，可以說，文化與文學是魯迅終生的雙重變奏：魯迅因文化而使文學具有極爲高深的品位，因文學又使文化得以流傳以及在知識界普及。雖然我們在分析的時候將魯迅的文化與文學貢獻分開，但事實上二者是合一的。前幾年有人熱衷於談叔本華，談尼采，談克爾凱戈爾，但是魯迅早在 20 世紀初就向我們進行了介紹和推薦。僅此一點，就說明想過早地終結魯迅還不是時候，其實，魯迅在《文化偏至論》中對於 20 世紀反物化而張靈明的文化預言，雖然對於中國並不確切——因爲中國還沒有實現現代化而物化傾向也不明顯，但是對於西方倒確實是一種較爲準確的預言。在這個意義上，我們完全可以套用尼采的話，說魯迅來得太早了，來得還不是時候，他的時代是在 21 世紀。

第二節　魯迅是否僅僅是 20 世紀中國的醫生？

文學具有療治病痛的作用，希臘的亞里士多德在《詩學》中，就認爲悲劇是借引起憐憫和恐懼來使這種情感得以 katharsis。在公元前 5 世紀的希臘，katharsis 主要是一種醫療手段，即把身體中多餘的東西宣泄出去，以此達到健康的目的。但是，魯迅卻無法如此「爲藝術而藝術」，他將文學作爲療治國民精神痼疾的手段，有著鮮明的現實功利目的。這源於他學醫時，在日本的幻燈片上看到同胞給俄國人做偵探而被日軍砍頭而同胞卻忙於鑒賞這種示眾的情景，這些強壯的國民精神上的極端麻木，給了魯迅以強烈的刺激。本來，

魯迅打算做一位療治國民肉體疾病的醫生，但是自此之後，魯迅「便覺得醫學並非一件要緊事，凡是愚弱的國民，即使體格如何健全，如何茁壯，也只能做毫無意義的示眾的材料和看客，病死多少是不必以爲不幸的。所以我們的第一要著，是在改變他們的精神，而善於改變精神的是，在那時當然要推文藝，於是想提倡文藝運動了」。這當然不是魯迅棄醫從文的全部理由，但至少表明了，魯迅的棄醫從文所肩負的啓蒙重任，即如何將阿Q式的愚弱昏睡的國民喚醒，使之成爲狂人式的覺醒的戰士。這樣，魯迅就從治療個人病痛的醫生變成了醫治民族及其國民的精神痼疾的醫生。

否認魯迅的這種轉折是很不明智的。在棄醫從文之前，魯迅發表的《斯巴達之魂》主要著眼於國民身體的壯健，要國民像斯巴達壯士一般，強健其筋骨，野蠻其體魄，以抵抗外寇的入侵。而在棄醫從文之後，魯迅發表的《文化偏至論》與《摩羅詩力說》，就從文化與文學的角度著眼於改造國民的精神了。1918年1月，魯迅在致許壽裳的信中說：「吾輩診同胞病頗得七八，而治之有二難焉：未知下藥，一也；牙關緊閉，二也。」〔註6〕在《熱風》中，魯迅又以新文化的六六六，去醫治國民劣根性之梅毒的遺傳。《狂人日記》的文言題記中說，小說是將狂人的二冊日記中「撮錄一篇，以供醫家研究。」小說《藥》中的主人公夏瑜與華老栓，都在求醫問藥。前者尋求救國救民的藥，後者爲兒子尋找治病救命的藥，因爲二者不能溝通，結果是夏瑜的血成了救治華小栓癆病的藥。小說也暗示了救國救民的藥方，即改造華老栓們的精神，使之覺醒而不再將革命者的血當成治病強身的藥。小說以「藥」爲題，也表明了作者作爲民族精神痼疾之醫生的職責。魯迅後來在回憶自己爲什麼作小說時，仍說其主旨在揭出病苦，以引起療救者的注意。

張定璜說：「魯迅先生站在路旁邊，看見我們男男女女在大街上來去，高的矮的，老的小的，肥的瘦的，一大群在那裡蠢動。從我們的眼睛，面貌，舉動上，從我們的全身上，他看出我們的冥頑，卑劣，醜惡和飢餓。……我們知道他有三個特色，那也是老於手術富於經驗的醫生的特色，第一個，冷靜，第二個，還是冷靜，第三個，還是冷靜。」〔註7〕正是這種醫生手持解剖刀式的冷靜，使別人在面對花香蟲鳴而詩興大發的時候，魯迅卻吟出了「野菊的生殖機官下，蟋蟀在弔膀子」的詩句。當然，「三個冷靜」是無法概括魯

〔註6〕《魯迅全集》第11卷，第345頁，人民文學出版社，1981年。
〔註7〕張定璜《魯迅先生》，《六十年來魯迅研究論文選》上冊第33～34頁。

迅作品的總體風格的，因為在「三個冷靜」的下面，可以發現魯迅熾熱的情感。「死火」——火一樣的熱情包在冰一般的冷靜之中，並具有撼人心魄的強力，才構成了魯迅作品的總體特徵。然而，魯迅作品冷峻的一面，也確實與他學醫以及他自覺是民族痼疾的醫生有關。魯迅後來在回憶自己創作小說的時候，說是靠著讀了百來篇外國小說和一點醫學的知識，此外的準備一點也沒有。作為國民精神的醫生，將醫學的知識滲透到小說的創作中，是作為創作主體的魯迅意識到了的。魯迅在技巧純熟的散文詩《復仇》中寫道：

> 人的皮膚之厚，大概不到半分，鮮紅的血液，就循著那後面，
> 在比密密地爬在牆壁上的槐蠶更其密的血管裏奔流，散出溫熱……
> 但倘若用一柄尖銳的利刃，只一擊，穿透這桃紅色的，菲薄的皮膚，
> 將見那鮮紅的熱血激箭似的以所有溫熱直接灌漑殺戮者；其次，則
> 給以冰冷的呼吸，示以淡白的嘴唇……

從這段文字中，可以看出一種醫生解剖式的冷靜。因此，醫生式的冷峻是貫穿於魯迅幾乎所有文體之中的。

魯迅在評論陀思妥耶夫斯基的時候說：「凡是人的靈魂的偉大的審問者，同時也一定是偉大的犯人。」〔註8〕那麼，凡是偉大的精神痼疾的醫生，也一定是偉大的患者。魯迅7、8歲的時候就有牙病，26歲之後就有全部鑲牙的需要，牙病又削弱了胃功能，造成了消化不良與食欲不振等症，成年後又患胃擴張症、腸遲緩症，加之他患的胸膜炎、支氣管哮喘、肺結核等症，使他只活了 56 歲。而給他診病的美國醫師鄧（Dunm）說，如果是歐洲人，早在五年前就死掉了。當然，身體的病弱並不就是精神的病弱，但是我們不應該忘記，魯迅在去南京求學之前，沒有任何西方的學識，甚至在求學期間他也曾返鄉參加過科舉考試。倘若中國傳統文化真的像魯迅所斥責的那樣，是「濃瘡」和「梅毒」，那麼，這些病毒是不可能不傳染給魯迅的。曹聚仁在他的《魯迅傳》中，曾說魯迅也是阿Q。不加論證地說魯迅是阿Q，自然是荒誕的。因為阿Q和魯迅代表著我們民族精神對立的兩極：一個於逆境中發現順境，於屈辱中感到自滿；一個則是「於浩歌狂熱之際中寒，於天上看見深淵」。一個是愚昧而永遠得意的，一個則是清醒而悲苦的。但是，由於受中國傳統感悟的思維方式與西方現代非理性重直覺的叔本華、尼采等人的思維方式的影響，魯迅對民族精神痼疾的發現和揭露，主要不是邏輯分析而是主體體悟與

〔註 8〕魯迅《集外集・〈窮人〉小引》。

自我剖析的結果。從這個意義上講，魯迅顯然是感受過阿 Q 的精神勝利法的。魯迅出身於破落戶人家，家道中衰時受到過閒人的嘲弄和白眼，加之整個中國文化在西方打擊之下的衰敗，對於未接受西學的魯迅來說，也只能以文化的優勝來自慰。不僅如此，魯迅即使在接受西學後也曾兩次求助於精神勝利法，一次是辦《新生》流產與辛亥革命失敗後，魯迅「用了種種法，來麻醉自己的靈魂，使我沉入於國民中，使我回到古代去」。〔註 9〕一次是在大革命失敗後的腥風血雨中，魯迅說他被血的遊戲嚇怕了，並「在救助我自己，還是老法子：一是麻痺，一是忘卻」。〔註 10〕惟其出自傳統的國民，他對傳統的性格就看得格外透徹，剖析起國民心理來也就格外深刻。魯迅對於中國傳統的罪惡有著深切的感受，所以其反傳統比別人都來得激烈；然而他又深知自己在道德價值和審美趣味上對傳統的私愛。他的激烈反傳統（啓蒙醫生），與對傳統的承擔（沉睡的患者）有時會各各走向極端，使他在告別傳統走向現代化的過程中，顯露了我們民族心靈的全部危機和複雜性。

　　魯迅對於蕭伯納的評論或許有助於更準確地把握魯迅：「假使蕭也是一隻蛆蟲，卻還是一隻偉大的蛆蟲……譬如有一堆蛆蟲在這裡罷，一律即即足足，自以爲是紳士淑女，文人學士，名宦高人，互相點頭，雍容揖讓，天下太平，那就是全體沒有什麼高下，都是平常的蛆蟲。但是，如果有一隻驀地跳了出來，大喝一聲道：『這些其實都是蛆蟲！』那麼，──自然，它也是從毛廁裏爬出來的，然而我們非認它爲特別的偉大的蛆蟲則不可。」〔註 11〕同理，當國人在「地大物博，人口眾多，道德天下第一」中陶醉時，魯迅卻指出了他們是病態社會文化中的患者，自然魯迅也曾是患者，但卻是偉大的患者。魯迅自己就說，他從舊營壘中來，對舊事物看得格外分明，是故反戈一擊，易致敵於死命。

　　魯迅作爲 20 世紀的中國國民精神的醫生，在兩個方面給中國診出了病症：一是中國現實社會的病症，一是歷史文化的病症。前一個方面的診斷主要是依據中國的現實與辛亥革命後中國社會的變動，後一個方面則是自有文明史以來中國的文化對國民精神的塑造及其沿革。當然，這兩種病症是相互聯繫的，在魯迅看來，現實社會中國民的麻木與愚昧，正是中國傳統文化的結果。

〔註 9〕魯迅《吶喊・自序》。
〔註 10〕魯迅《而已集・答有恒先生》。
〔註 11〕魯迅《南腔北調集・「論語一年」》。

尤其是在《阿Q正傳》中，魯迅將二者密切結合起來，並取得了巨大的成功。但是這兩種病症還是略有區別的，對於現實社會的病症魯迅用的是社會批判，對於歷史文化的病症魯迅用的是文化批判。如果說魯迅前期偏重於文化批判，那麼後期——尤其是《偽自由書》等，則側重於社會批判。對於中國文化病症的診斷，筆者在《文化偉人與文化衝突：魯迅在中西文化撞擊的漩渦中》一書的第二章和第三章第二節中，已經予以詳細的討論。如果說魯迅的社會批判具有更多的時代性，那麼魯迅的文化批判則具有更多的超越性。只要中國繼續邁向現代化，魯迅的文化批判，魯迅為中國傳統文化診出的病症，在21世紀的中國就仍然具有極大的價值。我們中國人太容易滿足現狀，也太容易安於現狀，甚至還會借著外來的新名詞滿足現狀，所以魯迅對國民性的揭露，對中國文化傳統的批判，在現在和未來都將是我們寶貴的精神遺產。

接下來的問題是，如果在21世紀中國實現了現代化，魯迅就沒有價值了嗎？答案也是否定的。

我們討論的患者（沉睡的國民）與醫生（喚醒國民的啟蒙者）之間的關係，基本上還是從理性的角度著眼的。但是現代化的腳步卻踏碎了啟蒙學者的理性王國，脫穎而出的自由的個人發現現代社會的病態是更加嚴重了。甚至現代的開路人克爾凱戈爾、叔本華、尼采、陀思妥耶夫斯基等人，其天才也都有病態的一面。這些現代的開路人對魯迅的影響是巨大的。胡適與周作人等在五四時期都是理性啟蒙的代表，周作人就對魯迅喜愛安特萊夫難以理解，他甚至認為魯迅對這個病態天才的喜愛，可能與魯迅喜愛李賀有關。

較早注意魯迅天才中病態一面的是美籍華裔學者夏濟安。他認為魯迅在一個層面上確是「五四」除舊布新（醫生救治患者而走向光明）的代表，但在另一個層面上又體現著一些超越歷史的更深刻的衝突。「魯迅是一個善於描寫死的醜惡的能手……喪儀、墳墓、死刑，特別是殺頭，還有病痛，這些題目都吸引著他的創造性的想像，在他的作品中反覆出現。各種形式的死亡的陰影爬滿他的著作。」夏濟安認為，魯迅天才中這病態的一面，「使他看起來更像卡夫卡的同代人而不是雨果的同代人。」「僅僅把魯迅看作一個吹響黎明號角的天使，就會失去中國現代歷史上一個極其深刻而帶病態的人物。」「他從不曾得到他的同代人胡適和周作人所曾享有的那種寧靜的心境，但他卻是比他們中間任何一個都更其偉大的天才。」〔註12〕

〔註12〕夏濟安《魯迅作品的黑暗面》，《國外魯迅研究論集》，北京大學出版社，1981

　　從這個意義上講，魯迅比胡適、周作人等都更具有現代性。胡適、陳獨秀等人以爲國人走出愚昧狀態，就會獲得快樂與幸福；而魯迅與此相反，他認爲做夢的人是幸福的，夢醒的人卻是悲苦的：「人若一經走出麻木境界，便即增加苦痛，而且無法可想。所謂『希望將來』，不過是自慰——或者簡直是自欺——之法。」〔註 13〕因爲拋開此刻當下的存在，而去「希望將來」，這種希望「正如信徒的上帝」。陳獨秀、胡適告訴籠中之鳥，飛出來吧，到自由的蔚藍色的天空中，到處都是燦爛的陽光和新鮮的空氣！魯迅也召喚鳥兒從籠中飛出來，但他告訴鳥兒，飛出籠後，你是孤立無援的，你不但要獨自對付兇惡的鷹，對付向你侵襲的暴風雨，而且你還要獨自覓食，以強力意志去承擔面對死亡的悲哀與絕望，所以你至少應該具有一種自衛的惡性。在這裡，魯迅的悲觀絕望比胡適、周作人理性的樂觀主義更爲深刻，更能表現現代人的生存困境。梁實秋就很看不慣魯迅的這種情感方式，他從古典主義的立場出發，在健康與理性的大旗下對魯迅進行否定。他告訴鳥兒，飛回籠裏吧，籠裏有溫暖，有秩序。因此，魯迅與梁實秋之爭，其實是現代人的情感方式與古典的理性主義的衝突。

　　散文詩《野草》所表現的，正是一隻飛出籠中的鳥兒以強力意志獨自承擔自由和死亡的寫照。他宛然目睹了死的襲來，同時深深地感到生的存在，然而生的存在卻由於人的孤立無援而陷入大悲苦與大絕望之中。「希望」是什麼？它不過是鬨騙人的娼婦，然而在極度空虛之中，也只好「用這希望的盾，抗拒那空虛中的暗夜的襲來，雖然盾後面也依然是空虛中的暗夜」。他要與空虛中的暗夜肉搏了，卻又發現面前竟至於沒有眞的暗夜，所有的僅僅是一座荒墳。於是，他只有面對死亡來體認此刻當下的存在。他發現自己不過是一個影，黑暗會吞沒他，光明又會使他消失；他感覺自己是一塊「死火」，荒寒會凍死他，溫暖又會使他燃盡……因此，要把握存在的本眞是極其困難的：「抉心自食，欲知本味。創痛酷烈，本味何能知？」「痛定之後，徐徐食之。然而其心已陳舊，本味又何由知？」然而，他只能走，他不能停頓下來，他還要對著墳墓進行令人毛骨悚然的自剖：「有一遊魂，化爲長蛇，口有毒牙。不以齧人，自齧其身……」魯迅也自知其天才中有病態的一面，說自己靈魂中有「毒氣和鬼氣」。

年。
〔註 13〕魯迅《兩地書·六》。

　　或許有人會說：魯迅不是又由醫生變成患者了嗎？然而，如果說這是一種病症，那麼與前一種病症也是極為不同的。在前一種意義上，患者的病症是昏睡在傳統之中麻木無知，愚昧不覺悟，療救之道在於新文化的啓蒙。而這種病症卻正是以新文化反傳統之後，覺醒的個人從傳統的牢籠中走出來在自由的荒原上體悟存在的結果。惟其如此，這種病症才能夠穿越時空，表現出整個現代人的困境。對於這一種病症最好的療救方式就是藝術，所以魯迅認為詩人是苦惱的夜鶯，藝術是苦悶的象徵。在這裡就表現出魯迅作為醫生的偉大，因為魯迅通過主體體悟而表現出來的現代性病症，主要不是屬於 20世紀中國的，而是屬於 21 世紀的中國的。在 21 世紀，中國會眞正實現現代化，筆者相信，魯迅的現代性感受在將來會引起更多的國人的共鳴。

第三節　魯迅給 21 世紀的中國還贈送了什麼？

　　要估價魯迅在 21 世紀中國的價值爲時尚早，但是我們已經處於新世紀的第一年，至少可以根據最近幾年的文化語境，對未來加以推測。因為對文化與文學之未來的任何預言，都只能根據中國文學的現實與歷史以及先進國家的示範，否則，就成了什麼價值也沒有的巫婆算命。我們已經從文化傳統與文學傳統的角度，從魯迅作爲我們民族精神的醫生的角度，對魯迅在 21 世紀中國的巨大價值進行了估價。那麼，除此之外，魯迅給 21 世紀的中國還贈送了什麼？下面，我們從各個方面對這個問題進行簡單的討論。

　　改革開放以後，中國現代化的腳步邁得很快，人民的生活也得到了迅速的改善，1840 年以來在相當長的時間裏那種「東亞病夫」的形象已經離我們很遠，現代中國人所強烈感受到的民族生存與國家存亡的危機，也不再進入我們的視野。但是，我們是否應該就此滿足現狀、安於現狀呢？如果說滿足現狀，安於現狀，就是我們迫切的精神需求，那麼，魯迅顯然是應該和我們告別的了。但是，從已經實現現代化的國家的經驗來看，當生產力的車輪飛速旋轉的時候，整個民族精神應該是最不安於現狀，最應該處於不滿的狀態。

　　馬克思、恩格斯在《共產黨宣言》中說：「資產階級在它的不到一百年的階級統治中所創造的生產力，比過去一切世代創造的全部生產力還要多，還要大。」但是，當資本主義的車輪飛速旋轉的時候，是整個社會的均衡被打破而處於極端不滿的狀態中的。這在文學上的表現尤其明顯。中世紀和中世

紀之前的文學，還具有田園牧歌式的寧靜，道德上與宗教上的滿足還充斥於各種文本中，但是自從資本主義的惡之花綻放之後，整個社會都騷動不安起來，文學上的感傷和絕望在慢慢擴展開來，所以魯迅認為，不滿於現狀的文學是 19 世紀以後才真正興盛起來。

20 世紀 30 年代之後，資本主義吸取了 1929～1933 年經濟大危機的教訓，在經濟飛速發展的同時，更注意國家對經濟和社會的調劑作用，更注意對社會財富的福利性的分配，甚至鼓勵工人入股而成為有產者。特別是在新技術革命之後，人們越來越被生活的表面的光滑所誘惑，一切都變得標致化，精緻化，似乎需求什麼就有什麼，一切似乎都顯得無懈可擊。但是，法蘭克福學派及其「否定的辯證法」，卻對這個社會的機械複製與消費異化進行了激烈的批判；而現代主義以及後現代的文學，對這個社會的荒謬和醜惡進行的批判，超越了此前任何時代文學的批判力度。而正是在這種激烈的否定與批判中，一切才越來越完善。在這裡，社會生產力飛速旋轉的車輪與文學上的極度不滿可以說是相輔相成的。正如魯迅說的，不滿才是向上的車輪，而對現狀的滿足則意味著社會的停滯不前。

中國社會剛剛有所富足，一些作家就開始滿足現狀了。文壇上充滿著雞毛蒜皮，蠅營狗苟。一些作家鼓勵女作家用身體寫作，用皮膚感受，以滿足男性讀者的窺陰癖。一些作家拼命給大款寫報告文學撈錢，或者踩著別人抓權，卻並不去正視人生的悲苦與社會的腐敗。一些作家為了一點個人名利的小事，就將官司打得不亦樂乎，卻發現不了那一位作家因抗議社會的邪惡而肇禍。他們甚至連我們社會上的警察也不如，因為我們經常聽到某某警察因與邪惡作戰而流血犧牲。於是，文壇上彌漫著阿諛奉承，脅肩諂笑，中傷嫉妒，爾虞我詐。他們有時候將自己貶為毛毛蟲，似乎這樣就可以安心滿足地爬在樹上啃食桑葉。筆者參加過一次作家代表大會，因不能忍受這種雞刨狗咬而落荒而逃。試問，這樣的作家還有什麼臉面去指責魯迅？難道我們的時代，我們已經踏上的 21 世紀，不是更需要有魯迅那種直面人生的勇氣的作家嗎？

更令人難以理解的是，我們的一些批評家將西方最具有批判性與顛覆性的批評理論，拿來粉飾我們文壇的創作現狀。他們從雞毛蒜皮的庸常小說中發現了後現代主義，從《廢都》中不僅發現了後現代主義，還發現了巴赫金「狂歡節」理論的實踐……當他們運用著最具有批判性的批評理論的時候，

卻竟至於否定 20 世紀中國文學中最具有批判反思性的魯迅的文本。我們不禁要問：難道魯迅的作品眞的要到 21 世紀才能重現光彩？因此，他們的批評理論儘管是以最新潮的面目出現的，但是其對現狀的粉飾又令人擔心它與最停滯的東西握手言歡。也許魯迅的一段話是對這種現象最好的批評：「現在，氣候似乎一變，到處聽不見歌吟花月的聲音了，代之而起的是鐵和血的頌歌。然而倘以欺瞞的心，用欺瞞的嘴，則無論說 A 和 O，或 Y 和 Z，一樣是虛假的；只可以嚇啞了先前鄙薄花月的所謂批評家的嘴，滿足地以爲中國就要中興。可憐他在『愛國』的大帽子底下又閉上眼睛了——或者本來就閉著。」〔註14〕

也許有人會說，你所講的走向 21 世紀的魯迅的價值，基本上都是思想文化方面的；但是魯迅首先是一位作家，那麼，走向 21 世紀的魯迅在文學上還有超越的價值嗎？其實，筆者在相當的程度上肯定俄國形式主義與英美新批評關於文學的思想內容與藝術形式不可分割的理論，我們上面討論的魯迅在文化上對於 21 世紀中國的巨大價值，就不僅僅是思想內容上的，而且也是藝術表現上的。

在文學史上，有些藝術大師是多產的，但有些藝術大師只憑一部小說、幾首詩，就可以流芳後世，譬如西方的塞萬提斯與中國的屈原和曹雪芹，魯迅自然是屬於後一種文學大師之列的。塞萬提斯只要一部《堂吉訶德》就夠了，西方後來那麼多的小說，要說超越《堂吉訶德》的並不很多。屈原只要一首《離騷》也就夠了，中國後來那麼多的詩歌，要說超越《離騷》的就更少。而曹雪芹只要多半部《紅樓夢》，就完全可以確立其文學大師的地位，後世中國還沒有那一位長篇小說作家敢說自己的作品就藝術表現力而言超越了《紅樓夢》。就純文學文本而言，魯迅僅僅憑著《野草》、《吶喊》、《彷徨》、《朝花夕拾》、《故事新編》五部文集也就可以流芳後世了，不僅可以走向 21 世紀，而且可以穿越更寬廣的時空，走向更遙遠的未來。因爲魯迅的這五部文集，幾乎都從不同的角度擴大了中國人藝術表現的空間，比傳統的文學文體更能表現文化的底蘊與生命的存在。從這個意義上講，許多人將中國古代最偉大的文學文本《紅樓夢》與中國現代的魯迅的文本相提並論，應該說是很有道理的。即使在美國的漢學界，根據夏志清在《新文學的傳統》一書中提供的信息，最熱門的文學研究對象在古代是《紅樓夢》，在現代也是魯迅。

〔註14〕魯迅《墳·論睜了眼看》。

　　當然，筆者希望魯迅的一部分文學文本應該盡快被人忘卻，遺留在 20 世紀。然而不幸的是，經過筆者的再三反思，甚至包括魯迅本人希望「速朽」的雜文，恐怕還是要跨越世紀，對 21 世紀中國的思想和文學產生巨大的影響。在魯迅的作品中，最不具有超越意義的是一部分攻擊時弊的時評性雜文，魯迅是希望這些文字從速消失的，因為在魯迅看來，攻擊時弊的文章是應該與時弊一同消失的，文章還有活力，則說明時弊仍然存在。然而非常不幸，社會上的腐敗、官員的貪污與文人的投機鑽營等等陰暗面，似乎已經成為茶餘飯後人們閒談的經常性話題。20 世紀 90 年代之後，文學雜誌、報紙副刊紛紛開闢「隨筆」欄目，彷彿魯迅式的「雜文」又中興了似的。但是，翻翻這些「隨筆」，不難感到這些文章雖然有血有肉，但就是缺少魯迅雜文的骨頭，缺乏魯迅雜文那種正視社會陰暗面的勇氣。用魯迅的話說，就是搞了些麻醉人心的「小擺設」。既然本人沒有魯迅的勇氣，理當敬佩魯迅才是，然而他們奇怪的邏輯是：我膽怯，你勇敢，你比我厲害我就看著不順眼，所以我必須把你掀翻！在這種奴性的背後還潛藏著一種更不健康的心理，即莫名其妙的嫉妒心理。而對奴性的批判與對自由的呼喚，是魯迅雜文一個一以貫之的主題——從早年《摩羅詩力說》的「苟奴隸立其前，必衷悲而疾視」，到晚年對「左聯」「奴隸總管」的批判。如果說魯迅時評性的雜文都能跨越世紀的話，那麼，魯迅揭露國民性的雜文以及五部純文學文本的文集，就更難以被否定，更具有穿越時空的藝術價值。有些人是靠寫性寫暴力吸引讀者的，不寫性不寫暴力的魯迅的文本至今還那麼多人翻來覆去地閱讀，這本身就是文學的超越性的魅力所在。

第四節　解構主義能夠顛覆魯迅嗎？

　　魯迅不是沒有缺陷的，「五四」新文化運動也不是沒有缺陷的。有些缺陷是其自身的，有些缺陷則是自此之後形成的。「五四」之後，中國就真正成了「日新之謂盛德，生生之謂易」的天下。人們似乎總要以一種外來的更新的新思潮去顛覆剛剛落腳的新思潮，以表示自己的進步而不落伍。「五四」新潮剛剛在中國落腳，就受到了「革命文學」的批判。後者的邏輯正是從「日新，又日新」的角度出發的，「五四」的楷模在陳獨秀的《文學革命論》看來是「今日莊嚴燦爛之歐洲」，是西方的現代社會，「革命文學家」則以更新更進步的

社會形態去批判這種社會，但是，當「革命文學家」對西方現代社會進行批判的時候，又不自覺地與「五四」批判過的社會形態有更多的認同。於是，到了20世紀70年代末，才發現中國並沒有「超現代化」，而是沒有實現現代化。

但是，新時期以後，文化界對這種唯西是趨、唯新是趨並沒有進行認真的反省，卻急於趕上西方的新潮流，於是又展開新一輪的唯西是趨、唯新是趨。用黃子平的一句話說，就是文壇讓創新的狗追得連撒尿的工夫也沒有。甚至那些復古主義的文化思潮，也要到西方的話語中找到自己的理論依據。或者說，有些激進超前的理論，因為太超前了，反而與落後保守的東西握手言歡。在20世紀的中國文學創作中，包括魯迅在內的作家能夠將自己的藝術追求貫徹到底的就很少見；在20世紀中國的文學批評中，很少學者有一個前後一致的評估標準。於是，新時期文學剛剛在接續五四文學的傳統，很快就被後新時期的「後現代主義」給顛覆了。我想，正是從這個角度，林毓生教授才提出了「比慢」的命題。我們當然不能拒絕對西方最新思潮的借鑒，但是，在瀏覽西方以及世界各國的文化與文學新潮的時候，應該根據中國現實社會的價值追需求，追求文化與文學上的實質性進步。

在這種文化語境下，繼20世紀80年代批評界時髦的主體性人學批評、系統論等三論批評、精神分析批評、語言學批評等等之後，消解批評在90年代就匆匆登場了。90年代初出現的批評上的解構主義，創作上時髦的後現代主義，到世紀末彙為大潮。這兩大「主義」像兩把板斧，在文壇上左掄右砍，很有否定一切、顛覆一切的味道。於是，從「五四」到新時期文學的啟蒙主義、人道主義、個性主義等等幾乎所有的文學價值，統統受到了這股消解思潮的顛覆與砍伐。在20世紀的最後一年比較集中地砍伐到魯迅，也就毫不奇怪。

從西方的學術史來看，消解思潮的出現似乎有其必然性。與以肯定性和連續性為特徵的中國文化不同，西方文化從希臘開始就形成了一種否定性和批判性特徵。尼采的上帝死了以及對傳統價值的顛覆，應該是現代消解思潮的直接來源。後來，尼采式的消解主義又被存在主義等思潮發揚光大。但是在科學傳統極為深厚的西方，存在主義將自身流放到科學的園地之外，也很難長久。於是，結構主義就試圖建立一種科學的人類學與文學批評體系，尋找隱藏在現象背後的恆定結構。當然，結構主義也是索緒爾語言學在人類學

與文學批評中的運用，但是在法蘭西，結構主義的興起與存在主義的衰落有著直接的關係。但是，維特根斯坦早就指出，從科學分析的角度看，美學與倫理學都是假命題。這樣，解構主義也從語言學的角度，輕而易舉就顛覆了結構主義建立起來的準科學的結構。

如果說消解思潮在西方是基於其文化傳統的科學精神與批判精神，那麼，在 20 世紀 90 年代的中國，則更多是無路可走的發泄。當然，在西方與中國，解構主義產生的現實背景是不無相似之處的，西方馬克思主義學者伊格爾頓說：「後結構主義無力打碎國家權力結構，但是他們發現，顛覆語言結構還是可能的。總不會有人因此來打你腦袋。學生運動從街上消失了，它被驅入地下，轉入話語領域。」〔註 15〕但是，當解構主義在話語領域也表現出膽怯的時候，就只能將怒火燒向無辜的野草。執著於人道和個性，容易與政治發生衝突；倡導啓蒙主義吧，阿 Q 已經當上大款，魯迅式的文人出書說不定還要去拉讚助。在政治與經濟的雙重尷尬之下，一些文人也只好以解構主義的拆散與顛覆進行一下情緒上的發泄。這樣也就不難理解，為什麼在個性主義尚未得到充分發展的中國，卻要消解主體拋棄個性？為什麼在結構主義尚未得以充分發展的中國，卻要不厭其煩地宣講解構主義。人們不能不問：未曾「結構」，何談「解構」？而更令人憂慮的是，當解構主義顛覆了「五四」以來的尊重個性、正視人生的價值之後，種種傳統的鬼魂又在粉墨登場。當解構主義顛覆了一切價值而自鳴得意的時候，真正凱旋的是失去了任何制衡的權力與金錢。權力與金錢雖然是腐敗的溫床，卻可以在價值的沙漠上開懷大笑。正是從這個意義上，我極為反感解構主義對魯迅的顛覆。

筆者並不一般地反對解構主義的顛覆，反對的僅僅是中國的解構主義者在政治與經濟、權力與金錢雙重積壓的夾縫中，將顛覆的對象搞錯了。正如尼采是現代西方解構主義的文化淵源，從本書的第二章可以看出，魯迅就是現代中國最偉大的解構主義者。作為一個東方的文化惡魔，魯迅最顯著的文化特徵就是與正宗和正統的對立性、文化思想和感性趣味上的顛覆性與批判性。所以，我們才說，在建構意義上魯迅的確沒有什麼了不得的思想，但是從批判否定性的角度看，魯迅卻是異常偉大、無比深刻的。他的小說和雜文揭露了中國傳統文化陰暗面的底蘊，構成了對中國傳統文化的實質性顛覆，在這個方面，幾十個王朔相加也不如一個魯迅的顛覆力量大。而且魯迅的批

〔註15〕伊格爾頓《二十世紀西方文學理論》第 178 頁，陝西師大出版社，1986。

判鋒芒並不僅僅指向外在的社會與文化，也指向主體自身。魯迅強力的批判否定力量，使美國耶魯大學的余英時也感到不安，余英時是鍾情於中國傳統文化的，他感到魯迅充滿了破壞性卻看不出有什麼建設性。當然筆者並不贊同余英時的觀點，但是魯迅留給我們的文化遺產，的確是批判反思的方面更多更重要。魯迅似乎永遠是正宗與正統的敵人，他是中國文學史上第一個公然倡導惡的文學的人，他是哲學文化上顛覆性與否定性力量的代表，他喜歡野史而批判正史，遠離神仙而表同情於孤魂野鬼，厭惡狗而喜歡狼，厭惡貓而喜歡老鼠，自稱學匪而將自己的居處稱爲「綠林書屋」。他還以顛覆「正人君子」爲樂事，將教授、導師的「臭架子打得粉碎」。弗洛伊德的精神分析學說進入中國，魯迅高興地說，這可把正人君子的面紗給揭下來了。因此，用解構主義顛覆魯迅，不是很可笑嗎？

第五節　後殖民語境中的東方惡魔

我們說過，新時期以後，文壇繼續著現代形成的唯新是趨、唯西是趨的文化傾向。但是，後殖民主義批評的興起，卻使某些一直追逐西方新潮話語的人陷入了一種尷尬的境地：追來追去，卻發現自己追逐的「主義」顛覆了自己，原來自己一直在鸚鵡學舌地傳播帝國主義的文化策略和話語霸權，而自己連與之對話的主體性也未建立。倉皇之間，一些人便轉而顛覆「五四」反傳統及其後形成的「拿來主義」新傳統。他們指責新文化運動是中國人自動放棄了中國文化的主體性，屈從於西方的話語霸權，甚至將「五四」的西化選擇說成是「崇洋媚外」，從而患了「失語症」。集反傳統、西化的文化傾向與「拿來主義」主張的倡導者於一身的魯迅，最終受到他們的激烈批判，也就毫不奇怪。

魯迅的確是激烈的反傳統主義的文化惡魔，但是總的來看，魯迅並沒有像他們所說的「失語」——喪失自己的語言與文化家園。魯迅對中國文學傳統的批判，僅僅是對中國正宗與正統文學的批判，而魯迅的小說是對在宋代之後市民土壤上成長起來的白話文學傳統，對《紅樓夢》與《儒林外史》小說傳統的眞正創造性的繼承。而且魯迅在弘揚白話小說傳統的同時，在深層的意義上又潛在地繼承了中國正宗的抒情詩文學傳統，譬如魯迅小說的悲劇精神，以及抒情對敘事的滲透。在文學批評中，儘管魯迅以《摩羅詩力說》

等文學論文對中國古典的善的詩學進行了全面的顛覆，以現代主義的文學理論《苦悶的象徵》作為自己的大學講義。但是，魯迅在進行具體的文學批評的時候，卻很少理論的分析與邏輯的思維，而總是運用形象的語言直覺文本的神韻，與傳統的批評形式極為接近。譬如他在《漢文學史綱要》與《中國小說史略》中對文學文本的批評，除了傳統的考據方法，就是幾句感悟式的點評。在批評《儒林外史》的時候，魯迅僅僅用了「感而能諧，婉而多諷」，「燭幽索隱，物無遁形」等寥寥數語，就將文本的藝術表現的神韻給點出來了。

　　難道我們非要擯棄一切來自西方的詩學話語，原封不動回到原汁原味的古代中國的文學話語中，才算不失語？然而又回到那裡呢？如果說宋代以後的市民文學話語有點與指責中國人失語的學者作對，那麼，我們就回到唐宋之前，回到魏晉南北朝，那時產生的《文心雕龍》是中國的一部詩學巨著，「克己復龍」應該不會失語吧？但是不幸得很，《文心雕龍》已經受到印度佛學，尤其是因明學的影響，看來也已患上了「失語症」。那麼，要想不患「失語症」，最好是祖述先秦典籍中的詩學話語。不過，這也不能保證不患「失語症」。因為先秦典籍大都是周代的文化作品，而根據魯迅的說法，周武王「以征伐之名入中國，加以和殷似乎連民族也不同，用現代的話說，那可是侵略者」。〔註16〕

　　當然，我們反對那些不顧中國的文化需求而一味的唯西是趨的趨新者。一些人毫無中國文化的根基，以為只要追逐西方最新的批評思潮，就獲得了在中國的話語霸權。他們以為做學問就是向西方去搬運現成的新名詞，然而搬來搬去搬到後殖民主義，就顯得尷尬而無所適從。後殖民主義批評對於這些人，倒不失為一種清醒劑。但是，在詩學、文學和文化中企圖消除來自西方的影響，固守中國「純潔」的話語，不但是不可能的，而且還誤入了「東方主義」的怪圈──難道因為美國批評界興起了後殖民主義批評，中國人就需要快快響應，清除西方文化以復興純粹的中國文化？

　　應該看到，中西不同的文化語境有著不同的文學需求。賽義德作為美籍巴勒斯坦人，在《東方主義》中對西方文化霸權的反省是很深刻的，在《差異的意識形態》中對西方祖護以色列的文化策略的揭露也是令人觸目驚心的。但是這並不能邏輯地導向東方各民族應該實行文化上的封閉與自我孤

〔註16〕魯迅《且介亭雜文‧關於中國的兩三件事》。

立，關起門來研究國粹，或者面對西方也搞一個「西方主義」。即使從反對西方的話語霸權、顛覆其建立單極世界的價值標準的角度，也仍需要吸取世界上一切積極的文化成果。魯迅主張「拿來主義」而仍被稱爲「民族魂」，就給我們這樣一個啓示：只要中國人具有文化選擇的主體性，以振興中國爲指歸，那麼無論是看取異域，還是批判反省傳統，都不會失語。魯迅推崇「拿來主義」而反對「送來主義」，體現的也是這種民族選擇的主體性。因此，在中國諸方面與國際慣例接軌的時候，中國的文學家應該思考的，是怎樣將中國文學納入世界文學的大格局中，又具有文化選擇的主體性，文化開放的多元性，文化思考的獨立性，而不是將中國封閉起來，拒絕文化之間的交流融彙，甚至將基於中國文化的現實需求而對西方文化的吸取，也說成是什麼「失語症」。

　　倘若在民族自覺的前提下具有文化選擇的主體性，則無論怎樣吸取外來文化、怎樣西化也不爲「失語」的話，那麼，根據筆者多年的研究，「五四」文化與文學中的西方話語僅僅是詞彙，深層的語法規則還是中國的。如果說基督教文化背景下的西方文學凝視的重心是人與神魔的關係，那麼，儒教背景下的中國文學關注的則是現世的福樂，焦點是人與人的關係，尤其是人與整體的關係。儒家文化的根本就是從人的倫理感情與人生經驗出發，致力整合人與群體的關係，注重現世今生的興衰存亡。正是從這個意義上，孔子將儒門至高的道德「仁」，送給了小器、不知儉、更不知禮的管仲，因爲管仲給家國社稷帶來了現世的福樂。以治國興邦爲要務，信仰就被擱置了。即使對於中國的正統文人，信儒之外兼信佛道也不成問題。因此，「五四」反傳統的深層語法，正是中國不以信仰爲重而以治國興邦爲要務的文化傳統。魯迅在《熱風》中的一句話幾乎是那個時代的流行觀念：或者死抱國粹導致民族淪亡，或者拋棄國粹而使中國振興。中國傳統的語法規則導致了反傳統，這在邏輯上是一個悖論，但在「五四」卻是一個眞實的悖論——那些對中國傳統反叛最激烈的人物，往往是救國救民的使命感最強烈的人物。留學日本的學生受到的民族屈辱比英美派留學生要重，使中國盡快振興的使命感比英美派留學生強烈，對傳統的反叛也比英美派留學生要激烈得多。魯迅在五四時期的西化與反傳統主張都是相當激烈的，然而無論是尼采惡魔式的個人主義，還是托爾斯泰的人道主義，對於魯迅都僅僅是詞彙，深層的語法規則則是救國興邦：尼采僅僅在自強強國的意義上才被肯定，托爾斯泰僅僅在反對帝國主義侵略的意義上才被肯定。這正是魯迅這一東方惡魔與尼采式的西方惡魔

的重要差異。

　　後殖民主義批評又能奈魯迅何？

第六節　走向 21 世紀的「有缺陷的戰士」

　　看來，無論人們願意不願意，無論是解構主義，還是後殖民主義，還是什麼什麼「主義」，都無法阻止魯迅走向 21 世紀。人無完人。那些挑戰魯迅與顛覆魯迅的人會說，難道魯迅就沒有缺陷了嗎？

　　魯迅有缺陷。說魯迅沒有缺陷，是對魯迅最大的反諷。因為作為一個文化惡魔，他的使命就是要給圓滿的中國文化造成缺陷，讓那些以心造的光明自慰的人正視黑暗與醜惡。在魯迅看來，無缺陷，就無改革，就無進步。而且實際上，無缺陷往往是不睜眼看的結果，「倘要完全的書，天下可讀的書怕要絕無；倘要完全的人，天下配活的人也就有限。」〔註 17〕魯迅曾以「有缺點的戰士」和「完美的蒼蠅」的比喻，來表明他厭惡圓滿正視缺陷的人生觀。魯迅當年是以對一切圓滿的破壞──打破大團圓、批判十景病，而成就其偉大的，如今卻將他說得完美無缺，於是，他真的成了《野草》中的「這樣的戰士」，遇見的是「一式的點頭」、「再見一式的點頭」。所以，將魯迅說得完美無缺的人，其實是無視魯迅，是污蔑魯迅，是用「以柔克剛」的法術，將魯迅這位「叛逆的猛士」給克了。

　　然而，要談魯迅的缺陷，必須面對兩個問題。

　　首先，魯迅的缺陷是一種什麼性質的缺陷。藝術大師與思想巨匠身上不僅有缺陷，而且由於身影龐大，那缺陷往往還要比一般人來得明顯。盧梭與園丁在一段時間共同和他的「媽媽」華倫夫人做愛，歌德玩弄過女孩子，陀思妥耶夫斯基嗜賭成性，經常「犯罪」，托爾斯泰性格暴躁得要與屠格涅夫決鬥，而且一個曾經玩弄了許多女孩子的人，後來居然說婦女做愛如果不是為了生育就都是妓女。但是，誰曾見因為這些缺陷就可以摘去他們藝術大師與思想巨匠的桂冠？而現在一些對魯迅說三道四的人，根本就想否定魯迅是什麼藝術大師與思想巨匠，將魯迅描繪成一個與他們一樣平庸的作家。王朔就說看不出魯迅有什麼思想，而且憑著幾個短篇和一大堆雜文，根本就不能進入藝術大師之列。但是，魯迅本人無論是攻擊歷史人物還是現實人物，從沒

〔註17〕魯迅《譯文序跋集·〈思想·山水·人物〉題記》。

有因爲自己的批判而否定了他們的歷史定位。譬如，魯迅的批孔是人盡皆知的，但他在將孔子與外國的思想家進行比較的時候，卻將孔子與蘇格拉底相提並論。魯迅並沒有因爲孔子的缺陷以及被那麼多皇帝和想做皇帝的人利用，甚至沒有因爲他與他的戰友在五四新文化運動中激烈抨擊孔子對中國走向現代化的阻礙作用，就抹煞孔子崇高的文化定位。這也包括魯迅對自己一向不喜歡的英美派留學生的評價上，尤其是對英美派留學生的精神領袖胡適的公正評價上。

其次，這些對魯迅說三道四的人是否說中魯迅缺陷的要害。既然對對魯迅的歷史定位與文化定位太離譜，那麼，也就很難看清魯迅的缺陷，他們往往把魯迅的巨人之處當做缺陷，而將魯迅眞正令人遺憾的地方忽略了。所以哲學家羅素曾經說，他寧願找一個懂他的論敵來陳述他的哲學，也不願找一個不懂他的朋友對他的哲學加以描述。我們絕非是什麼爲尊者諱、爲賢者諱，因爲按照魯迅的直面人生的姿態，任何所謂的「諱」對於魯迅和閱讀魯迅的人都不公正。儘管筆者從事比較文學研究多年，可能已經算不大上「吃魯迅飯的人」，但是在筆者以前涉及魯迅的論著中，基本上也是「直面魯迅」，在《魯迅與英國文學》一書中就指出了魯迅許多缺陷。從這個意義上說，那些對魯迅說三道四的人僅僅是吹毛求疵還不要緊，如果找到的確實是疵，對於魯迅研究總是有益的。但是，他們爲了將魯迅說成是與他們一樣平庸的作家，有點「爲缺陷而找缺陷」。這樣一來，他們往往把魯迅的優點也說成是缺陷，譬如對《狂人日記》、《阿 Q 正傳》等作品的否定，對魯迅改造國民性的否定，等等等等，統屬於此類。

那麼，魯迅的缺陷何在呢？

魯迅對國民性的揭露是他從文的主要動因，是他作爲文化惡魔顛覆傳統反抗眾數的主要戰績，是他作爲啓蒙主義思想家的標誌。這一點無論是什麼「東方主義」還是「西方主義」，都是不能抹煞的。然而，如果詳加分析，就會看到魯迅對國民性的認識充滿了矛盾。第一，魯迅曾主張「任個人而排眾數」，以「個人的自大」反對「合群的自大」，但是魯迅又說中國人多流爲「個人主義者」。第二，魯迅多次對國民性的懶惰進行文化上的反省，但是又說中國人「其生也勤」，一邊說中國人「懶惰怯弱」，一邊又說中國人勤勞。第三，魯迅認爲中國國民無執信，無特操，靈活善變，趨炎附勢；但又認爲中國人死抱國粹，保守，硬化與僵化。對於前兩對矛盾，筆者在《文化偉人與文化

衝突》一書中已經予以合理的解釋，但是對於第三對矛盾，筆者至今無法解釋。從他對死抱國粹、保守、硬化與僵化的批判來看，辜鴻銘與梁漱溟顯然就是批判對象；然而從他對中國人的無執信、靈活善變的批判來看，辜鴻銘與梁漱溟是否應該被推崇，而他本人是否應該在批判之列呢？爲了民族的生存，可以不要民族的信仰，拋棄悠久的文化傳統，這是不是另一種意義上的無特操、無執信、靈活善變呢？無論如何，這兩種批判在邏輯上也是不能同時並存的。

　　我們說過，魯迅崇高的文化定位是中國前無古人的文化惡魔，其思想的深刻性與其惡魔性是一致的。但是從本書第二章第九節的分析可以看出，魯迅後期儘管還保留了相當的惡魔性，但是其惡魔性的淡化甚至對惡魔性的懷疑，也確實是一個思想的事實。考慮到包含了惡魔的基督教文化與沒有惡魔概念的儒家文化的差異，魯迅惡魔性的淡化就更加令人遺憾。

　　如果以啓蒙的執著與藝術的殉道加以衡量，那麼就會發現魯迅更大的缺憾。雪萊對啓蒙的執著，是見誰就開導誰，無論被牛津大學開除，還是後來遭遇到種種不幸。魯迅辦《新生》失敗與辛亥革命失敗後，並沒有將啓蒙進行下去，也沒有將文學創作持續下去。以魯迅的文學才華，如果能夠在這一時期繼續從事小說創作，少鈔一點古碑，那麼，其文學成就無疑會更大。除了文言與白話之別，人們也很難發現《懷舊》與魯迅後來小說的更多差異。「五四」給魯迅帶來了生命的輝煌，然而這種輝煌僅僅從 1918 年持續到 1926 年。在這八、九年間，魯迅創作了《吶喊》、《彷徨》、《野草》、《朝花夕拾》以及分量較重的五本雜文集、幾篇重要的歷史小說、《中國小說史略》和《漢文學史綱要》。可以說，魯迅聲名所繫的作品，他在中國乃至世界文壇上能夠青史留名的作品，幾乎集中在這一時期。如果這種創作勢頭能夠保持到 1936 年逝世，那麼，魯迅在中國乃至世界文學史上的地位無疑會更加高大。聯想到許多大作家在臨終前留下的是最偉大的作品，如歌德的《浮士德》、托爾斯泰的《復活》、陀思妥耶夫斯基的《卡拉瑪佐夫兄弟》等等，就更加令人遺憾。再退一步說，假如他完成計劃中的關於楊貴妃與唐代的長篇小說，尤其是關於中國三代知識分子的長篇小說，再爲中國修一部文學史，那麼，他不僅會盡領「五四」短篇小說的風騷，而且還會領盡 20 世紀 30 年代長篇小說的風騷。然而，由於憂國憂民的沉重的使命感而導致的「趨事」，使魯迅中斷了旺盛的創作勢頭，使敬佩魯迅的人也不能不引以爲憾。從這個意義上說，魯迅的缺

憾也是中國文化傳統的缺憾，雖然他在性善平和的中國輸入了一個惡魔，但他為人為文的許多方面，與其說是出自「基督精神」，不如說是出自「孔子精神」。〔註18〕

對於魯迅的缺憾，有一些是魯迅主體的因素，但更多的是時代的原因；有一些讓人感到遺憾，但更多的是讓人感到無奈。並不僅僅是後期，早在五四時期，甚至在留日時期，魯迅就以感時憂國為根底，他無法像現象學那樣將世界放到括號中對世界進行本質的直觀，他在尼采與托爾斯泰之間的徘徊，在民族自強與反對侵略之間的思想矛盾，都表明了他的這一思維特徵。換句話說，如果魯迅沒有這種使命感，也許魯迅會更客觀，能夠將世界放到括號中直觀事物了，然而也許魯迅連直觀事物的衝動也沒有了。因為正是民族復興的文化衝動，促使魯迅去比較中西文化，選擇惡的文化去破壞傳統的舊物，促成民族的革新。

儘管魯迅是有缺陷的，但用魯迅自己的話說他仍是戰士，是「有缺陷的戰士」，他的缺陷並不妨害他邁向 21 世紀的中國和世界。我們可以用魯迅的一段話作為魯迅邁向 21 世紀的贈言：

> 我獨自前行，不但沒有你，並且再沒有別的影在黑暗裏。只有我被黑暗沉沒，那世界全屬於我自己。

〔註18〕詳見高旭東、吳忠民、陳炎等《孔子精神與基督精神》，河北人民出版社，1989年。

第五章　魯迅的傳統及當代命運

　　魯迅的傳統，顧名思義，指的是魯迅開闢的文化與文學傳統。通過魯迅與孔子在現代世界的價值之探討，以觀新舊兩種文化傳統的各自魅力。以魯迅與屈原的精神聯繫爲研究個案，探討魯迅是怎樣在反傳統時接受傳統文化的滋養的。我們又通過對阿 Q 這一形象的文化內涵的分析，探究了魯迅在中西文化發展模式中的立場與選擇。最後，本章轉向對魯迅的文學傳統的形成及其在當代中國的命運的研究。

第一節　魯迅與孔子在當代世界的文化價值

　　孔子與魯迅在現代世界的文化價值，是一個挑戰性的學術命題。因爲現在中國很多人極力要弘揚傳統文化，中國在向世界弘揚中華文化、傳播漢語的時候，在世界各地建了很多孔子學院，以孔子來作爲中國文化的象徵。很多人對這種推崇孔子並不認同，他們認爲應該弘揚魯迅而不是孔子。那麼，孔子與魯迅在現代世界都有什麼樣的文化價值呢？

　　魯迅在現代世界的文化價值是不言而喻的，因爲魯迅最突出的特色就是思想的現代性，藝術表現的現代特徵。魯迅激烈地抨擊中國的以家爲本的傳統倫理，對中國的文化傳統及其在現實中的積澱進行了全面的批判反省。那麼，魯迅建立的現代倫理是什麼呢？魯迅設想的個人是一種孤獨狀態的個人，這樣的個人不受家庭、國家的約束，他要獨立發展自己的個性，但個性的發展又不能侵害到別人的自由，所以個性主義要以人道主義來加以約束，這就是魯迅的個人主義和人道主義彼此之間的平衡關係。人與人的人格是平

等的，每個人都要尊重別人的人格去發展自我，這就是個人自由的真義。

　　當然，由於受到拜倫和尼采的巨大影響，魯迅的個人自由是需要強力意志去支撐的。因為自由是沉甸甸、冷冰冰的東西，與人的孤獨狀態密切聯繫在一起，往往是你最親近的人對你自由的約束也就越大。比如一個人想自殺，自殺是一種個人的自由選擇，然而他有了自殺的念頭就會想：「我要自殺，我母親怎麼辦？我妻子怎麼辦？兒子怎麼辦？」這些人是給你溫暖最多的，但他們給你自由的約束也最大，連你自殺的自由也被限制。你一旦要顧念他們的想法，你就不能自由地選擇。兩個戀人在一種極端的情況下，就連出門也要打個招呼，不打招呼，另一個就不高興了。這就可以看出，自由已經被約束到狹窄的空間了。所以，真正的自由是徹底的離群索居，但是，這種孤獨狀態需要一種強力意志來承擔。小鳥在籠子裏是不自由的，但有它的好處，一旦颱風下雨，主人就會把鳥籠拿到房子裏來，不讓雨淋它，餓了就會有食吃，它不自由，但有人關心它。現在，我們把鳥籠打開，把它放回到自由的天空中去，小鳥要是沒有一種強力意志的話，它不能承受這種沉甸甸的自由，因為它要獨自迎擊烈風雷雨的侵襲，獨自面對老鷹等惡鳥對它的侵害，沒有強力意志是無法承擔這種自由的。所以魯迅為了避免人們逃避自由，就呼喚自由的主體具有強力意志。

　　魯迅很清醒地看到了追求自由的後果，在這一點上和胡適與陳獨秀是不大一樣的。胡適、陳獨秀說：你們跟著我走吧！我的口袋裏有通向幸福光明快樂的鑰匙，衝破了傳統的束縛你們就幸福快樂；而魯迅說，你們在這個鐵屋子裏酣睡還很舒服，但是，一旦清醒之後就很痛苦，「人最痛苦的是夢醒了無路可走。」在這點上，魯迅與陳獨秀、胡適那種樂觀的啟蒙差異很大。魯迅的這種啟蒙更帶有絕望，並且與絕望抗戰的色彩，也由此增加了魯迅思想的深度。尤其是《野草》，非大手筆是寫不出那樣的好文章來的，這是漢語中最富有藝術表現力的文本，往往是寥寥幾筆就把描寫對象昇華到哲學本體的高度，並且深刻體味著傳統崩潰之後人孤獨而自由地面對死亡的存在深度。在《過客》中，我們看到了「客」為了自由的主體，連小女孩的布片也不要，因為感恩會令他受到束縛而不自由，他甚至像兀鷹詛咒死屍一樣希望給他大恩惠的人滅亡。白話文是從宋代到明清一直存在的表現形式，只是到魯迅哪裏，才賦予了白話文以鮮明的現代特色。魯迅的小說和《野草》在傳統與現代之間豎立了截然分明的界碑，即使是對魯迅評價不高的夏志清，也承認魯

迅的現代特色。

　　十年以前，王朔等作家要用解構主義來消解魯迅。其實我覺得就解構而言，他們是找錯了對象。因爲我發現，從近代直到今天，魯迅是最大的解構主義者，他對中國文化傳統的顛覆是無與倫比的。從哲學（掃蕩儒道兩派的書籍）、倫理（控訴禮教和家族制度），到歷史（想做奴隸而不得和暫時做穩了奴隸的兩個時代的循環）、文學（瞞和騙的文學、廊廟文學與山林文學、幫忙文學與幫閒文學），魯迅的解構與顛覆無孔不入，他甚至認爲中國文化就是一席人肉的宴席，而中國就是安排這宴席的廚房。《狂人日記》與《阿Q正傳》構成了對傳統及其在國民哪裏的現實積澱的最大解構與顛覆，幾千年的文明史——「古久先生的陳年流水簿子」被踏在腳下，幾千年的倫理道德闡發的只是「吃人」二字……胡適從漢代的王莽身上找到了「社會主義」，從清代的乾嘉學派中找到了美國的實用主義，儘管批判傳統卻對傳統有點「眉來眼去」，因而最富有解構精神並且對傳統及其現實積澱構成了實質性顛覆的是魯迅。其實，魯迅的解構主義並不令人奇怪，因爲當代最著名的解構主義大哲德里達就認爲他的精神先驅是尼采，而魯迅的精神先驅也是尼采。

　　魯迅的現代意義還表現在，他在強調穩定性與承傳性的靜止不動的中國，輸入了一個批判性與否定性的騷動不安的文化惡魔。西方文化的發展模式是批判性與否定性的，正如亞里士多德對柏拉圖所言「吾愛吾師而尤愛眞理」。亞里士多德的分析性哲學就與老師柏拉圖不同，他對摹仿文學的肯定也與柏拉圖的否定不同。於是，整個西方文化就是在不斷批判與超越前人中發展的，頗有點「急匆匆你方唱罷我登場」的意味。而中國文化卻更強調穩定性、連續性、承傳性，與亞里士多德的「吾愛吾師而尤愛眞理」相對，孔子說「述而不作，信而好古」。因爲「作」就意味著某種程度的否定，而「述」則是完全的肯定。與西方上帝與魔鬼、靈魂與肉體、感性與理性的二元對立不同，中國文化強調陰陽、乾坤、天地、男女、父子、君臣的二元中和，因而整個文化沒有一個否定性的惡的精靈。與西方文化的分析性概念不同，中國文化訴諸感悟的直覺概念，時代發展了也不要創造新的概念，而只需要對前人的概念加以重新領悟就可以了。這就導致了中國文化巨大的穩定性、連續性和傳承性，加上中國文化沒有進步與發展的概念而強調循環，就使得中國文化顯得靜止不動。從《摩羅詩力說》開始，魯迅就致力於在平和靜態的中國文化中，輸入一個騷動不安的動態對立的文化惡魔，爲中國文化注入一

種批判性與否定性的元素。魯迅希望這能夠使靜止不動的中國快速發展起來，在列國爭雄的時代自立於民族之林。

中國要擺脫傳統走向現代，魯迅就具有巨大的文化價值。然而問題就在於：現代就沒有弊病了嗎？在20世紀初的美國，白璧德就致力於反省從盧梭到現代的弊病，而要回歸基督教和希臘的古典理性，甚至對孔子與佛陀的教誨也發生了濃厚的興趣，他的學生T.S.艾略特自稱在政治上是保守主義者在宗教上是加爾文教徒，並在《荒原》中對現代的弊病進行了深刻的反省。然而，由於中國當時尚處於擺脫傳統向現代邁進的階段，這種時空上的錯位使得白璧德的中國弟子吳宓、梁實秋等一回國就陷入被新文化人物批判的漩渦中。然而現在中國也進入了現代化，比20世紀初的美國要更現代化。這時，我們還能再像在20世紀上半葉那樣簡單地對待吳宓和梁實秋嗎？還能再像五四時期打倒孔家店那樣對待孔子嗎？因而我們下面重點闡發一下孔子的現代意義。

首先，在西方的上帝觀念動搖的當代，孔子對倫理與審美的世俗文化價值的執著，就很有現代意義。人類的文化價值可以分為審美的、倫理的與宗教的三種，孔子對宗教的價值不感興趣，所謂「子不語怪力亂神」，所謂「敬鬼神而遠之，可謂智矣」，孔子文化的根本是倫理併兼及審美，所謂「克己復禮為仁」，所謂「興於詩，立於禮，成於樂」。當然，走向純然審美的是莊子，孔子總喜歡將審美與倫理融合在一起，然而孔子在現實中極端失意的時候，也不是沒有純然審美的理想，當曾點說自己的志向就是「暮春者，春服既成，冠者五六人，童子六七人，浴乎沂，風乎舞雩，詠而歸」之時，孔子居然忘卻了「治國平天下」，欣然贊同曾點的志趣：「吾與點也」。中國崇尚的不是為自己的神獻身殉道的宗教精神，而是為家國社稷犧牲的精神，推崇的是「詩禮人家」與「禮樂之國」。西方從文藝復興、啟蒙運動到現代，上帝的觀念搖搖欲墜，「上帝死了」、「宗教是人民的鴉片」等逐漸成為壓倒性的聲音，科學之光使得宗教的聖火越來越黯淡。然而科學雖然能夠帶來物質世界的繁榮，卻無法撫慰人的情感的孤獨，也造不出令人不朽的金丹大藥。於是，西方的哲人開始關心倫理與審美的價值，連基督教的新神學家也要帶領人們走向幸福快樂的「現世城」。在這種文化語境中，難道我們不應該更多地關注孔子文化的現代價值嗎？

其次，孔子文化價值的現代意義，在於特別適合於資本的原始積累。孔

子沒有給人提供宗教的超越，而是以上敬奉祖宗孝敬父母下生育後代、為往聖繼絕學與為萬世開太平的繼往開來，超越個體生命的短暫，特別強調文化與族類的連續性和傳承性。演變到現代，就是注重子女的教育。中國人特別注重子女的教育，中國人可以寧願不吃不喝，也要讓孩子去上學；而美國人絕對做不到，他們在上帝死了的時代，追求的是自己的享樂，縱情恣欲，金錢萬能，實實在在地表明上帝的死亡與魔鬼的出籠。中國是攢錢給兒孫花，而美國人是花兒孫的錢。受過儒家文化影響的國家與地區都有一個特點──高儲蓄，中國大陸、臺灣、香港、日本、韓國、新加坡是世界上儲蓄最高的國家和地區。孔子教化過的國家與地區為什麼會有這種高儲蓄的特點呢？因為看重下一代的教育與未來發展，就要善於為他們攢錢，這跟孔子的文化教化是有關係的。中國的現代化不可能再像西方初始那樣，進行海外擴張掠奪殖民地，那麼靠孔子教化的資本積累也可以達到這個目的。

再次，孔子的「敬天禮地」與老子的「道法自然」相結合的生態智慧，可以給生態環境極為惡劣的現代人提供可貴的精神資源。現代的一個最突出的弊病就是人在確立其主體性的時候，以科學成就的高技術掠奪與榨取自然，破壞了與自然的生態平衡。追溯起來，這與基督教以人高於自然可以隨意支配自然又有關係。在孔子的教化中，沒有人支配自然的概念，人的言行是要效法天地的，人要敬天禮地，與自然和諧相處。天就是男人、地就是女人；天下雨，地承受陽光雨露，就有了禾苗：這跟男女的道理是完全一樣的。中國人主張物我融合、天地合一。我看花，我到花中去，花看我，花到我中來：「相看兩不厭，惟有敬亭山」，人和自然要和諧相處。然而在現代，中國引進了西方征服自然的現代工業與科技，再加上中國人口眾多，對自然環境的破壞已是觸目驚心，此時孔子的教誨還是很有意義的。

在魯迅的現代意義與孔子的現代意義之間，有沒有精神聯繫呢？從某種意義上說，魯迅文化就是經過現代洗刷的中國文化。魯迅即使在西化最激烈的五四時期，也沒有把西方文化的根底基督教拿過來。既然對西方文化的根底棄之不顧，又怎能談得上徹底的西化呢？既然魯迅的終極超越不是西方的基督教，那麼他又是怎樣超越的呢？魯迅轉向為國家民族的復興而奮鬥，正如傳統以仁為天心的士大夫為家國社稷奮鬥一樣。魯迅酷愛尼采，然而尼采並不是為德意志民族奮鬥的人，而魯迅接受尼采卻希望國人都像尼采那樣張大自己的意志，中國的復興就指日可待。魯迅的留日時期、五四時期以及後

期的思想與藝術變化很大，但在感時憂國一點上又統一起來。正是蘇聯建設的成功和 1929 年到 1933 年資本主義世界的經濟大危機，使他看到蘇聯也能富國強兵，走俄國人的路中華民族也有救，所以他才往左轉。在為人上，他孝敬母親，尊敬師長（臨死都在懷念章師太炎），又愛孩子，培養了很多青年作家，很符合孔子的承上啓下、繼往開來之道。

第二節　魯迅與屈原深層的精神聯繫

　　魯迅與屈原的關係在魯迅研究中並不是一個冷門的領域。魯迅逝世後，魯迅最好的朋友許壽裳就指出魯迅的舊詩在用詞與意象上對屈原辭賦的借鑒與採用。但是，由於魯迅在他的雜文中，將屈原與賈府的焦大相提並論，將《離騷》說成是「不得幫忙的不平」，魯迅就儼然是以屈原的否定者與批判者的面目而出現的，以至於使日本學者山田敬三在其《魯迅世界》中以「埋葬屈原」來形容魯迅與屈原的關係。此後，魯迅與屈原在藝術上的聯繫，僅僅被限定在辭采之類的形式方面，而與精神無關。一些熱愛中國古典文學尤其是熱愛屈原的學者，懾於魯迅在中國小說史研究乃至資料上做出的巨大貢獻，不敢公開地批評魯迅雜文的屈原論，就將魯迅在雜文中對屈原的否定與批判，當作魯迅因事發揮的隨意走筆，而將魯迅在《漢文學史綱要》中對屈原及其辭賦的論述當作魯迅的公心持論。因此，需要我們認真探討的問題是：魯迅雜文中的屈原論是否隨意走筆？如果不是，那麼，應該怎麼解釋在魯迅的雜文與學術論著之間對屈原不同的評價？魯迅是否僅僅在辭采之類的形式上與屈原有藝術上的聯繫？如果不是，那麼，屈原精神是怎樣影響了魯迅，使魯迅的風骨中具有屈原之血脈的？

1. 魯迅雜文的屈原論是否隨意走筆？

　　魯迅雜文是魯迅文化遺產中一筆寶貴的財富，但是由於中西文化的差異，西方學者一向欣賞魯迅的小說，而冷淡魯迅的雜文。如果中國學人也將魯迅的雜文看成是不負責任的隨意走筆，那麼魯迅雜文的真價值，將會愈加被遮蔽。魯迅在雜文中論及屈原的處所併不多，一篇是《偽自由書》中的《言論自由的界限》，一篇是《且介亭雜文二集》中的《從幫忙到扯淡》。《言論自由的界限》中說：

　　　　看《紅樓夢》，覺得賈府是言論頗不自由的地方。焦大以奴才

的身份，仗著酒醉，從主子罵起，直到別的一切奴才，說只有兩個石獅子乾淨。結果怎樣呢？結果是主子深惡，奴才痛嫉，給他塞了一嘴馬糞。

其實是，焦大的罵，並非要打倒賈府，倒是要賈府好，不過說主奴如此，賈府就要弄不下去罷了。然而得到的報酬是馬糞。所以這焦大，實在是賈府的屈原，假使他能做文章，我想，恐怕也會有一篇《離騷》之類。〔註1〕

在《從幫忙到扯淡》中，魯迅又說：

《詩經》是後來的一部經，但春秋時代，其中的有幾篇就用之於侑酒；屈原是「楚辭」的開山老祖，而他的《離騷》，卻只是不得幫忙的不平。到得宋玉，就現有的作品看起來，他已經毫無不平，是一位純粹的清客了。然而《詩經》是經，也是偉大的文學作品；屈原宋玉，在文學史上還是重要的作家。爲什麼呢？——就因爲他究竟有文采。

在魯迅看來，古代的中國文人並不具有獨立的人格，因而在父子有分、君臣有別的家國一體的倫理系統中，往往是非幫主子的忙即幫主子的閒。而且「中國開國的雄主，是把『幫忙』與『幫閒』分開來的，前者參與國家大事，作爲重臣，後者卻不過叫他獻詩作賦，『俳優蓄之』，只在弄臣之列。」〔註2〕在魯迅看來，屈原的辭賦既不是「幫閒文人」所爲，也不是「幫忙文人」所爲，而是「不得幫忙的不平」。屈原曾經幫過國君的忙，但是當他受到奸臣之害，被國君疏離的時候，就哀怨發牢騷，《離騷》等辭賦正是這樣產生的。屈原罵楚國的君主無道，臣下昏聵，並非要打倒楚國，而恰恰是爲了楚國的振興，僅僅在這一點上，將屈原與焦大聯繫在一起也並非大悖情理。

魯迅既是傳統文化的破壞者，也是現代文明的呼喚者。魯迅思想的一個重要特色，就是在傳統與現代之間劃出一條清晰的界限。魯迅清醒地看到中西文化是異質性的文化，難以不加前提地相互印證。魯迅從來不用西方的概念來剪貼中國的文化現象，大到社會學上的封建主義概念，小到戲劇中的悲劇概念。三十年代日本人編《世界幽默全集》，並託人讓魯迅編選中國的幽默作品，魯迅認爲這是書店老闆迷信「西洋話能夠包羅世界一切」的結果：「所

〔註1〕《魯迅全集》第5卷第115頁，北京：人民文學出版社1981年。
〔註2〕《魯迅全集》第6卷第344頁，北京：人民文學出版社1981年。

謂中國的『幽默』是個難題，因『幽默』本非中國的東西。也許是書店迷信西洋話能夠包羅世界一切，才想出版這種書」。〔註 3〕中國似乎就沒有西方的幽默作品，而《笑林》中的說笑話決不能夠輕易地與西方的幽默混爲一談。從這個意義上說，魯迅的現代追求的思想淵源來自西方，並且絕不認同在現代與傳統之間、中西兩種異質文化之間輕易地劃等號。屈原雖然有點異端色彩，但卻絕不能輕易地與現代的獨立人格與個性精神等同。這就是爲什麼魯迅會在雜文中以否定的語氣談論屈原。

　　從魯迅雜文中的屈原論我們能夠得到什麼啓示呢？就是不能隨便地將西方的標籤剪貼在屈原身上。事實上，浪漫主義這一西方文學的帽子已經在屈原頭上戴了幾十年了。但是，魯迅雜文中的屈原論及其反對中西文化不加分析地相互印證，恰好是給屈原摘掉這頂浪漫主義文學的帽子的理論依據。浪漫主義的祖師是盧梭，按照馬克思在《〈政治經濟學批判〉導言》中的觀點，盧梭的孤獨個人的思想猶如大大小小的魯濱遜故事，正是資本主義生產關係的表現，在自由競爭的社會中，人表面上看起來是擺脫了一切社會聯繫。從拜倫到尼采，浪漫主義不斷地在哲學與文學之間流動，但是以具有獨立人格的孤獨個人與社會分離，向群體挑戰則是沒有改變。這種浪漫主義的個人與屈原要依靠君主參與「美政」的思想大相徑庭，因而後人也就沒有理由將西方浪漫主義的標籤貼在屈原身上。由此也能夠解釋，爲什麼魯迅在《摩羅詩力說》中推崇拜倫、雪萊等浪漫主義詩人，在五四雜文中肯定盧梭，在《文化偏至論》以及大量雜文中弘揚尼采，卻獨獨將屈原看成是沒有突破「非幫忙即幫閒」的傳統文學的詩人。

2. 魯迅對屈原辭賦的學術分析

　　五四一代人不但是傳統文化的批判者，而且也是以現代觀念對傳統文化的整理者。其中激烈反傳統的魯迅，在中國古代文學的研究與資料整理方面的貢獻是有目共睹的。但是學術研究講求客觀性，與雜文中以現代觀念激烈批判傳統還是有所不同的。這並不是說，學術研究可以像有些學者所說的能夠做到「價值中立」，可以像現象學所設想的那樣能夠將世界放到括號中而直觀對象，因爲魯迅畢竟是從現代的立場去研究傳統文學的，魯迅是在時間之中而不是在時間之外，他不可能做出「放之永恒而皆準」的學問；但是魯迅

〔註 3〕《魯迅全集》第 13 卷第 499 頁，北京：人民文學出版社 1981 年。

也確實不是一個庸俗的「惟現代」論者，在他的眼裏，並非具有現代觀念的就一定具有很高的文學價值，不具有現代觀念的就一定沒有很高的文學價值。魯迅的這種複雜性使他沒有陷入「現代性」的陷阱，像胡適那樣以白話文作為衡量文學價值的標準，甚至將杜甫的名句「三峽樓臺淹日月，五溪衣裳共雲山」說成是「實在不像話」。明乎此，才可以正確理解魯迅在《漢文學史綱要》中對屈原的闡發。

　　魯迅是將屈原及其辭賦與《詩經》在比較中進行論述的：「較之於《詩》，則其言甚長，其思甚幻，其旨甚明，憑心而言，不遵矩度。」所以後儒之服膺詩教者，經常責難屈原。「實則《離騷》之異於《詩》者，特在形式藻采之間耳，時與俗異，故聲調不同；地異，故山川神靈動植皆不同；惟欲婚簡狄，留二姚，或為北方人民所不敢道，若其怨憤責數之言，則三百篇中之甚於此者多矣。」魯迅進一步分析屈原辭賦不同於《詩》的時代原因：「古者交接鄰國，揖讓之際，蓋必誦詩，故孔子曰：『不學《詩》，無以言。』周室既衰，聘問歌詠，不行於列國，而遊說之風寖盛，縱橫之士，欲以唇吻奏功，遂竟為美辭，以動人主。如屈原同時有蘇秦……餘波流衍，漸及文苑，繁辭華句，固已非《詩》之樸質之體式所能載矣。」魯迅接著又分析屈騷不同於《詩》的地域原因：「彼有河渭，此則沅湘，彼惟樸樕，此則蘭茝；又重巫，浩歌曼舞，足以樂神，盛造歌辭，用於祀祭。」尤其是《九歌》，「雖曰『為作』，固當有本。俗歌俚句，非不可沾溉詞人，句不拘於四言，聖不限於堯舜，蓋荊楚之常習，其所由來者遠矣。」

　　春秋戰國時代既是中國文化定型的時代，也是南北方文化大融和的時代。魯迅在分析屈騷的時候，就從文化的角度來審視中原文化與楚文化的融和：「楚雖蠻夷，久為大國，春秋之世，已能賦詩，風雅之教，寧所未習，幸其固有文化，尚未淪亡，交錯為文，遂生壯采。」所以魯迅說：「《騷》者，固亦受三百篇之澤，而特由其時遊說之風而恢宏，因荊楚之俗而奇偉；賦與對問，又其長流之漫於後代者也。」這種文化融和的壯采，當然與屈原的天才是不可分割的：「屈原起於楚，被讒放逐，乃作《離騷》。逸響偉辭，卓絕一世。後人驚其文采，相率仿傚，以原楚產，故稱『楚辭』。」而且，由於屈原的天才創作，「其影響於後來之文章，乃甚或在三百篇以上。」而當魯迅論及「賦與對問」的時候，又在梳理屈原辭賦對後來文學的影響：對問「與賦並出於漢初，劉勰謂賦盟於《騷》，荀卿宋玉，乃錫專名，與詩劃境，蔚成大

國；又謂『宋玉含才，始造「對問」』，於是枚乘《七發》，楊雄《連珠》，抒
憤之文，鬱然而起。」〔註4〕換句話說，魯迅不僅從承上的角度著眼於《詩經》
對楚辭的影響，而且也從啓下的角度著眼於屈騷對後世文學的影響。所以在
略略論及李斯之後，魯迅就爲《漢文學史綱要》設立了《漢宮之楚聲》一篇。
魯迅認爲，「楚漢之際，詩教已熄，民間多樂楚聲……蓋秦滅六國，四方怨恨，
而楚尤發憤，誓雖三戶必亡秦，於是江湖激昂之士，遂以楚聲爲尙。」〔註5〕
項羽的《垓下歌》是楚聲，劉邦的《大風歌》也是楚聲，而劉邦稱帝又將楚
聲帶入漢宮。從西漢武帝到東漢少帝，所歌詠的皆是楚聲。且不說憑弔屈原
的賈誼，就是在論及司馬遷的《史記》時，魯迅也還沒有忘記《離騷》，稱讚
《史記》是「史家之絕唱，無韻之《離騷》」。

　　魯迅的《漢文學史綱要》雖然僅僅是漢代之前的中國文學史的一個大綱，
但是正如魯迅的《中國小說史略》善於梳理各種小說文體的內部演變一樣，
魯迅對中國古代文學的內部流變及其與文化風尙的關係，表現出特有的史家
的敏感與遠見卓識，只可惜這僅僅是一個未完成的大綱。而且，如果細讀魯
迅的這個大綱，就會發現他雖然對屈原的辭賦評價很高，但是僅僅是對屈原
辭賦之文采的評價，這樣一來，就使得魯迅對屈原崇高的學術評價與在雜文
中的思想評價之間，並沒有什麼矛盾與悖謬之處。

3. 魯迅與屈原的深層精神聯繫

　　無論是魯迅的雜文，還是魯迅的《漢文學史綱要》，其對屈原的肯定與讚
揚都是其辭賦的文采。那麼，屈原精神就與魯迅無關了嗎？仔細閱讀屈騷與
魯迅作品，答案顯然是否定的。甚至可以說，在中國的韻文作品中，對魯迅
精神影響最大的不是陶淵明，不是李白，不是杜甫，也不是蘇軾，而是屈原。
魯迅喜歡屈原的時間應該很早，他十九歲時所作的舊詩《蓮蓬人》不但借鑒
了《離騷》中的植物，而且那種以美好的植物以喻自己高潔志向的明志方式
與《離騷》也有貌異神合之處。魯迅二十歲時所作的《祭書神文》就是模仿
屈原的「騷體」，其中「狂誦《離騷》兮爲君娛」更表明了對屈原的熱愛。不
過，這都是魯迅在沒有經受現代思想洗禮之前的作品，與屈原的精神聯繫也
是顯明的。爲人們所忽視的是，魯迅在經受現代思想洗禮之後，在思想的深

〔註4〕《魯迅全集》第9卷第370～376頁，北京：人民文學出版社1981年。
〔註5〕《魯迅全集》第9卷第385頁，北京：人民文學出版社1981年。

層仍然保持著與屈原的精神聯繫。

　　魯迅一生的思想是在變化的，但是，魯迅想使中華民族振興的愛國主義，從留日時期、五四時期到後期，則是始終沒有變化，或者說，魯迅一生思想變化的根本原因就在於對怎樣拯救中華民族於危難之中的方法有不同的認識，而拯救中華民族的愛國主義精神則始終如一。而在古代中國的大詩人中，愛國意識最強烈的應首推屈原。屈原與他同時代的那些「朝秦暮楚」之士不同，而是執著地熱愛自己的祖邦，但是楚國卻面臨著虎狼之國暴秦的虎視眈眈，而自己拯救楚國的建議又不能為國君所用。當祖邦上下昏庸，眼看就要落入敵人之手的時候，屈原抽寫哀怨以明志，並且以自己的死來殉國以驚醒世人，是何等感人的愛國主義精神。魯迅所處的時代，似乎是一個擴大了的春秋戰國，中國似乎變成了那個歷史悠久的東周王室，列國都可以來欺負中國，中國有被列強瓜分的危險。魯迅從《中國地質略論》高揚愛國主義，學醫以圖促進國人對於維新變法的信仰，到棄醫從文試圖以文學改造中國國民的精神，無一不是拯救民族的責任感和強烈的愛國主義精神所驅動。在這種相似的文化語境中，魯迅在精神上與屈原發生共鳴是合情合理的：

　　　　靈臺無計逃神矢，風雨如磐闇故園。

　　　　寄意寒星荃不察，我以我血薦軒轅。

　　「荃不察」直接借用了《離騷》的詞彙，也拉開了魯迅去國之後拯救中華民族殷殷之心的序幕。就藝術創作的思維而言，魯迅在構思這首詩歌的時候，一定是想到了以自己的生命殉國的屈原，想到了他在死前抽寫哀怨的悲壯場面，所以就把《離騷》的詞彙直接加以借用。當然，「荃不察」屈原的是楚國的君主，而「荃不察」魯迅的則是整個自己的祖邦，僅僅在這一點上，魯迅的個性精神與屈原依靠君主實施「美政」的確有所不同。但是，在個性精神上，屈原對魯迅就沒有影響了嗎？

　　應該看到，在中國古代詩人中，屈原是個性精神最突出的。如果不是情誼綿綿地依戀國君社稷，或者說只有靠著幫國君的忙才能夠實現自己的抱負，那麼屈原與現代的個性主義者將沒有任何差異，將屈原說成是浪漫主義詩人也就有了相當的合理性。從《橘頌》、《離騷》到《懷沙》，將自己的個性說得與眾不同，一直是屈原辭賦的一個突出特徵。在《橘頌》中，屈原以橘自比，稱頌自己那種「深固難徙」，「獨立不遷」的孤獨精神，「蘇世獨立，橫而不流」的高潔品質，這種精神甚至在小的時候就已萌生而顯得與眾不同：「嗟

爾幼志，有以異兮」。在《離騷》中，屈原頌己身之修能，斥世俗之惡濁，自
比不群的鷙鳥，甚至說出了「國無人莫我知兮，又何懷乎故都」的離鄉傷情
之言。在《九章》的《惜誦》一篇裏，屈原反覆吟詠自己爲「眾人之所仇」
的孤獨情懷。在《涉江》一篇中，屈原申明「吾不能變心而從俗」。《漁父》
一篇，屈原自言被放逐的原因是由於「舉世皆濁我獨清，眾人皆醉我獨醒」。
《卜居》一篇，屈原更是將現實與眾人的渾濁不清表現得入木三分：「蟬翼爲
重，千鈞爲輕；黃鐘毀棄，瓦釜雷鳴」。這種反抗世俗、蔑視從眾的不合群精
神，是貫穿於屈原辭賦之中的。如果通讀屈原的辭賦，就會感到一個爲國君
社稷和人民大眾承擔著無窮憂患的孤獨者，在是非顛倒、黑白混淆的世界，
不但不爲君主所容，更不爲全體國民所悅納，但是他卻執著於自己的信念上
下求索，並最終被他的國君社稷和土地人民放逐了。正是在這種絕望中，他
沉江離開了這個他要拯救卻是誤讀他唾棄他的世界。

　　魯迅在棄醫從文之後，就開始高舉個性主義的大旗以爲拯救中華民族之
良方。在《文化偏至論》中，魯迅推崇的是「任個人而排眾數」，讓獨立的個
人反抗群體，「剛愎主己，於庸俗無所顧及」。在《摩羅詩力說》中，魯迅以
與國民對抗的姿態，提出了改造國民性的思想，並且認爲能夠承擔改造國民
性職責的「精神界之戰士」應該是具有惡魔精神的詩人，這種詩人的人格應
該是「剛健不撓，抱誠守真；不取媚於群，以隨順舊俗；發爲雄聲，以起其
國人之新生」，而且要「不恤人言」，「雖獲罪於全群無懼」。在《破惡聲論》
中魯迅說：「今之所貴所望，在有不和眾囂，獨具我見之士，洞矚幽隱，評騭
文明，弗與妄惑者同其是非，惟向所信是詣」。魯迅留日時期這種「任個人而
排眾數」的語法，到五四時期就演繹成了以「個人的自大」反對「合群的自
大」，按照魯迅的解釋，「『個人的自大』，就是獨異，是對庸眾宣戰」，這種人
「必定自己覺得思想見識高出庸眾之上，又爲庸眾所不懂，所以憤世嫉俗」。
〔註6〕這種以「個人的自大」反對「合群的自大」的思想，在魯迅的小說創作
中就演繹成了以「狂人」反對阿Q式的眾數。而在《吶喊》的《自序》中，
魯迅也就以被家鄉驅逐的人自居的。

　　如果說在古代中國的詩人中，屈原是最有個性精神的抗俗詩人，那麼在
現代中國的文人中，從留日時期到五四時期，魯迅則是最具有個性精神的抗
俗文人。從這個意義上說，屈原那種抗俗的個性精神之傳統資源，不可能被

〔註 6〕《魯迅全集》第 1 卷第 311 頁，北京：人民文學出版社 1981 年。

魯迅忽視，誤以爲魯迅的個性精神完全來自尼采、拜倫等西方哲人和詩人。根據周作人的回憶，魯迅爲《新生》雜誌準備的稿件，因爲《新生》的流產後來在《河南》雜誌上刊出了，這就是著名的《摩羅詩力說》，而從寫作時間上考慮，應該還包括《文化偏至論》，而《文化偏至論》與《摩羅詩力說》則是張揚個性精神最有力的兩篇論文。根據許壽裳的回憶，魯迅籌辦《新生》雜誌的最初命名，「擬用『赫戲』或『上徵』，都採用《離騷》的詩句，但覺得不容易使人懂，才決定用『新生』二字」。〔註7〕「上徵」一詞，魯迅在《文化偏至論》中也使用過：「排斥萬難，黽勉上徵」。可以想見，魯迅在張揚個性的時候，時時想到屈原。這一點在《摩羅詩力說》也表現得很充分。當魯迅以惡魔派詩歌的個性精神全面否定中國傳統詩歌，甚至將整個中國詩歌說成是「可有可無之作」的時候，獨獨對屈原給予了格外的同情與肯定：「惟靈均將逝，腦海波起，通於汨羅，返顧高丘，哀其無女，則抽寫哀怨，鬱爲奇文。茫洋在前，顧忌皆去，懟世俗之渾濁，頌己身之修能，懷疑自遂古之初，直至百物之瑣末，放言無憚，爲前人所不敢言。」〔註8〕儘管魯迅遺憾在屈原的辭賦中，「反抗挑戰，則終其篇未能見，感動後世，爲力非強」，但是較之他對整個「中國之詩」的否定，屈原反世俗的個性精神已經是「中國之詩」中唯一能夠與魯迅共鳴的詩歌精神了。

在五四退潮之後，魯迅在最孤苦寂寞的時候又想到了屈原，在他創作的小說集《彷徨》的扉頁上，徵引了屈原《離騷》的一段：

> 朝發軔於蒼梧兮，夕余至乎縣圃；
> 欲少留此靈瑣兮，日忽忽其將暮。
> 吾令羲和弭節兮，望崦嵫而勿迫；
> 路漫漫其修遠兮，吾將上下而求索。

這是孤獨彷徨的魯迅與屈原精神產生共鳴的明證！而且，將《離騷》中的詞彙作爲自己籌辦雜誌的名稱，將《離騷》中的辭句作爲自己小說集扉頁的題詞，表明魯迅對於屈原的辭賦並非一般的偏愛，簡直就可以說是熱愛了。

當然，屈原的精神資源與魯迅精神的相通之處，並不僅僅表現在愛國主義與個性精神上，而表現在其他許多方面。魯迅在揭露國民性的時候，深感

〔註7〕許壽裳《亡友魯迅印象記》六《辦雜誌，譯小說》，北京：人民文學出版社 1953年。
〔註8〕《魯迅全集》第 1 卷第 69 頁，人民文學出版社 1981 年。

中國國民「無特操，趨炎附勢」。魯迅說：「中國人自然有迷信，也有『信』，但好像很少『堅信』。我們先前最尊皇帝，但一面想玩弄他，也尊后妃，但一面又有些想弔她的膀子；畏神明，而又燒紙錢作賄賂，佩服豪傑，卻不肯爲他作犧牲。尊孔的名儒，一面拜佛，信甲的戰士，明天信丁。宗教戰爭是向來沒有的，從北魏到唐末的佛道二教的此僕彼起，是只靠幾個人在皇帝耳朵邊的甘言蜜語。」〔註9〕魯迅在批判中國人的無特操之後，呼喚的顯然是「正信」，而屈原不同於儒道之處，就在於對自己所信的執著。孔子一邊講「朝聞道，夕死可矣」，〔註10〕「殺身以成仁」，〔註11〕一邊又讓人在無道的時候躲藏和裝傻，所以孔子是不大推崇信仰和執著信念的，而是以人生的經驗務實地處理一切問題，從而使其學說保持著極大的靈活性，用孔子自己的話來解釋，就是「無可無不可」。〔註12〕而從「無道則隱」引申出來的道家，又發展了儒家的這種靈活性，老子的「反者道之動」，莊子的「周將處於材與不材之間」，都說明道家的靈活性比儒家有過之而無不及。屈原同儒道的不同，就表現在他擯棄了這種靈活性，轉而執著於自己所追求的理想與信念：「亦余心之所善兮，雖九死其猶未悔」；「伏清白以死直兮，固前聖之所厚」（《離騷》）；「欲橫奔而失路兮，堅志而不忍」（《惜誦》）；「知死不可讓，願勿愛兮」（《懷沙》）；「寧赴湘流，葬於江魚之腹中；安能以皓皓之白，而蒙世之塵埃乎？」（《漁父》）儒道塑造的中國人，是以「小不忍則亂大謀」，「留得青山在，不怕沒柴燒」，「大丈夫能屈能伸」，「好漢不吃眼前虧」爲處世哲學的，其積極的一面是能夠「以靜制動」、「以退爲進」、「以柔克剛」、「以弱勝強」，在躲避其鋒芒、容忍其強盛之後捲土重來；其消極的一面則是「好死不如賴活著」，「寧爲太平犬，不爲亂離人」，對眞理和信念缺乏一種執著的殉道精神。而屈原卻反其道而行之，始終執著於自己的信念以死殉道，在被家國驅逐的時候他選擇的不是隱身自樂，而是沉江自殺。屈原的執著信念與魯迅的弘揚「正信」不是很相似嗎？魯迅在《漢文學史綱要》中，就指出宋玉的辭賦雖然仍有文采，但是屈原那種「雖九死其猶未悔」的精神已經流失了。

　　不難看出，魯迅不但是現代意義上的屈原批判者（與儒服之士對屈原之

〔註 9〕　《魯迅全集》第 6 卷第 131 頁，北京：人民文學出版社 1981 年。
〔註10〕　《論語・里仁》，朱熹《四書章句集注》第 71 頁。
〔註11〕　《論語・衛靈公》，朱熹《四書章句集注》第 163 頁。
〔註12〕　《論語・微子》，朱熹《四書章句集注》第 186 頁。

狂狷的指責截然不同），也是屈原文學遺產的研究者，更是屈原精神的現代意義上的弘揚者。簡單地說魯迅「埋葬屈原」，就是爲表面的詞句所迷惑，而缺乏對屈原與魯迅精神的深層研究。

第三節　阿Q畫圓圈與中西文化的發展模式

　　一個畫圓圈的細節怎麼能夠與兩個文化的發展模式聯繫起來呢？這就是大作家與小作家的區別：小作家只熱心編優美動聽的故事，而大作家的故事裏卻往往蘊含著深刻的文化內涵。

　　阿Q畫的圓圈不是一個普通的圓圈，而是中國文化的一個象徵符號。我們知道，西方的時間觀是直線的，是一種朝向一個目標的時間觀，是一個「末世論」。什麼叫末世論呢？這個世界有開頭，有發展，然後演進，並且有結尾，就是這麼一個過程，這個世界就是一幕有頭有尾的戲劇。上帝最早創世的時候，亞當和夏娃都在伊甸園裏，因爲在蛇的引誘之下，偷吃了知識樹上的蘋果，犯了原罪，被上帝給驅逐出伊甸園，來到了罪惡的現世。既然這個世界是罪的結果，那麼上帝就讓他的獨生子耶穌基督來拯救人類，道成肉身，以自我獻祭的方式爲人類贖罪，結果就是末世。到了末日審判的時候，所有的人都要來接受耶穌的審判。末世的審判送善男信女就到天國去了，也送異教徒和惡人下地獄，這個世界就結束了。你看，這個世界有開頭，有發展，有現世，有末日的審判，最後是天國、地獄。這齣大戲就完了，就閉幕了。所以它是一直往前走，有一個指向，並有一個目標，這個目標就是來世——天國與地獄。可是，在中國文化裏沒有一個指向，也沒有這麼一個目標。中國整個的時間觀，《周易》已經告訴我們了，就是一個圓圈。而且我告訴大家，這個圓圈是合縫的，它和黑格爾所說的圓圈不一樣，黑格爾所說的圓圈認爲世界的發展是螺旋式上昇的，所謂辯證法，就是否定之否定的發展。它是螺旋式上昇，不合縫，而中國的圓圈是合縫的。所以，中國人認爲整個的時間都是循環的，任何東西都是循環的，循環往復的。

　　這種圓圈是滲透在各個方面的，比如說歷史觀，中國的歷史觀也是一個圓圈，就是時代是往復循環的，《三國演義》一開篇，就是「話說天下大勢，分久必合，合久必分」，反正歷史的運行就是分分合合，合合分分，就這麼個圓圈。於是，在中國我們沒有發現進步的觀念，雖然漢高祖推翻並且取代了

秦王朝，但是「漢承秦制」，就像今人說的那樣，「百代都行秦政法」，就是我還是按照你以往的制度，不斷地轉圓圈。這也就是魯迅所說的，中國歷史上其實只有兩個時代，一是暫時坐穩了奴隸的時代，一是想做奴隸而不得的時代，這兩個時代也在不斷的循環。而西方的歷史是追求進步的，不是「漢承秦制」、「分久必合，合久必分」地轉圓圈。一個社會制度取代另外一個社會制度就是歷史的進步，從原始社會、奴隸社會、封建社會到資本主義社會，每一個後起的社會制度都是不斷有新的東西的。所以魯迅在《再論雷峰塔的倒掉》中，認為西方的破壞者心中有理想之光，破壞了是為了建設一個更好的社會；而在中國的破壞者裏卻並無理想之光，破壞的結果是一片瓦礫，並且在瓦礫場上修補老例。

在魯迅看來，中國以圓圈為特徵的團圓意識是滲透在文化的各個方面的，甚至已經形成了一種「十景病」。西方有悲劇，也有喜劇。從希臘開始，悲是悲，喜是喜，都是直線的。從《俄狄浦斯王》到《哈姆萊特》，悲劇往往一開始就愁雲密佈，最後是血肉橫飛，死屍滿臺。喜劇則是一開始就籠罩在歡樂的氣氛當中，最後也是非常美好的，就是一直嘻嘻哈哈讓人開心，它是直線的。中國的文學，好像也是一個圓圈。中國的敘事文學，不管戲曲還是小說，往往是開始發生一個故事，平穩運行，然後就遇到麻煩，最後克服麻煩，達到團圓美好，這就是一個圓圈，所以結尾一定要大團圓。魯迅在《再論雷峰塔的倒掉》與《論睜了眼看》等文章中對這種以圓圈為特徵的團圓意識進行了激烈的批判。

這樣一來，我們就能夠理解魯迅為什麼讓阿Q畫圓圈了。事實上，畫圓圈是整部《阿Q正傳》的靈魂。阿Q的精神勝利法就是中國以圓圈為特徵的大團圓心理的誇張性的表現。在《優勝記略》與《續優勝記略》兩章中，魯迅誇張性地描述了阿Q的精神勝利和心靈圓滿，無論遇見什麼災難，阿Q都那麼圓滿，被別人打也能夠找到圓滿的理由，因為阿Q的精神能夠把任何外在的坎坷與屈辱幻化成終極的精神勝利了，從而達到心理上的圓滿，使缺陷變得團圓，也就是個圓圈。

小說中著力描寫的阿Q革命也是一個圓圈。通過對阿Q革命的描繪，魯迅揭示了什麼呢？就是阿Q式的革命，仍然是傳統的那種農民造反，一點新的意義也沒有，還是一個循環。西方從原始社會、奴隸社會、封建社會到資本主義社會，一直都在追求進步與發展。有趣的是，由於基督教的末世論，

每到了一個世紀的整數的時候，那些神學家都會鼓吹「終了論」，好像世界要終結了。蘇聯解體以後，福山說歷史終結了。我們中國人就不能理解：歷史怎麼會終結了呢？因為在我們中國，歷史就是轉圓圈，不斷地轉圓圈，周而復始地延續著。魯迅有感於中國的停滯與循環，甚至認為迄今為止在中國發生的所謂革命，不過就是為了爭奪一把舊椅子，那些沒坐椅子的人以為這把椅子是如何如何的可恨，可是一旦把椅子奪到手，就又把椅子當成寶貝了。阿 Q 固然以為那些騎在他頭上的人可恨，然而他革命的目的就是要騎在別人頭上，「我要什麼就是什麼，我歡喜誰就是誰」，這跟古代皇帝的理想沒有任何差別。皇帝的權力是不受限制的無限體，他們的所有理想都被概括到阿 Q 的「我要什麼就是什麼，我歡喜誰就是誰」的一句話中。事實上，阿 Q 革命之後在精神上也確實過了一次土皇帝的癮，他要殺仇人，因為他掌握權力了嘛，然後就要東西，最後是挑女人，「趙司晨的妹子真醜。鄒七嫂的女兒過幾年再說」，「吳媽好久不見了，可惜腳太大」。以前追求吳媽的時候，曾挨過打，現在他又想吳媽了，但是今非昔比，就嫌人家腳太大，因為他掌握了無限的權力嘛。

　　中國文化的循環觀，中國停滯的文化特點，魯迅是深深感受到了，所以他對所有的進步持深深的懷疑態度，總覺得一切都是在循環往復。在魯迅看來，過去曾經有的，可是現在又重來了，一切彷彿都是在循環重複。他說革命以前我是奴隸，革命之後受了奴隸的騙，又變成他們的奴隸了。在造反革命的時候，在推倒舊有的時候，中國人沒有一個創建新社會的理想，沒有建立一個比過去更合理更美好的社會的藍圖。他呢，僅僅抱怨說，你能夠做皇帝，為什麼我不能？魯迅曾經描繪劉邦和項羽見到秦始皇那種取而代之的企圖，這就是所謂的「皇帝輪流做，明日到我家」，然後，再開始重複這個王朝的那些興衰的過程。所以它沒有新的東西，它是循環、循環再循環。進步與發展這些觀念在中國古代是沒有的，要變動的時候就往古代走，因為人類的美好時代是遙遠的往古，於是就往後跑。魯迅在《忽然想到》裏說：「試將記五代，南宋，明末的事情的，和現今的狀況一比較，就當驚心動魄於何其相似之甚，彷彿時間的流駛，獨與我們中國無關。現在的中華民國也還是五代，是宋末，是明季。」在《阿 Q 正傳》中，轟轟烈烈的辛亥革命不但在未莊沒有發生任何變化，即使在縣城裏，「知縣大老爺還是原官，而且舉人老爺也做了什麼——這些名目，未莊人都說不明白——官，帶兵的也還是先前的老把

總。」進步觀念、發展觀念、直線時間觀等這些觀念我們都是從西方「進口」的，都要往前走，要進步，要追求天國的目標或者要追求共產主義的目標，因爲它有一個目標，有一個目的，有一個終結。

在魯迅心目中，圓圈與團圓既然是中國文化的一種象徵符號，那麼，在小說的最後一章，魯迅就以絕妙的反諷筆調，寫了一個大團圓。因爲魯迅意識到，這個圓圈是中國文化的一個象徵符號，小說最後就用一個圓圈式的大團圓來結尾。怎麼團圓呢？阿 Q 被抓進監獄了，在別人看來，這是因爲他是偷東西的嫌疑犯，但是在阿 Q 看來，他卻是因爲投降革命而被抓的，所以整個就存在著誤解，而且這個誤解隨著情節的發展越來越深，越來越荒誕。值得注意的是，阿 Q 被抓進監獄的時候，一點也不懊惱，他認爲人生天地間，大概本來就是要抓進抓出的。他最懊惱的是什麼呢？就是畫圓圈而畫不圓。在這些個地方，顯然不能從寫實主義的角度來理解《阿 Q 正傳》：一個人抓進監獄而不懊惱，畫個圓圈畫不好就懊惱，是不是？關鍵的問題是，阿 Q 並不認爲那個圓圈是個死刑的判決書，但他覺得這個圓圈很重要，重要到和他的形狀有關，所以他要努力要把它畫圓。但無論阿 Q 怎樣努力想畫圓，還是手一抖畫成了瓜子模樣，他爲這個圓圈畫得不圓心中充滿了無限的懊惱。人們就會感到奇怪，一個人被抓進監獄並不懊惱，而畫圓圈畫不圓時懊惱，這說明什麼呢？這說明阿 Q 潛在的意識很多都是很符合中國傳統的，什麼男女之大防，要有一個後代，要傳宗接代，都是莫名其妙的符合傳統的。那麼，他也是圓圈這一中國文化符號的極力維護者，所以他竭力要把圓圈畫圓。在這個地方，顯然魯迅是在一種象徵意義上描寫的，就是說阿 Q 熱愛中國文化的象徵符號已經遠遠超過他的感性生命。然而就是這個圓圈殺死了阿 Q，因爲在別人看來那是一個判決書的畫押符號。所以這個圓圈是雙關的，它既是判決書的畫押，又是中國文化的象徵符號，阿 Q 最終是被這個符號殺死的。可以說，魯迅在《阿 Q 正傳》中仍然重複著《狂人日記》裏那個禮教吃人的主題。他在這個地方對傳統文化的控訴，一點不亞於《狂人日記》，只是他的這種象徵技巧別人一般看不出來而已。

關於魯迅給阿 Q 取名的考據，向來爲中外學者所重視，但我覺得像侯外廬那樣，將 Q 看成是英文「問題」的第一個字母，認爲魯迅通過《阿 Q 正傳》提出了很多問題，多少有點牽強附會；日本學者丸尾常喜洋洋灑灑的《阿 Q 人名考》，認爲阿 Q 就是阿「鬼」，也有點小題大做。人們已經注意到，阿

Q 光頭，腦後留一條小辮，Q 字就是其形象寫照，而且 Q 字是腦袋，與魯迅改造國民性的宗旨是一致的，更重要的是，Q 字是一個圓圈，是蘊含了深厚的中國傳統文化底蘊的這麼一個象徵符號。魯迅用 Q 而不用 O，表明了西方文化的進入使過去的圓圈難以團圓了，即使像阿 Q 那樣努力將它畫圓的人也只能畫成瓜子模樣，同時這個符號也蘊含著打破大團圓的企圖。我這樣立論還有一個佐證，就是小 D。魯迅說小 D 叫小同，大起來和阿 Q 一樣。因為他現在太小，還只是個半圓，D 就是個半圓。等他大起來和阿 Q 一樣的時候，那就是個全圓了。魯迅寫作《阿 Q 正傳》的時候，他是費了一番腦筋的。他給阿 Q 取的這個名，也是個圓圈嘛。魯迅對大團圓的反諷，也意味著他要打破大團圓，要求第三樣時代出現的那種殷切的願望。魯迅說，我們的歷史一直是「一治一亂」的循環，現在青年人的使命就是打破這種大團圓，打破這種循環，從而出現中國歷史上從未有過的第三樣時代，也就是要求真正意義上的社會進步。魯迅的目的就是中華民族在列國爭雄的時代，能夠改換那種靜止不動的原地畫圓圈的文化運行模式，徹底告別阿 Q 時代，使中國社會動起來，迅猛發展起來，使中華民族能夠在弱肉強食的現代巍然屹立於世界民族之林。

第四節　魯迅文學傳統的形成及其當代命運

　　沒有任何一個現代中國作家能夠像魯迅那樣，對中國現代與當代的文化發展發生那麼巨大的無孔不入的影響。在相當長的時間裏，人們從魯迅的著作中尋找作論的根據，彷彿其著作作為一種權力話語，具有無可爭議的權威性。而另外的人，則在魯迅的著作中找到了抵抗權力與權威的共鳴。喜歡傳統文化與古典文學的人，感歎魯迅舊學根底的深厚以及在文學史尤其是小說史研究方面的貢獻，新潮人物則在魯迅的著作中發現了以西化為特徵的「拿來主義」。當改革開放的春風吹開大一統的意識形態堅冰時，曾經被奉為神聖權威的魯迅著作，又成為思想解放的火車頭。另一方面，從魯迅的《吶喊》發表之後一直到 20 世紀末，對他的作品的爭議乃至對他的非議，也從沒有停止過。人們不禁要問：魯迅為什麼會被不同文化傾向的人都引為知己？魯迅的文化遺產有沒有質的規定性？後來又是怎樣變異的？魯迅的傳統在當代中國是一種什麼命運？

1、魯迅傳統的形成：特質及其複雜性

　　1907 年，就是在新文化運動與文學革命爆發的 10 年之前，魯迅作爲這個運動的先驅者寫下了《摩羅詩力說》與《文化偏至論》。在這兩篇幾乎被人忽視和遺忘、後來又成爲經典性的文本中，魯迅從文化形態與審美特質兩個方面爲新的文學提供了不同於傳統文學的一些特徵：傳統文學是合群的、不自由的，新文學是伸張個性的、自由的；傳統文學是平和與寧靜的，新文學是以對立動態爲特徵的反抗挑戰的文學；傳統文學是偏於肯定的善的，新文學更偏於否定性與批判性的惡，所以魯迅倡導惡魔派文學而要打破中國傳統文學的「污濁之平和」，呼喚自由的惡聲。魯迅推崇的「文化惡魔」要破壞「天帝」與「民衆」所構成的傳統的統一體，敢於上抗「天帝」下啓「民衆」，敢於獲罪於群體而反抗社會；並且還要肩負著憂國憂民正視現實與直面人生的使命而不能獨自玩味「惡之花」。而「惡魔」要獨自承擔自由，就必須具有與社會戰鬥、與自我戰鬥的「多力善鬥」的主體性與強力意志。敏銳的捷克學者普實克（J.Prusek）從魯迅的文言小說《懷舊》中，就已經發現了在後來的《吶喊》、《彷徨》等小說中都具備的現代小說的形式特徵：「用隨筆、回憶錄和抒情描寫取代了中國和歐洲的傳統純文學形式。」〔註 13〕在普實克看來，魯迅的小說以主體的抒情解構了傳統的敘事形式。因此，儘管《懷舊》與《聊齋》都是文言短篇小說，但新舊文學的特徵卻是一目了然。如果說普實克看重的是魯迅小說形式上的現代性，那麼，美籍華人學者夏志清則更重視魯迅作品觀念上的現代性。他在《現代中國文學的感時憂國精神》一文中認爲：「魯迅的值得重視，並不在於他率先以西洋小說的風格和寫作技巧，從事小說的創作；而在於他的現代觀念，憑著他敏銳的觀察和卓見，把中國社會各階層的腐敗，赤裸裸地表現出來。」〔註 14〕

　　人們經常喜歡以現實主義概括魯迅的創作，然而這種概括是不恰當的，至少是不完整的。從五四時期魯迅熱衷於廚川白村的《苦悶的象徵》並以之作爲大學教材來看，與留日時期的文化與文學選擇沒有多大的差異，這就是強調主體意志的強力，推崇生命力的突進與跳躍。這種自由的個人意志的張大，在《狂人日記》《長明燈》《孤獨者》《鑄劍》等小說以及《這樣的戰士》《淡淡的血痕中》等散文詩中，得到了強有力的展現。然而憂國憂民的使命

〔註 13〕《普實克中國現代文學論文集》第 117 頁，湖南文藝出版社，1987 年。
〔註 14〕夏志清《中國現代小說史》第 465 頁，香港友聯出版社，1979 年。

感使魯迅既不會躲進藝術之宮爲藝術而藝術，也不會像里爾克那只具有強力意志的「豹」一樣在鐵欄中昏眩。他要露出惡魔的爪牙，與社會戰鬥，吼醒沉睡的國民，顛覆既有的文化價值，在喜歡圓滿的傳統好世界上留下永久的缺陷，於是而有《阿Q正傳》、《肥皂》、《祝福》、《示眾》等小說以及《復仇》等散文詩。因此，強調主觀意志的強力，使主體敢於和血肉的現實人生搏鬥，以主體的熱風融化現實的冰霜，並在這種搏鬥中使主體內在的眞實與現實社會的眞相以及二者的文化底蘊在更高層次上得以展現，就構成了魯迅作品的重要特徵。但是戰鬥並非僅僅在主體與客體、個人與社會之間進行，而且也在「向死而在」的自由主體之內展開，在自我的理想與現實之間展開，《在酒樓上》、《傷逝》、《弟兄》等小說與《影的告別》、《墓碣文》、《過客》等散文詩便表現了魯迅內心的激烈衝突，以及荒原上的自由個體面對著死亡而進行的對主體生命的深刻洞見與體悟。在魯迅作品的對立衝突面前，中國傳統強調個人與社會、主觀與客觀、理性與現實統一的和諧之美頓然失色！在新文學中，如果說郁達夫的小說偏向於主觀與個人，茅盾的小說偏向於展現史詩性的社會畫面的客觀寫實，那麼，魯迅則傾向於以強力的主觀去透視客觀並且戰取客觀，使主觀與客觀、個人與社會、理想與現實在他的作品中發生了激烈的對立衝突。因此，魯迅以其傑出的文學實踐在新文學與中國傳統文學之間樹立了一塊鮮明的界碑，這也是魯迅遺產中最突出的特徵。

　　魯迅是古老中國向現代轉型的過渡時期的文化巨人。如果說東西方文化在現代中國的撞擊形成了一個巨大的漩渦，那麼，魯迅則立於這個漩渦的核心。在他身上，表現了東西方文化匯流之後作爲一個深刻的中國人的全部危機和複雜性。魯迅的確是悲涼地吹響了西化的號角，但是他的周圍卻處處是傳統的荒墳，雖然他在批判這些從荒墳裏爬出來的鬼魂，但他卻又在私下偏愛著這古老鬼魂中的一個或數個。一方面，魯迅以激烈的西化姿態徹底否定了中國以儒道爲代表的文化傳統，甚至將「國粹」稱爲「膿瘡」與「梅毒」，而主張敞開胸懷吸取西方文化。爲此，他重視翻譯不亞於創作，他的翻譯作品的數量也不在創作之下。但是另一方面，他又是以天下爲己任、憂國憂民的中國「士」之傳統的眞正現代性的承傳者。他將畢生的活動幾乎都獻給了拯救中華民族的事業——他學醫是爲了促進國人對於維新的信仰，他棄醫從文是爲了國人精神的覺醒，他的留日時期、五四時期以及後期的思想在隨時而變，而變化的根蒂則在能否使國家強大。甚至五四時期魯迅激烈反傳統的

最終動因也潛藏在傳統之中，就是對傳統的批判越激烈，在他看來中華民族才越有振興之可能。後來，他看到蘇聯建設的成功與資本主義世界的經濟大危機，就毅然地向左轉，從而集中全力寫作那些政治與社會批判性的雜文。可以說，由傳統的「士」對家國社稷的憂患而演變來的感時憂國精神，成為魯迅文化選擇的最終動因。這種感時憂國精神，使魯迅的創作顯然不同於他所要效法的基督教背景下的西方文學。而在這諸種矛盾之下，還有一個更複雜的魯迅，就是對唯美的惡魔遊魂的玩味，對形上本體世界的追尋，對人生在世的荒誕體驗……在文學選擇上，儘管魯迅先後對西方的浪漫主義、現代主義有一種超乎尋常的熱情，但是，他的社會使命感使他無法躲進藝術之宮為藝術而藝術，從而兼容並且肯定了現實主義。他不喜歡湖畔派詩人而更喜歡破壞現實的拜倫與雪萊，他避開法國純正的象徵主義而更喜歡俄國與現實主義結合的象徵主義小說，都表明用一種單一的創作方法來概括魯迅創作是蒼白無力的。

在新文學後來的發展中，魯迅確實給那些反對粉飾現狀敢於直面人生的現實主義者以道德上的勇氣，並且形成了一個重要的傳統，但是，僅僅措意於此，則無疑簡化了魯迅。批判性、否定性固然是魯迅作為「文化惡魔」的一個重要特徵，但是，這種批判性並非僅僅指向外在的社會現實，更包括國民的精神與主體的自我，所以魯迅作品一個重要的特徵就是具有濃重的抒情性。魯迅小說的這種抒情性，一方面瓦解了傳統的敘事形式，另一方面又以散文的形式接續了中國韻文傳統的抒情性。可以說，魯迅文本的這種多義性與複雜性，使不同文化傾向的人可以從不同的側面解讀魯迅。也許，每一種解讀都在從一個側面重新詮釋魯迅，而這些側面的總和構成了「日新又日新」的魯迅傳統。而在左翼文學陣營，真正從藝術複雜性的角度傳承魯迅文學傳統的，是胡風與路翎。

胡風的現實主義理論，與我們通常理解的現實主義有著極大的不同。如果說西方的浪漫主義注重主觀的抒情、現代主義注重主觀的深層開掘，那麼西方的現實主義則注重對客觀世界的精確描繪。而胡風的現實主義則是包容了浪漫主義、現代主義與現實主義的一個大筐子，並且將這些主義融化為一體。他的現實主義特別強調具有戰鬥精神的主觀，強調主體的強力，使主體強大到有足夠的力量正視帶著血痕與淚痕的人生，在擁抱客觀的同時與之搏鬥，對人民大眾的愚昧與精神創傷進行血肉的批判。可見，胡風的理論與十

九世紀西方的現實主義傳統極爲不同，而是對魯迅文學創作的一種理論總結。在整個文壇越來越以走向民間的形式抹煞個性的時候，胡風的現實主義理論傳承了魯迅文學傳統的個性主義與啓蒙主義，而其現實主義強調主體對客體的戰鬥乃至主體自身的內在搏鬥，則傳承了魯迅以對立衝突的崇高打破和諧的審美理想。胡風上承魯迅，下啓路翎。他在《〈財主底兒女們〉序》中說：「爲了堅持並且發展魯迅底傳統，路翎是付出了他底努力的。」在路翎的《財主底兒女們》的主人公蔣純祖那裡，主觀與客觀、個人與社會、理想與現實完全處於對立衝突之中，甚至主體自身也處於激烈的交戰狀態。他的主觀強力時時在洞察自己與他人的意志衝突，絕不允許任何人、任何集團將他變成石頭之類的被動之物。即使是在自己尊敬的朋友如朱古良、孫松鶴那裡，他的意志也時時與他們衝突著。因爲對任何人、任何集團的盲目崇拜，都可能導致自己自由意志的喪失，在不自覺的情況下甘心爲奴。而小說在寫蔣純祖與人民大眾結合的部分，也著重表現了人民大眾精神上的創傷，繼承了魯迅、胡風的啓蒙主義文學傳統。這部 80 萬字的描寫抗戰時期中國人生活的小說，並沒有將筆觸伸向中國人與日寇作戰的場面，眞正實踐了魯迅「幾乎無事的悲劇」與胡風「到處有生活」的理論主張。因此，路翎以其罕見的才華接續並發展了魯迅文學傳統的正脈。

當然，其他作家如蕭紅、蕭軍等，也在從不同的側面承傳著魯迅的傳統。尤其是蕭紅的《呼蘭河傳》，是從一個自由的主體眷念故土的視角出發的，然而故土的千篇一律、單調重複、愚昧麻木又令思鄉者產生了濃鬱的鄉愁。從這個意義上講，蕭紅是魯迅改造國民性的啓蒙傳統的眞正繼承人。事實上，從 20 年代就在中國文壇上占居相當分量的鄉土文學，與魯迅的小說創作有著密切的聯繫。「鄉土文學」這個概念，是魯迅在《〈中國新文學大系〉小說二集導言》中在分析蹇先艾、裴文中、許欽文、王魯彥等作家的小說時總結出來的，在論述臺靜農的作品時，魯迅說在人們爭寫都會與戀愛時他卻勤於「將鄉間的死生，泥土的氣息，移在紙上」。很顯然，中國的鄉土文學不同程度地受到了魯迅小說的影響，一些較爲客觀的作品如臺靜農的創作，多受《風波》、《離婚》等小說的影響，一些較爲抒情的作品多受《故鄉》、《社戲》的影響，像《阿長賊骨頭》等作品，則有《阿 Q 正傳》的技巧上的影響。在後來的發展中，鄉土文學僅僅看取了魯迅描寫鄉土的客觀呈現方面，而缺乏以充沛的主體生命力對客體的變形——在這方面魯迅的創作主體顯然有尼采的影響，

甚至蕭紅式的對魯迅啓蒙傳統的繼承，也不能成爲鄉土文學的主流。另一方面，魯迅直接批判社會現實政治的雜文，則在 30 年代的上海蔚然成風，被稱爲「魯迅風」。但是，當這股「魯迅風」從上海刮到延安的時候，王實味、丁玲等颳風者卻受到了不同程度的清算。耐人尋味的是，在延安魯迅受到了崇高的禮遇，甚至以魯迅的名字來命名學院。那麼，魯迅的傳統在這裡是否成了有名無實的擺設？或者是對魯迅傳統進行了叛逆性的解讀？

2、毛澤東：對魯迅傳統的重塑

「當代」一詞，一般是從 1949 年算起。由於 1949 年無法切斷與延安時期的血脈聯繫，於是種種不同的文學史「整體觀」就出現了，而對於魯迅的傳統而言，明顯的分水嶺還是要追溯到延安。從延安到 1978 年的歷史新時期，基本上是毛澤東的意向在左右著對魯迅的解讀，這種解讀構成了被重新詮釋的魯迅傳統的一個重要組成部分。魯迅逝世時，剛剛在陝北立穩腳跟的共產黨在告全國全世界人士書中，除了在陝北地區下半旗致哀、建立魯迅紀念碑以及募集魯迅號飛機基金之外，還要求爲魯迅舉行國葬，將紹興縣改爲魯迅縣，將北京大學改爲魯迅大學，並在各大城市建立魯迅銅像。這顯然與毛澤東對魯迅的高度評價有關。

在毛澤東之前，對毛澤東的魯迅觀的形成起到重要作用的，一方面是早期共產黨人的魯迅觀，另一方面則是與魯迅關係很好又曾一度與毛澤東非常接近的左翼文學家如馮雪峰等人。據說毛澤東在瑞金被剝奪軍事指揮權之後，在情緒很低落的時候經常與馮雪峰談魯迅。從後來胡宗南進攻延安，毛澤東在與胡宗南周旋時扔掉了很多書籍而捨不得扔掉魯迅著作的情況看，他對魯迅的激賞是眞誠的。現在許多人在逆反心理的作用下，認爲毛澤東與魯迅完全是相反的，似乎毛澤東根本不可能賞識魯迅，對魯迅僅僅是純粹的利用，這種觀點是很片面的。事實上，毛澤東的審美趣味不但高雅，還相當貴族化，譬如，他並不賞識更同情民間疾苦的杜甫，而讚賞李白、李賀、李商隱；他並不賞識產生於民間的《三國演義》與《水滸傳》，而更激賞文人寫作格調高雅的《紅樓夢》。這裡指的是純粹的審美趣味，若從他處著眼，毛澤東可能從《三國演義》中學到了很多軍事技巧，從《水滸傳》中學到了揭竿而起的造反精神。當然，就毛澤東的知識結構而言，他可能更欣賞魯迅的雜文與舊詩，他後來凡是引用魯迅小說加以論述的時候，多是誤讀，更遑論魯迅

的《野草》。但是，我們必須同時注意到，毛澤東一到情緒低落的時候，對魯迅的評價就特別高，這說明他確實是注意到了魯迅作品的實質性特徵。

作爲東方的文化惡魔，魯迅的一個重要思想特徵就是他的批判性和顛覆性。周作人曾說，魯迅對於正宗和正統的東西向來都不看重。他遠離神聖而喜歡惡魔和孤魂野鬼，批判正統的孔孟程朱而私愛莊周韓非以及「非湯武薄周空」的魏晉人物，批判正史喜歡野史……這種邏輯演化到政治上，就是厭惡在臺上的國民黨，而同情在臺下受虐殺的共產黨。魯迅在這種姿態在中山大學就表現得非常明確。另一方面，共產黨也非常喜歡魯迅對舊傳統、舊制度、舊世界的顛覆與批判的激進性，因爲按照馬克思恩格斯的說法，共產主義就是要和傳統的觀念實行最徹底的決裂，《國際歌》也要把舊世界打個落花流水，尤其是在共產黨奪取政權的時代，魯迅對舊政權及其意識形態的激烈批判對共產黨來說簡直就是旱田雨露。但是，即使在早期共產黨人那裡，也並不喜歡複雜得令人恐怖的魯迅。對於後來紅色魯迅的塑造來說，瞿秋白的《〈魯迅雜感選集〉序言》所起的作用僅次於毛澤東的文章，而且瞿秋白的觀念基本上也爲毛澤東認同，成爲毛澤東的魯迅觀一個重要的組成部分。這就是將魯迅的前期與後期劃分了截然的政治分界，瞿秋白說：「魯迅從進化論進到階級論，從紳士階級的逆子貳臣進到無產階級和勞動群眾的眞正的友人，以至於戰士」。毛澤東也說，魯迅後期的雜文沒有片面性。這樣一來，魯迅就變成了孫悟空，他的大鬧天宮、大鬧龍宮、大鬧地獄等，就成爲在修成正果之前的富有叛逆意義的壯舉。毛澤東正是在早期共產黨人魯迅觀的基礎上，來建構自己的魯迅觀的。

毛澤東談魯迅的處所不少，但是評價魯迅的文章卻集中在《論魯迅》與《新民主主義論》中。《論魯迅》是毛澤東在 1937 年 10 月 11 日在陝北公學紀念魯迅逝世 1 週年大會上的講話，並且於 1938 年 3 月發表在重慶的《七月》雜誌上。這篇文章在許多地方都延續了瞿秋白論魯迅的範式，譬如說從潰敗的封建社會出來，善於殺回馬槍，富有鬥爭精神，具有令投機分子汗顏的執著品質，並且將瞿秋白所說的魯迅是「清醒的現實主義」者改爲「徹底的現實主義」者。但是毛澤東這篇文章卻很有獨創性。他認爲魯迅雖然不是共產黨員，但是他的思想和行動都是馬克思主義的，是「黨外的布爾什維克」。毛澤東說：「魯迅在中國的價值，據我看要算是中國的第一等聖人。孔夫子是封建社會的聖人，魯迅則是現代中國的聖人。」魯迅不但「是一個偉大的文學

家」，而且「是一個民族解放的急先鋒」。在 1940 年的《新民主主義論》中，毛澤東沿著《論魯迅》的「第一等聖人」的邏輯在繼續發揮。毛澤東認為五四之後的文化思想都是共產黨領導的，「魯迅，就是這個文化新軍的最偉大和最英勇的旗手。魯迅是中國文化革命的主將，他不但是偉大的文學家，而且是偉大的思想家和偉大的革命家。魯迅的骨頭是最硬的，他沒有絲毫的奴顏和媚骨，這是殖民地半殖民地人民最可寶貴的性格。魯迅是在文化戰線上，代表著全民族的大多數，向著敵人衝鋒陷陣的最正確、最勇敢、最堅決、最忠實、最熱忱的空前的民族英雄。魯迅的方向，就是中華民族新文化的方向。」毛澤東從不過高評價當代人，但是對於魯迅則是一個極端的例外。

問題的複雜性在於，從魯迅對於文學與革命、文學與政治的言論看，他認為滿足現狀根本稱不上是革命文學，真正的好文學對於現狀是永遠不滿與批判的。當他這樣立論的時候，似乎並沒有分那個時代，而是具有一種形上本體的意味，他甚至列舉了新俄的歡迎革命的作家，因為不滿於新的現狀而站不住腳的例子。而許多進步的青年也都是這樣理解魯迅的。當時許多嚮往光明的青年都投奔延安而來，延安到處都在弘揚魯迅精神，於是這些進步青年就在魯迅的旗幟下批判起延安的現狀來。王實味、蕭軍、丁玲等人在延安寫了一些魯迅式的批判現實的雜文，尤其是王實味，旗幟鮮明地要發揚魯迅的精神。於是，將魯迅奉為聖人的毛澤東遇到了一道文化難題。說實在的，這些文章比起魯迅對現狀的批判來真是小巫見大巫，譬如王實味的關於政治家與文藝家關係的論述，根本就沒有魯迅《文藝與政治的歧途》一文中所表現出來的那種本體性的對立傾向。但是，毛澤東知道，如果這種批判得到認可，那麼在魯迅的旗幟下就可能向批判黑暗面的縱深發展，這是他絕對不能容忍的。《在延安文藝座談會上的講話》（下皆簡稱《講話》）就是針對這一事端而發的，細心的人不難發現《講話》與《新民主主義論》兩篇文章在評價魯迅上的巨大差異。《講話》是毛澤東不多的專門論述文藝問題的文章，按說應該對「偉大的文學家」魯迅予以更高的評價，但是，整篇《講話》提到魯迅的篇幅很小，其中一處是針對一些人以魯迅的雜文傳統照搬到延安而發的，魯迅似乎是當了這些人的「反面榜樣」。不過毛澤東在批評這些人的時候還是非常小心，避免將批評的矛頭指向魯迅。於是，一個巧妙的二分法出現了：魯迅是在「國統區」，雜文針對的是敵人，而在「解放區」的作家針對同志就不能用這種雜文筆法，這和毛澤東在《講話》的另一處對魯迅「橫眉冷

對千夫指，俯首甘爲孺子牛」的解讀是完全一致的，就是「國統區」的作家對於敵人要「橫眉冷對」，而「解放區」的作家對於人民和人民的領導則要俯首歌頌。這樣一來，魯迅的文化傳統在「解放區」以及 1949 年後擴大到的整個中國大陸就被高貴地懸置起來了。魯迅仍然是文藝界最偉大的旗手，但是他的精神遺產不適合針對現實，因爲現實已經發生了翻天覆地的變化，必須有一種適合新形勢的文藝原則。可以這麼說，魯迅在「國統區」是新文化的方向，而在「解放區」以及 1949 年之後的中國大陸，《講話》才是新文化的方向，這就是文藝不能再與政治對立，而必須從屬於政治，現實的缺陷不是不可以描寫，但必須不能以批判與對立的姿態加以審視，而應該以光明來燭照黑暗，以團圓來彌補缺陷。

　　毛澤東評價魯迅的這種矛盾二重性，其實在他自己的言論中也有所流露。當毛澤東以勝利者的姿態俯視魯迅的時候，不識時務的魯迅在他眼裏絕不像《新民主主義論》所論述的那麼偉大，1957 年 3 月 8 日，毛澤東接見文藝界代表時說：「我看魯迅在世還會寫雜文，小說恐怕寫不動了，大概是文聯主席，開會的時候講一講。」當時郭沫若是政府的副總理，而魯迅卻只能做個「文聯主席」。儘管毛澤東無意否定魯迅，但是這個做「文聯主席」的魯迅與那個肩負著「三個偉大」並且代表著「中華民族新文化方向」的「空前的民族英雄」的魯迅，似乎總不像一個人。事實上，既然毛澤東將魯迅的書讀得很熟，那麼他不會看不出魯迅遺產中那種惡魔性的顛覆與批判力量，因而作爲一個善於因勢利導的政治家，毛澤東就只能將這種力量引向別處而減少對現實社會的批判性。在 1957 年鳴放的時候，具有天生的造反鬥爭性格的毛澤東，似乎已經厭倦了向他湧來的一片鶯歌燕舞的讚美之聲，或者他具有別的政治目的，他突然頭腦發熱地鼓動文人要敢於說話，要以魯迅爲榜樣，說魯迅是徹底的唯物主義者，具有捨得一身剮敢把皇帝拉下馬的精神，所以魯迅會勇敢地說話寫文章的，即使坐班房和殺頭，魯迅也不怕。但是，一些說話者很快就直接將矛頭指向共產黨和他本人，加上匈牙利事件的發生，結果這種鳴放導致的就是大規模的鎮壓與清洗。根據周海嬰披露並且爲黃宗英所作證的一個事例很耐人尋味，就是羅稷南在一次會議上冒昧地問毛澤東，如果魯迅活著將會怎樣，據說毛澤東不假思索地說，魯迅要麼被關在牢裏繼續寫他的，要麼一句話也不說。我們可以相信，羅稷南的話恐怕是很多文人憋在心裏而不敢言的話，而毛澤東的回答倒是直接爽快，毫無掩飾。此外，毛

澤東說魯迅在政治上站得高看得遠，僅僅是思想上的，具體到行動上，毛澤東看出魯迅是眞正的文人，就憑他在大敵當前還執著地在口號問題上堅持他的意見，進而造成左翼文壇內部的分裂來看，這也是文人的優點和政治家的缺憾，所以毛澤東認爲魯迅可以擔任文聯主席，而並沒有給他國家領導的職位。但這只是問題的一方面，另一方面則是毛澤東對魯迅眞正的激賞。也許是魯迅那種看透世人與中國文化眞面目的犀利眼光爲毛澤東所欽佩，也許是魯迅所顯露的那種本體性的沉鬱悲涼打動了毛澤東，總之，當毛澤東運交華蓋時，似乎對魯迅情有獨鍾。一次是我們上文提到的毛澤東在瑞金被剝奪兵權之後，他喜歡談魯迅，一次是在林彪事件之後，他談魯迅的時候明顯與 1957 年有所不同。1971 年 11 月，在林彪事件發生兩個月後，毛澤東在武漢接見軍區領導人的時候說，勸大家再看看《魯迅全集》，他的書不好懂，看上四五遍就懂了。魯迅是中國的第一等聖人。中國的第一等聖人不是孔夫子，也不是我。我是聖人的學生。這種言論這與他 1957 年說魯迅可以做個文聯主席、開會的時候講一講的評價截然不同，與《講話》將魯迅遺產局限於「國統區」也是非常不同，而與《論魯迅》、《新民主主義論》對魯迅的高度評價又統一起來了。毛澤東對魯迅的激賞以及在實際的文藝活動中將魯迅遺產的高貴懸置，對當代中國的魯迅接受與闡釋產生了巨大的具有支配意義的影響。就一般的文藝政策而言，自然是《講話》占到了絕對的壓倒優勢，它幾乎就是 1949 年之後一切文藝政策的指南，但是毛澤東對魯迅的崇高評價卻在不斷地製造著這種文藝政策的叛逆者。也許，這正是毛澤東本人對魯迅的矛盾態度的一種表現。

3、魯迅：一個冬天的神話

　　魯迅的許多話都具有預言性質，他在評價歷代統治者大抬孔子的時候說：「孔夫子的做定了『摩登聖人』是死了以後的事，活著的時候是頗吃苦頭的。……因爲他不會嚕蘇了，種種的權勢者便用種種的白粉給他來化妝，一直抬到嚇人的高度。」〔註 15〕那麼，被稱爲「現代聖人」的魯迅，顯然也有著同樣的命運。不過，對魯迅的高貴懸置也並非一帆風順。因爲《講話》式的將魯迅高貴地懸置起來的解讀方式，僅僅在陝北以及國統區的左翼作家那

〔註15〕魯迅《在現代中國的孔夫子》，《魯迅全集》第 6 卷第 326～327 頁，人民文學出版社 2005 年。

裡是有效的。而且即使在左翼文壇也沒有一統天下，與魯迅的個人關係最密切的幾位左翼作家如胡風、蕭軍、馮雪峰等人，幾乎都或明或暗地不認同《講話》，在不公開牴觸《講話》的情況下盡可能地堅持魯迅文學傳統的正脈。在這些人當中，馮雪峰既是五四詩人，又參加過長征，當年魯迅參加「左聯」主要得力於他從中斡旋，他曾擔任過「左聯」的黨團書記，而且是作為共產黨的代表與魯迅關係最好的，被稱為黨和魯迅之間的橋梁，但是他與魯迅的親近使得他在魯迅的文化遺產與毛澤東對魯迅的重塑之間，更多地偏向於前者。胡風後來回憶說，當毛澤東的《講話》傳播到重慶後，馮雪峰曾對他說，毛澤東手下的秀才不懂文藝。胡風本人在《講話》之後也絲毫沒有改變他的觀點，仍然在大力推崇他的以「主觀戰鬥精神」為特徵的現實主義理論，儘管這種理論越來越受到來自左翼文人的批判，但是他在魯迅的旗幟下絲毫沒有妥協的意味，並且向那些批判者進行反擊。蕭軍在延安的時候是作為諍友出現在毛澤東面前的，毛澤東勸他入黨做官，他以自己的個人自由為理由加以謝絕，甚至在延安文藝座談會的前幾天，他要避開座談會出去走走，被毛澤東挽留下之後，又在座談會上與人發生爭執。蕭軍尊重毛澤東、彭真，但是並不把他們作為必須畢恭畢敬服從的上級，而是像他所說的是建立在共同尊重魯迅基礎上的朋友式的「魯迅關係」。蕭軍在批判王實味的時候受到牽連，在遭圍攻的時候沒有低頭卻是拂袖而去。後來蕭軍在東北多次進行圍繞魯迅的講演，主辦《文化報》，根據個人感受發表言論，儼然以魯迅的啓蒙主義與個性主義文學傳統承繼者自居。在遭到了批判和整肅的時候，蕭軍並沒有低頭而是援引魯迅為自己的知己。可以說，所有這些魯迅的學生與朋友，都在試圖擴張魯迅傳統的現實活力，而不願將這一文學傳統懸置起來，儘管那是一種無比高貴的懸置。

　　胡風、馮雪峰、蕭軍等人都因為他們試圖傳承魯迅的精神而沒有將之高貴地懸置，先後遭到清算。事實上，導致胡風盲動而以「三十萬言書」告御狀的一個重要原因就是他對魯迅傳統的執著，魯迅反對片面強調民族形式，連田漢以京劇救國都加以嘲諷，執著於對民眾的啓蒙而不是民眾對文人的思想改造，在給沙汀和艾蕪的信中就反對題材決定論，主張寫自己熟悉的生活，這些在「三十萬言書」中都有體現。胡風沒有看到毛澤東在現實的文藝政策上對魯迅的高貴懸置，以為毛澤東尊崇魯迅，就會認同魯迅的文藝方向，結果是撞得頭破血流，自己成了「反革命集團」的首犯。馮雪峰後來都不明白

為什麼肇禍，其實兩個「小人物」事件僅僅是口實，他實際肇禍的原因是為第二次文代會起草的報告在不被大會所用後，居然又以《關於創作與批評》為題在自己主編的《文藝報》上發表。他對公式化、概念化以及反現實主義、主觀主義的激烈批評，與胡風批判「主觀公式主義」幾乎沒有什麼差別。他強調作家的能動性以及獨立思考問題的能力，反對文藝從屬於政治以為文藝首先必須是文藝，反對以感性畫面圖解觀念的「寫政策」以及「思想上的管制」，要求尊重作家創作的權利和自由，都與胡風的觀點不謀而合，也能夠看到魯迅遺產的影子。所以他的不幸命運就是注定了的，批胡風要帶上他，批丁玲要也帶上他。蕭軍獨立特行的個性以及以魯迅學生自居的言行也使他「運交華蓋」，他主辦的《文化報》因為堅持了他那種特立獨行的個性與自由評論的路線——在他心目中這正是魯迅的文藝路線，就招來了鋪天蓋地的批判乃至組織處理，說他是「反蘇反共反人民」。當他從東北來到北京的時候，因為他的「反黨言行」竟沒有單位敢要他。在 1955 年的批判胡風與 1957 年反右的語境中，保持沉默的蕭軍仍然避免不了受到衝擊和批判。

從胡風、馮雪峰、蕭軍等人的命運來看，毛澤東喜歡的是死去的魯迅，而不是現實中的魯迅，因為這些魯迅的精神苗裔對現實批判的深度與尖銳都遠遠比不上魯迅，但是毛澤東已經不能容忍他們了。從當代的文藝經驗來看，毛澤東喜歡的是緊跟著他的步伐，對現實頌揚頌揚再頌揚的作家，而魯迅文化遺產的惡魔性使他對歷史與現實的批判超過現代任何作家，這樣的作家怎麼能夠有立足之地呢？所以，關注魯迅當代命運的人，總喜歡一個假設：如果魯迅活著，那麼在反右運動中命運會如何呢？其實，魯迅的精神苗裔蕭軍和胡風，根本沒有等到反右，就已經是反黨反革命了。所以還是毛澤東偉大，他說如果魯迅活著，要麼被關在牢裏繼續寫他的，要麼一句話也不說。

然而這只是問題的一個方面，另一方面，毛澤東確實欣賞魯迅的文章，佩服他對社會與歷史的深刻洞察，甚至在政治鬥爭失意的時候也能夠在魯迅作品中得到共鳴，加之魯迅在共產黨艱危時期抨擊國民黨而對共產黨的同情與幫助，使毛澤東又對魯迅做出了過高的評價。這種崇高評價具有兩面性，一方面，從道義上講，表明了共產黨對於幫助過自己的人知恩報恩，有利於凝聚一大批進步的文人，所以我們看到，每到魯迅誕辰或逝世的紀念日，《人民日報》、《文藝報》等報刊都要發表紀念或研究魯迅的文章。但是，對魯迅的極度推崇，很容易使魯迅遺產中具有爆炸性的批判精神感染文人，從而構

成對現實的破壞性，胡風以及 1957 年的右派就都從魯迅的遺產中得到過滋養。於是，毛澤東只能將魯迅高貴地懸置起來，供人崇奉卻不准模仿。胡風被打倒，並不妨害文壇對魯迅的崇奉，1956 年第 20 號的《文藝報》幾乎全是研究魯迅的文章，並且還將紀念魯迅逝世 20 週年的講話與報告專門印成一個「附冊」。因為魯迅是共產黨的朋友並且熱愛共產黨，反黨的胡風也就是魯迅的敵人。這裡很簡單的邏輯是，魯迅痛恨舊的現實與歷史，必然熱愛新的現實，而胡風卻對新的現實不滿，所以胡風也就背叛了魯迅，因而胡風被打倒，魯迅照樣可以祭在聖壇上供人崇拜。於是，我們在 1955 年的報刊上就發現了這樣的文章：《胡風怎樣歪曲了魯迅先生》、〔註16〕《反對胡風對魯迅的歪曲和污蔑》、〔註17〕《不准胡風污蔑魯迅》、〔註18〕《斥胡風對魯迅的曲解和誣衊》、〔註19〕《胡風是「魯迅傳統的繼承者」嗎？》、〔註20〕《魯迅的叛徒──胡風小集團的一個側面》、〔註21〕《保衛魯迅方向　粉粹胡風反革命集團的反革命思想》。〔註22〕而在反右運動中我們又讀到了這樣的文章：《學習魯迅精神，堅決反擊右派》、〔註23〕《決不容許右派分子對魯迅先生的誣衊》、〔註24〕《不許右派分子拿魯迅做擋箭牌》、〔註25〕《魯迅是和資產階級右派鬥爭的典範》。〔註26〕

　　在 1949 年到 1979 年的 30 年間，文化界就出現了這麼一種悖論，模仿魯迅或者照著魯迅的話在現實中做事，往往要運交華蓋，但這並不妨害魯迅更神更偉大，打倒胡風的周揚也可以做中國魯迅研究學會的會長。在這期間，由於說話尤其是文字很容易肇禍，所以整個文人階層，幾乎都培養出一種表裏不一的「二重性格」，就是說的是一套而做的是另一套。由於毛澤東對魯迅的高貴懸置，這種現象在對魯迅的闡釋上尤其突出。陳伯達在建國後的 19 天，

〔註16〕沛翔，《人民文學》1955 年第 4 期。
〔註17〕陳介操，《西南文藝》1955 年第 5 期。
〔註18〕吳培德，《西南文藝》1955 年第 8 期。
〔註19〕穆欣，《解放軍文藝》1955 年第 4 期。
〔註20〕潘穎舒，《文史哲》1955 年第 5 期。
〔註21〕田家，《北京文藝》1955 年第 5 期。
〔註22〕陳湧，《文藝報》1955 年第 16 號。
〔註23〕魯牛，《橋》1957 年第 7 期。
〔註24〕丘行，《灕江》1957 年第 10 期。
〔註25〕東郭迪吉，《大公報》1957 年 10 月 18 日。
〔註26〕田仲濟，《前哨》1957 年第 10 期。

發表了一篇題爲《魯迅是我們的榜樣》的文章。他說魯迅著作是近代中國文化的精華，並且把中國文化提高了一步，所以我們要以魯迅爲榜樣，「像魯迅一樣，把我們整個的心奉獻給人民……用魯迅和敵人作戰到底的精神，去戰勝我們在工作上所遇到的一切困難」。〔註27〕事實上，陳伯達的話完全是一種形式性的簡化，就是「橫眉冷對千夫指，俯首甘爲孺子牛」。此後，誰要是批判現實的缺憾，誰就是對毛澤東不滿，誰就是反人民——毛澤東代表人民的利益，誰就應該被千夫所指；反過來說，誰粉飾現狀，誰就是對毛澤東忠心，誰就是歌頌人民，誰就是孺子牛。這樣，學習魯迅的結果就是對現狀歌頌歌頌再歌頌。魯迅固然充滿了批判精神，但是魯迅批判的是舊的歷史與文化，這種批判恰恰能夠映照出現實的光明與美滿。正如胡繩所說的：「現在我們的處境已和魯迅的當年完全不同。」〔註28〕這種對魯迅精神的詮釋以及現實應用，與胡風所理解的魯迅精神就極爲不同，但是現實沒有提供多元化的文化土壤，於是錯誤的反倒是胡風，而且他對魯迅精神的詮釋已經變成「歪曲魯迅」、「反魯迅」進而「反人民」了。

由於毛澤東對魯迅的崇高評價——「魯迅的方向，就是中華民族新文化的方向」以及三個「偉大」、五個「最」和一個「空前」，使當代學界的魯迅研究成爲一個大熱門。在 20 世紀 80 年代之前，很少當代著名的文學研究學者沒有發表過魯迅研究方面的論文，不管他是研究文學理論還是研究當代文學、古典文學。根據我們的統計，在 1950 年到 1959 年的十年間，出版研究與回憶魯迅的著作就有 96 部，這還不包括那些在自己的專著或論文集中列有魯迅篇目的著述，而報刊上發表的紀念、宣傳與研究魯迅的文章就更多。魯迅研究在 1981 年大概是一個高峰，那一年出版、發表的魯迅研究論著簡直可以與整個文學研究的論著匹敵。對於魯迅研究而言，幾乎每一篇雜文，都有專文研究，尤其是《阿 Q 正傳》，研究論著的字數要超過原文上千倍。如果我們套用韋勒克在評價歌德時的話說，魯迅創作、翻譯、整理的書籍可以裝滿一間小的藏書室，而研究魯迅的著作可以裝滿一間更大的藏書室。因此，對於這浩如煙海的研究魯迅的著述我們不可能一一評述，而是把握這種研究的基本方向，以觀魯迅的當代命運。

必須指出的是，魯迅研究成爲一個大熱門，固然有毛澤東崇高評價的作

〔註27〕 陳伯達《魯迅是我們的榜樣》，《人民日報》1949 年 10 月 20 日。
〔註28〕 胡繩《紀念魯迅先生逝世十五週年》，《人民日報》1951 年 10 月 20 日。

用，但是還有其他一些重要因素。首先，魯迅文本確實是文化精品，沒有這個基礎，縱然有千般美化，也不會吸引那麼多文人的研究熱情。周恩來曾經將郭沫若與魯迅相提並論，1949 年之後郭沫若一直身居高位，但是郭沫若從來就沒有獲得像魯迅那樣的研究人氣。從某種意義上說，魯迅是瞭解現代中西文化衝突之深刻性與複雜性的一把鑰匙，這就是一些具有相當文化深度的人喜歡魯迅的重要原因。因此，從 1949 年到 1979 年的 30 年間，雖然頌揚魯迅的研究成果學術價值不高，但是在資料搜集上卻做得極爲優秀，爲後來的魯迅研究打下了堅實的基礎。其次，那些真正吃透魯迅文化精髓與個性風骨的人，往往也具有魯迅式的個性，這些人可能由於各種原因壓抑自己的個性，但是對魯迅的敬佩卻是真誠的。他們平時不敢說的話，可以借著魯迅的嘴說，所以，撥開言語的迷霧，那個時代的魯迅研究絕非都是假大空的阿諛之詞。當然，也有不少文人理解毛澤東對魯迅的高貴懸置，但這些人也懂得，與其頌揚活著的叭兒狗，還不如頌揚死去的雄獅。再加上那些根本不懂魯迅卻是唯偉大領袖是趨的一味頌揚魯迅的人，就湊成了一曲奇異的頌揚魯迅的大合唱！魯迅，一個冬天的神話，就開始慢慢講述起來了。

　　創造神話的第一步就是將魯迅劃分思想階段，將魯迅的留學日本時期與五四時期劃爲前期，將魯迅去上海之後劃爲後期。認爲魯迅的前期是在黑暗中摸索的階段，思想和文學都是不成熟的。這樣一來，魯迅前期那些不能被簡化的複雜性，就成爲孫悟空在歸順如來佛與觀世音之前的大鬧天宮、大鬧龍宮、大鬧地獄的舉動。而魯迅的後期則轉變成了一個偉大的無產階級革命戰士，一言一行都散發著正確的輝光，他成了大眾的代表，成了大多數人民的代言人，成了向敵人衝鋒陷陣的英雄，成了對革命人民鞠躬盡瘁的老黃牛，他的骨頭最硬，階級性最鮮明，鬥爭性最強，立場最堅定，覺悟最高尚，他是現代世界的聖人，革命思想的神靈，文化進步的明燈。就是這樣，魯迅被一隻無形的手從現代作家與思想家中拔了出來，脫離了大地上的泥土，奉到了高不可攀的天上，讓人們瞻仰，讓人們信從，讓人們崇拜。

　　對魯迅的神化還沒有就此止步，他們以魯迅的後期爲起點，來簡化整個的魯迅。既然魯迅的後期是如此的神聖不可侵犯，就必然使他的前期跟著神聖。於是，魯迅生下來就注定會成爲舊社會的叛逆，很小的時候就不聽話，不好好學「封建主義」的書本，而是喜歡富有革命性的神話《山海經》，到自由自在的「百草園」中玩耍，他到南京求學成了追求革命的行動，到日本留

學更成了追求革命真理的壯舉，而且這還有「我以我血薦軒轅」的詩句為證。面對五四時期魯迅深刻袒露自己的陰暗和矛盾心理的文本，你以為這些學者就無可奈何、止步不前了嗎？不，他們有更高妙的招數。一是冷落，二是歪曲。像《野草》這樣傑出的藝術文本，在很長的時間裏是被冷落的，《野草》中那個具有自由主體的孤獨者吐露的苦悶與絕望，則被當作魯迅富有自我批評精神來解釋的，魯迅又一躍而成了富有自我批評精神的典範，正如奧古斯丁在魂歸上帝之前也曾有荒唐的時候，但是在他的《懺悔錄》中經過深刻懺悔之後，仍可以成為「聖奧古斯丁」一樣。而中國那個時代非常興盛的自我批評，與基督教要求的自我懺悔也可以相提並論，那種不斷重複的自我批評，要求每一個人都必須「洗腦子」、「脫褲子」、「狠批私字一閃念」。另一方面，對於魯迅小說裏那些個人獨戰多數的個性主義者，那些苦悶彷徨的自我毀滅者，那些神化魯迅的研究者因為小說允許虛構，就可以將這些人物與魯迅拉開距離，於是他們齊聲說，那是魯迅對個人主義的無情而深刻的批判。他們對《阿Q正傳》的解讀，就更具有創造性，說是魯迅站在阿Q革命的立場上，來批判趙太爺和假洋鬼子。他們甚至將五四時期的魯迅，也描繪成一個馬克思主義者或者準馬克思主義者，《娜拉走後怎樣》對經濟的看重與馬克思的經濟決定論是一致的，《論「費厄潑賴」應該緩行》充滿了無產階級的革命鬥爭精神，而給許廣平的「兩地書」中的「改革最快的是火與劍」，又是武裝鬥爭和暴力革命的理論。

造神者又以魯迅為起點，來簡化整個文學史與思想史，來了一個「逢佛殺佛，逢祖殺祖」。在文學史的研究中，無論哪個作家遇到魯迅，研究者在比較中總要使別一個作家矮三頭，如果在藝術技巧上找不到依據，就會在思想內容上找到。甚至外國文學史上的一些哲學與藝術大師，如尼采與托爾斯泰，研究者也有辦法讓其矮三頭。所以許多論文的結論，就會出奇地相似。而在思想史上，除了馬克思主義的經典作家，其他所有思想家在魯迅面前也都要矮三頭。於是，魯迅就成為除了馬克思主義經典作家之外的高出於一切作家與思想家之上的聖人。從傳統的角度看，魯迅確乎成了聖人，因為孔廟的大成殿除了比北京的金鑾殿矮一點之外，比其它的殿都要高。另一方面，魯迅又扮演了一個對歷次運動能夠未卜先知的「打手」。反胡適運動，可以利用魯迅與胡適的分歧以及魯迅後期說胡適向日本人「獻徵心策」，來批判胡適。批判《武訓傳》，可以利用魯迅沒有絲毫的奴顏媚骨的「硬骨頭精神」，來批判

武訓的奴顏媚骨。反右鬥爭，可以造出一個魯迅「永遠跟黨走」，來打退右派向黨的瘋狂進攻。「文化大革命」，可以利用魯迅的反傳統思想，來砸碎「封資修」的黑貨。評《水滸》批宋江運動，可以利用魯迅《三閒集‧流氓的變遷》中所說的《水滸》人物「終於是奴才」，來徹底否定《水滸》好漢。儒法鬥爭運動，可以利用魯迅對儒家和孔子的批判，來批評孔子推崇法家。甚至連批判魯迅的密友胡風，也能找出魯迅對胡風的不滿，胡風對魯迅的背叛。而且每次運動，都要利用魯迅「一個都不寬恕」的「痛打落水狗」的精神，以表示革命人民對反革命的無比憤慨和決不手軟。看看 1966 年第 14 期的《紅旗》雜誌社論，那種將魯迅神化並將他當成一根痛打落水狗的棍子的企圖，可以說一目了然。有趣的是，魯迅經常成為「兩報一刊」社論的議題，如 1966 年 10 月 19 日《人民日報》的社論《學習魯迅的革命硬骨頭精神》、1976 年 10 月 19 日《人民日報》的社論《學習魯迅永遠進擊》等等。在這種語境中，就連當年把魯迅罵成是「文藝戰線的封建餘孽」與「二重反革命」的郭沫若，也未能免俗地神化魯迅。郭沫若說，魯迅晚年說他將毛澤東等人「引為同志」，就是魯迅的「入黨申請書」，而毛澤東說魯迅是共產主義戰士，「可以認為魯迅的申請書已經得到了黨的批准」。郭沫若說：「魯迅就是始終聽黨的話，無條件地擁護黨的政策、歌頌黨，特別是熱烈信仰毛主席。」郭沫若還設想，如果魯迅活著該多好，他一定會站在「文化大革命」的前列，帶領我們前進。最後，郭沫若狂喊：「魯迅的造反精神不朽！把無產階級文化大革命進行到底！」〔註29〕

　　魯迅在去世前不久的 1934 年寫下了這樣一段話：「文人的遭殃，不在生前的被攻擊和被冷落，一瞑之後，言行兩亡，於是無聊之徒，謬託知己，是非蜂起……連死屍也成了他們的沽名獲利之具，這倒是值得悲哀的。」〔註30〕這話不幸一語成讖！

　　魯迅，一個冬天悲哀的神話……

4、新時期之後的價值重估

　　1979 年開始的歷史新時期之後，人們似乎是從夢中醒來，又在懷念五四新文化運動的思想大解放。於是，魯迅這位新文化運動的大將，又得到了重

〔註29〕郭沫若《紀念魯迅的造反精神》，《人民日報》1966 年 11 月 1 日。
〔註30〕魯迅《且介亭雜文‧憶韋素園君》。

新的闡釋和弘揚；魯迅的那些精神苗裔紛紛從物化形態或精神形態的監獄裏
走出來，馮雪峰、蕭軍、胡風等人的歷史問題都在現實中先後得到了平反。
冰河時代彷彿結束了，因爲政治需要而隨意扭曲魯迅的闡釋企圖在學界顯得
越來越尷尬。人們都在問：魯迅是誰？

　　可以說，新時期的魯迅研究獲得了思想的大解放，並且在四個方面取得
了重大的成績。第一是試圖還原魯迅，去除籠罩在魯迅身上的政治符號，以
究魯迅文本的思想實質。儘管從解釋學的角度看，還原是不可能的，但是，
將魯迅懸置之後所造成的扭曲變形實在是太明顯了，因而這種還原對於衝破
既有的思想牢籠還是具有重大意義的。第二是從存在主義和生命哲學的角
度，對魯迅內在的深刻性進行闡釋，對過去被忽視了的甚至是被批判的文本
內涵，進行現代意義的發掘。第三是從比較文學與比較文化的角度，將魯迅
放到世界文學與文化的大格局中，放到東西方文化撞擊的漩渦中，在廣泛的
世界性聯繫中審視魯迅的文學個性，分析魯迅作爲民族魂的深刻內涵。值得
注意的是，對於魯迅前期的研究明顯超過了後期，即使是整體把握魯迅的論
著，也將研究的重心放到了魯迅的前期。過去注意較少的魯迅留學日本時期，
也得到了重新的開掘，因爲人們發現，魯迅後來的文學和文化活動，在很大
意義上是對留日時期理論活動的展開。而且對於魯迅後期的研究，也將重點
放到魯迅獨特的思想個性與文化品格上。過去，造神論者是肯定並弘揚魯迅
的後期，而有條件地肯定魯迅的前期。按他們的邏輯推理，魯迅之所以變得
神聖不可侵犯而閃著渾身正確的輝光，就在於他的後期成爲偉大的無產階級
革命戰士。然而，這裡有一個他們似乎無法解釋的矛盾：魯迅在文壇的崇高
地位，或者說魯迅的聲望所繫的作品，主要都是前期的，包括《吶喊》、《彷
徨》、《野草》、《朝花夕拾》，而《故事新編》和雜文幾乎也是前後各半。換句
話說，作家應該思想越正確越有好作品，然而魯迅的好作品幾乎都集中在前
期，這是造神論者永遠都無法解釋的。新時期這種研究重心的置換，明顯地
是以思想上的文化價值與藝術上的審美價值爲準繩的，是「從來如此，便對
麼」的魯迅精神的一種還原。可以說，在新時期的最初十年，魯迅研究一直
是整個文學研究的火車頭，發揮了思想解放先鋒的作用。一些思想界的風雲
人物如劉再復、錢理群、王富仁、汪暉等，都是從魯迅研究中走出來的。甚
至哲學家李澤厚，也在《中國近代思想史論》與《中國現代思想史論》兩部
專著中，先後論述了魯迅遺產的思想史與文化史價值。

　　新時期最初十年，魯迅研究的成績是巨大的，可以說在魯迅的身後，這是最輝煌的十年。魯迅研究成為文學研究的火車頭和思想解放的春雨，魯迅的啟蒙意義及其文化價值得到了充分的闡發。但這並不是說，這十年的魯迅研究沒有缺憾。首先，新時期的魯迅研究並沒有成功地顛覆掉造神論者給定的魯迅，以至於後來那些魯迅的顛覆者不來面對新時期學人描繪的魯迅，而是去面對造神論者以及他們塑造的魯迅。這就說明，新時期的魯迅研究也許在立的方面還差強人意，但是在破的方面卻做得很差。《走下神壇的毛澤東》、《走下聖壇的周恩來》等書都一部部地出版了，卻沒有一部《走下神壇的魯迅》。正因為對造神論者塑造的魯迅反思不夠，所以在研究的時候有時還在沿用造神論者的思維模式，儘管新時期的魯迅研究在觀念上與造神論者已經是南轅北轍。譬如，在對魯迅只能肯定而不見否定上，與造神論者又是一個模式。有人從思想上大贊魯迅，有人從文化上高歌魯迅，有人從內在的豐富性和複雜性上推崇魯迅，就沒有見到有人從某一方面批判魯迅。譬如，魯迅前期曾經以莎士比亞的歷史劇《愷撒》證明群眾的無特操與盲目性，但是在三十年代，杜衡幾乎是重複了魯迅前期的觀點，就受到了魯迅激烈的批判，也可以說，魯迅是對自己曾經發表的觀念的一種激烈批判。作為一個研究者，面對這種矛盾，或者是站在魯迅前期的立場上否定魯迅後期，或者是站在魯迅後期的立場上批判魯迅前期，二者必居其一。而沒有出現這種批評，說明在思維模式上還受到了造神論者的思維模式的束縛。不僅如此，有些研究者甚至還留有以魯迅為參照系「逢佛殺佛，逢祖殺祖」的思維模式，一些比較文學的論著，在將魯迅與外國的文學大師進行比較的時候，最後總能比較出魯迅的優勝來。當然，即使與托爾斯泰、莎士比亞進行比較，魯迅確實可能有比他們優勝的地方，然而如果總是優勝，就不是學術研究，而成造神運動了。

　　1989年是一個轉折，但是這個轉折到90年代的經濟大潮才得以完成。以官方的形式最後一次推崇魯迅，是1991年9月24日在中南海懷仁堂召開的魯迅誕辰110週年紀念大會上，中共中央江澤民總書記做的《進一步學習和發揚魯迅精神》的講話。江澤民認為：「魯迅雖然沒有在組織上加入中國共產黨，但他是黨的最忠誠的同志和戰友，是偉大的共產主義者。」所以，「不僅文化戰線的同志要義不容辭地學習魯迅、宣傳魯迅，而且廣大工人、農民、知識分子和各條戰線的幹部，都要進一步學習和發揚魯迅精神。」但是，隨著經

濟大潮的來臨以及 80 年代政治精英與知識精英蜜月的結束，魯迅研究越來越
被邊緣化，離主流文化與權力話語越來越遠，中國社會科學院文學研究所的
魯迅研究室撤消了，《魯迅研究》雜誌也消失了。這個文化趨勢，在使魯迅學
院化與學術化的同時，也將魯迅從廣場上和亭子間拉回到學人的書齋裏。與
此同時，90 年代在文化界流行的以解構主義爲特徵的消解思潮，在顛覆 80 年
代的啓蒙思潮、主體性、人道主義以及文化權威的時候，矛頭開始漸漸指向
了魯迅。另一方面，90 年代在中國掀起的國學熱，似乎對西化傾向很濃的魯
迅也不太友好。更重要的是，魯迅的政治保護傘已經消失，於是在 20 世紀末，
一批文人開始對魯迅進行批判。

王朔雖然肯定了魯迅的《祝福》、《孔乙己》、《在酒樓上》和《藥》，但卻
把分量最重的《阿 Q 正傳》和《狂人日記》都否定了，認爲《一件小事》也
就小學水平，《狂人日記》也就是一副「憤青」的模樣，《阿 Q 正傳》雖然有
思想意義，但是因爲概念化太強，也不是什麼好藝術。魯迅個性是有缺陷的，
沒有寫出長篇小說則是文學成就上的缺陷。而且魯迅憑著幾個短篇和一大堆
雜文，是夠不上藝術大師的。魯迅的思想是什麼，他想來想去都想不出，「絕
望」能叫思想嗎？過去他之所以說魯迅深刻，是怕別人說自己淺薄。現在思
想解放了，才發現魯迅的思想是一無所有。魯迅在批判國民性的時候，獨獨
遺漏了自己。馮驥才認爲，「魯迅的國民性批判來源於西方人的東方觀。」「可
是，魯迅在他那個時代，並沒有看到西方人的國民性分析裏所埋伏著的西方
霸權的話語。」魯迅不僅沒有對西方人的東方觀做立體的思辯，而且「他那
些非常出色的小說，卻不自覺地把國民性話語中所包藏的西方中心主義嚴嚴
實實地遮蓋了。」換句話說，在他的精闢的國民性批判的後面，隱含著「傳
教士們陳舊又高傲的面孔。」馮驥才的論辯邏輯是這樣的：魯迅不多的小說
之所以有那麼高的地位，是因爲他的國民性批判，但是根據當下流行的後殖
民主義批評，他發現魯迅的國民性批判是充滿了傳教士的「東方主義」的偏
見的。如果說王朔、馮驥才的文章還是褒貶互現，那麼，另外一些批判魯迅
的文章則純粹是以在魯迅頭上撒尿爲快事，有人認爲，魯迅雜文「美學上的
趣味惡劣，內容上無非是一些平庸的『眞理』，或一些自相矛盾、強詞奪理的
『宏論』」，「它培養了一代又一代現代中國人的惡劣的文化態度和粗糙的美學
趣味」。魯迅小說的「藝術空間顯得極其狹隘，主題和表現手段方面也常常過
於單調、呆板。」有人認爲魯迅沒有回國暗殺清廷高官是怯懦，棄醫從文是

因為學醫失敗，在婚姻方面壓迫女性，性格上「嫉恨陰毒」，作品的語感生澀彆扭，因為思想不成體系也稱不上是思想家，而且魯迅既然是「文化大革命」期間唯一的文學神靈，那麼他的人格和作品中有多少東西是和專制制度是殊途同歸的呢？立刻有人言之鑿鑿地說，魯迅的仇恨政治學與集權統治的共謀，造就了「文化大革命」。也有人從神學的角度，認為魯迅改變的只是吃人的口實，屈從的卻是吃人的事實，魯迅很少善的東西，爬滿魯迅精神的是陰冷墮落的毒素，魯迅想肩住黑暗的閘門結果自己卻成了遮蔽光明的黑暗閘門。

　　這些對魯迅的大批判文章一經發表，就激起了文化界的回應，「世紀末的魯迅論爭」構成了一道亮麗的文化風景線。論者認為，魯迅對民族文化深刻的批判反省與東方主義不能扯到一起，任何一個民族的文化巨人在批判本身的文化局限時，都可能攫取外來文化的營養。譬如伏爾泰在批判基督教文化的時候，就大膽地看取中國文化；尼采在希臘早期文化那裡得到了攻擊德國文化乃至基督教的靈感。以解構主義思潮顛覆魯迅，更是文不對題，因為魯迅的思想特色就是對於正宗與正統的顛覆與解構，迄今為止對中國主流文化最具有破壞性與顛覆性的思想就來自魯迅。從這個意義上講，魯迅是中國最大的解構主義者。而且這種解構主義的民族文化來源是莊子與魏晉思潮，而外來文化淵源則是尼采，西方最大的解構主義者德里達就認為尼采是自己思想的先驅。魯迅在死後遭到的最大歪曲，就是從一個非主流非正統以顛覆與破壞為特徵的文化惡魔，被喬裝改扮成渾身散發著不可侵犯輝光的正統的神明。對於一些人將魯迅看成是「文化大革命」的精神來源，論者認為，將一個被神化與歪曲了的魯迅拿來作為一場封閉禁欲的「文化大革命」的精神導因，絕對不能令人信服，《紅樓夢》在「文化大革命」中也被利用，難道曹雪芹也要為這場運動買單嗎？至於從神學的角度對魯迅的非議與顛覆，也顯得有點文不對題，因為儘管魯迅不信仰上帝，但是魯迅比一般現代作家更多地弘揚了基督精神，而且在西方基督教沒落的語境中，魯迅那種對個人關懷的人道傳統與對腐敗鞭打的諷刺傳統，也許比基督教的罪感文學更代表了新世紀的文學精神。所以論者斷言，魯迅不僅是 20 世紀的作家，而且也是屬於 21世紀的作家。可以說，論者對於批判者的言論，一一進行了有理有據的反駁。這是 1949 年之後，真正站在自由土壤上的關於魯迅的對話，反駁者充分肯定了可以非議魯迅的文化語境，認為魯迅從政治問題演變成學術文化問題，是恢復了魯迅精神真諦的重要一環，因而這種對話對於魯迅研究的深入乃至魯

迅傳統的弘揚，都有著積極的意義。

當然，仍然站在魯迅神壇的旁邊維護魯迅的神像的人也並沒有完全消失，他們站在「政治正確」的立場上，認為那些非議魯迅的文章是「極端反動」的，國家應該用「保護傘」的辦法重新把魯迅保護起來，而自己則可以從刺刀縫裏罵下去！事實上，正是這些人的存在招致了一鬨而起的非議魯迅現象。從文學史的角度看，即使是非常偉大的作家，也有可能遭到嚴厲的批判和不應有的貶低。莎士比亞在戲劇創作上的偉大是眾所周知的，T.S.艾略特甚至認為但丁和莎士比亞各執牛耳，均分了現代世界；但是，這並沒有阻止一些偉大的作家對莎士比亞的非議與貶損。莎士比亞的同胞拜倫和蕭伯納都認為莎士比亞沒有什麼了不起，拜倫認為莎士比亞還不如亞歷山大·浦伯，而俄羅斯偉大作家托爾斯泰寫了洋洋萬字長文認為莎士比亞不是藝術家，其作品也不是藝術品。既然可以非議莎士比亞等文學大師，人們為什麼就不可以非議魯迅呢？以行政命令的方法禁止對一個偉大作家的貶損，本身就是極不正常的。正是從這個意義上，一些非議魯迅的人也許比「凡是魯迅說的都是對的」的論者，可能更接近魯迅以顛覆與解構為特徵的人格精神。事實上，當年創造社與太陽社聯手對魯迅進行圍攻和謾罵，魯迅剛剛去世就有蘇雪林來鞭屍，但是這絲毫沒有影響魯迅的偉大。當然，非議與貶損魯迅者的錯位在於，他們眼裏的「魯學家」或魯迅研究者，都是在不正常的年代裏製造魯迅神話的人，他們對於新時期作為思想解放的一個精神源泉的魯迅研究，卻是棄置不顧。更重要的是，批判者是魯迅被放逐到正常的文化土地之後揭竿而起的，從這個角度看他們雖不能說是落井下石者，但也絕對算不得英雄。

值得注意的是，儘管從 1979 年之後，魯迅時常遭到非議和批判，然而魯迅的傳統卻是比那個非議魯迅就是反革命的年代，得到了更多的承傳與弘揚。當然，像 20 世紀 40 年代的胡風那樣，以一個作家群來弘揚魯迅傳統的現象並沒有在當代中國出現，但是，魯迅的文學傳統進入了一些具有批判精神的文學中，進入了一些鄉土文學中，也進入了一些更複雜的精神現象之中。人們最初在《鄉場上》的馮麼爸與高曉聲筆下的陳煥生那裡看到了些許阿 Q 的影子，後來在一些具有批判精神的雜文中也能夠發現魯迅的精神脈動。不過，魯迅的精神複雜性僅僅在學者的專著中得到闡釋，而在當代的文學創作中並沒有得到多方面的承傳。值得注意的一個現象是，一些聲稱接受魯迅文學影響的作家，其實並不一定比批判魯迅的作家更多地承傳了魯迅的傳統。

1983 年左右，中國社會科學院的《魯迅研究》雙月刊，專門登載了一些作家的文章，如馬烽的《雜憶讀魯迅的書》、蘇叔陽的《我愛魯迅》、中傑英的《雜感與漫想》、葉永烈的《「經以科學，緯以人情」》、王汶石的《在魯迅的旗幟下》等等，這些文章都回憶了研讀魯迅的經過以及他們所受魯迅的影響，但是，除了碧野等老作家之外，很難說馬烽、王汶石等作家就比馮驥才等作家更多地承傳了魯迅的傳統。且不說馮驥才的《三寸金蓮》等小說繼承了魯迅批判中國傳統的精神，就是沒有真正讀懂魯迅的王朔，其文學批判精神——魯迅傳統中最重要的精神成分，也遠遠超過馬烽、王汶石等作家的作品。魯迅在《摩羅詩力說》中提到拜倫精神進入俄羅斯之後，普希金成為開啓新傳統的詩人，相比之下，普希金的精神苗裔要比魯迅的精神苗裔更偉大，普希金身後的許多作家如果戈理、屠格涅夫、陀思妥耶夫斯基、托爾斯泰等，在吸取其營養之後超越了普希金，而魯迅身後的作家很少有人超越了魯迅。就此而言，魯迅是偉大的，也是不幸的。

　　儘管在略顯寬鬆的文化語境中，魯迅受到了來自各個方面的批判，但是在一份讀者推崇的十大文化名人的問卷中，魯迅仍然高居榜首。在當下的互聯網時代，魯迅仍然是讀者談論最多的作家。只要瀏覽一下網絡，就可以發現，在網絡上最熱的作家有三人，就是魯迅、張愛玲和金庸。這三位作家或者有專門的網站，或者在大網站上有專門的論壇，而且各以自己的創作特色吸引了一大批網迷。關於魯迅在互聯網上的詳細情況可以參考葛濤編選的《網絡魯迅》（2001 年人民文學出版社），而筆者在互聯網上的觀察是，圍繞在「魯迅論壇」周圍的人，往往是使命感很強的文人，魯迅的社會批判與文化批判精神在網絡上得到了弘揚，但是魯迅的精神複雜性與深刻性卻相對沒有得到重視。